海外日系企業の人材形成とCSR

服部 治 [著]
Hattori Osamu

Human Resource Development and CSR
on Overseas Japanese Companies

同文舘出版

はしがき

　内外の経営活動をめぐる情勢の変化は，常に経済・経営分野の動向と連動して推移している。21世紀初期段階にある経営展開は，グローバル化進展からグローバル時代に入った段階とみなければならないだろう。経営動向は，激しく動く環境への対応とともに，基盤としての内部体制の確立，経営活力強化を緊要としている。加えて，イギリスのEU脱退にみられるように，政治動向を巻き込んだ世界的変化の兆候をうかがわせる情勢となった。予想を超えた激しい情勢の展開にどう対応していくのか。

　そうした問いを正面に受け止めて打開・進展を目指さなければならない。その方向性は定まっていないという状況においても，経営活動は，成長・発展を図ることになる。今日の21世紀を迎えた段階で，すでに15年を経過した。日本企業にとっては，世界市場において強い活動位置を確保した80年代，長期にわたり低迷期となった90年代，そのマイナス影響を受け止めざるを得なかった21世紀2000年代，2010年代に入って，やや情勢好転への動きがみられるようになったといえる。まさに80年代，90年代，21世紀初期にわたる日本企業の活動推進は国内から海外へ，海外（現地）での生販併行型の展開という形態が多くみられたところであった。かつて日本企業が確保した世界市場での強い〈経営活力〉はいま継承されつつあるのだろうか。〔競争性・情報の共有・雇用の安定〕を基軸とした経営活力を現在の状況において，どう再構築して発揮できるか，共通の課題となっている。

　本書では，経営活力の発揮・強化を図るうえで，主要なポイントとなる3つの側面に着目して動向の検討を進め，経営活力の構築を考察している。今日のグローバル時代における日本企業の取り組むべき3つの側面として〈グローバル人材の形成〉〈中国日系企業の経営展開〉〈CSR（社会的責任）の遂行〉に照準を置いて分析している。本書構成の意図は，現在の『人材・海外活動・社会

的責任』をめぐる経営行動を分析・考察する中で，現状の問題点と適応の動きに着目している。その検討に当たっては，関連研究・資料を参考にしつつ調査，取材，研究報告などによって構成している。

　日本企業が海外進出によって，経営活動の成果・業績を得るためには，様々な問題や局面を乗り越えて，世界市場での競争力を発揮することが要件となる。

　グローバル経営時代の中で，企業の規模，業種を超えて緊要課題となっている〈グローバル人材の形成〉の実現を急がなければならないと考える。それぞれに国内の企業人材制度において，並行して海外に進出している日系企業の人材制度において，新しい経営人材戦略を推進していくことが期待される。本書の第1章，第2章の領域では，グローバル進展の情勢に呼応した企業サイドのグローバル人材の現状と課題について検討を進めている。

　他面，わが国の経済，経営動向に強い影響を維持してきた中国日系企業の状況は21世紀の10年を経て流動的である。経営活動から見る90年代の動きと今日の動きには，明らかに違いがみて取れる。そこには，政治情勢，経済情勢の推移変動が厳然と存在している。そうした情勢を直視するとき，なお，日本企業の中国市場における経営活動の比重は大きいといえよう。本書では，第3章，第4章，第5章において，中国日系企業の経営活動をめぐり，90年代，21世紀に入ってからの動向について，分析・検討している。大企業の現地活動の実態とともに，中小企業の現地活動をとらえている。中国市場の激しい変化動向は，日系企業の経営を直撃する様相となっているが，最近の中国現地での経営問題などに着目し分析している。

　経営活動を通して，それぞれに企業はその活動価値を問われている。その際の具体的な社会的表明として，CSR（企業の社会的責任）が挙げられる。本書において，第6章，第7章，第8章では，企業の活動遂行課題としての社会的責任をめぐる状況推移，経営者団体の姿勢と行動，労働組合の見解などによる調査結果を参考にして考察している。特に，社会的責任と人的資源管理との関係検証に当たっては，人的能力との有効関連という側面と照応させて検討している。

　グローバル化の進展が加速する時点での《人材・海外活動・社会的責任》に

ついて論究した内容が，新しい経営情勢への対応考察にあたって，海外日系企業の経営行動に関心を持つ実務者，研究者，そして学生諸君にとって資するとすれば，望むところである。

　本書が成るにあたっては，多くの先生方のご指導，ご支援をいただいたことを想起する。すでに冥界に入られた先生方の薫陶と学恩に対して，改めて敬意と感謝の意を捧げたい。

　わが国の労使関係の近代化確立のために，信義則法学の観点から多大の貢献をされた社団法人近代的労使関係研究協会会長の法学博士　林信雄先生。立教大学社会学部創設に尽力され，社会学部長として'St.Pauls Spiris を高く主唱された牛窪浩先生。わが国の企業内教育の実践・理論の活用を構築された青木武一先生（杏林大学教授）。経営学を国際的視野と日本的視野の両面から解明された倉井武夫先生（東京国際大学教授）。ドイツのパートナーシャフト経営方式を日本に紹介するとともに，日独経済・経営の交流に多大の貢献をされた篠田雄次郎先生（上智大学教授）。先生方の温かい風貌は今も胸中に在る。

　現在も内外の研究・交流活動について多面にわたり，厚いご支援，ご協力をいただいている梶原豊先生（高千穂大学名誉教授），藤井一二先生（金沢星稜大学名誉教授・松蔭大学特任教授），また海外共同研究による交流，フォーラムなどで交流を深めた先生方，経営団体，研究機関の方々にも謝意を表する次第である。

　刊行に際しては，同文舘出版取締役・市川良之編集局長よりいろいろとお世話をいただいた。同編集局長のご助言が刊行への意思を高めることに結びついたと受け止めている。時代の風の動きにも着目しながら，志の山を目指したいと願うところである。

　　2016年初秋の日の輝く中で

　　　　　　　　　　　　　　　　　　　　　　　　　　　服部　治

目　　次

第1章　日本企業の展開するグローバル人材戦略 ── 3
1.1　日本企業の人材マネジメントの現状と方向性 … 4
　　1.1.1　人材マネジメントとしての「留職」　4
　　1.1.2　人材マネジメントの方向性　5
　　1.1.3　大企業における人材グローバルの形成　7
　　1.1.4　海外展開における人材の問題　8
1.2　グローバル化に対する意識構造 … 10
　　1.2.1　グローバル人材の育成と大学教育の役割　10
　　1.2.2　日本人人材がもつべき素質，知識・能力　12
　　1.2.3　現地についての文化・歴史の理解度　13
　　1.2.4　注目されるインターンシップの運営と成果　14
　　1.2.5　グローバル化に対応する日本企業の人事戦略の重点　15
　　1.2.6　産学官の連携による大学でのグローバル人材育成　16
1.3　グローバル人材育成と中小企業海外展開支援の動き … 17
　　1.3.1　中小企業の海外展開支援の重点　17
　　1.3.2　人材の育成・確保における展開と推進施策　18
　　1.3.3　中小企業における外国人人材の活躍　20
1.4　グローバル人材形成への産学官の連携 … 22

第2章　グローバル化対応の人材マネジメント ── 27
2.1　中小企業によるグローバル人材確保・育成の取組み … 28
　　2.1.1　海外経験をもつ人材の採用と活用　28
　　2.1.2　人材確保事例にみる特性　29
　　2.1.3　中小企業の海外展開と人材確保にみる問題点　30
　　2.1.4　タイ日系企業にみる人材育成の重視行動　32

2.2 外国人人材が日系企業に求める人材マネジメント……………………33
　　2.2.1 外国人人材への日本サイドの望まれる関係づくり　35
　　2.2.2 日本人社員との良好な関係構築　37
2.3 グローバル場面に活躍する人材の条件………………………………37
　　2.3.1 4つの側面から見たグローバル人材像　37
　　2.3.2 東南アジアに向けた日本企業の経営活路　38
2.4 企業のグローバル化をめぐる人材育成への意識態様………………41
　　2.4.1 大学教育の果たす役割についての意識　42
　　2.4.2 就職前のボランティア活動　43
　　2.4.3 政府に求めるグローバル人材の取組み方向　43
2.5 世界市場における企業価値の向上を…………………………………46
　　2.5.1 共通課題の〈人材確保・育成・活用〉が比重を増す　46
　　2.5.2 アジアの成長と日系企業の競争力の連動　49

第3章　在アジアにおける日系企業の経営問題と現地化 ─── 51

3.1 拡大を強める G7, BRICS の影響…………………………………52
　　3.1.1 全地域にわたる賃金上昇の動き　52
　　3.1.2 海外企業活動における2つの問題　54
3.2 経営上の問題分析と日系企業の経営行動……………………………55
　　3.2.1 全地域共通の経営上の問題点　55
　　3.2.2 全地域でとらえた大企業，中小企業の動向　56
　　3.2.3 進出有望国と当面する問題　57
3.3 グローバル化に対応する動向の特性…………………………………60
　　3.3.1 共通課題としての新規開拓　60
　　3.3.2 日本企業のコストダウン対策への懸命な取組み　61
　　3.3.3 雇用・労働面での顕著な賃金上昇の問題　62
　　3.3.4 日系企業の「経営上の問題」の時期的対比　66
3.4 在中国日系企業の事業課題と有望国の台頭…………………………67
　　3.4.1 在中国日系企業にみる今後の課題　68
　　3.4.2 中期進出の有望国をめぐる企業動向　69
　　3.4.3 進出有望国としてインド，インドネシアの台頭　70

3.5　海外日系企業の現地化対応への考察 …………………………………… 72

第4章　中国日系企業の事業展開と経営文化の位置 ——————— 77

4.1　グローバル不況への対応とチャイナ・プラスワン戦略 …………… 78
　　4.1.1　戦略展開をめぐる2つの路線　*78*
　　4.1.2　チャイナ・プラスワンとなる候補国の動き　*79*
4.2　中国日系企業における日本的経営の適応と受容 …………………… 82
　　4.2.1　受容性と有効性からのアプローチ　*82*
　　4.2.2　先行研究に表れた日本的経営方式への反応　*83*
4.3　事例研究：東レの〈革新と創造の経営〉による課題達成への行動 …… 88
　　4.3.1　海外進出にみる積極的な拡大路線　*88*
　　4.3.2　東レにみる中国日系企業としての経営文化活動　*92*
4.4　海外日系企業（中国日系企業）にみる経営文化への関心と理解 … 93
　　4.4.1　経営文化の枠組みと経営活動の関係　*93*
　　4.4.2　異文化コミュニケーションとしての現地の反応　*96*
　　4.4.3　海外日系企業における経営文化の形成と位置　*98*
4.5　中国日系企業の経営文化形成への対応提言 ……………………… 101

第5章　中国日系中小企業の活動推移と今後の対応 ——————— 105

5.1　中国進出の日系中小企業が当面する経営課題 …………………… 106
　　5.1.1　経営全般・業務環境に関連する現状の課題　*106*
　　5.1.2　人的資源管理としての人事・労務の課題　*107*
　　5.1.3　販売・営業活動における当面の課題　*109*
　　5.1.4　生産・技術活動の現状と課題　*110*
　　5.1.5　移転・撤退の動きとその要因　*112*
　　5.1.6　直接投資の狙いとこれからの経営視点　*114*
5.2　地域性による日系中小企業の経営展開の特性 …………………… 118
　　5.2.1　経営戦略の重点からみた動向的特性　*118*
　　5.2.2　人事管理の重点からみた動向的特性　*121*
　　5.2.3　現地経営環境の問題点　*124*

5.3　海外日系中小企業にみる海外進出の事業ポイント ················· 127
5.4　海外活動にみる日本の中小企業と活動パターン ··················· 130
　　5.4.1　4つの活動パターンと2極化の進行　*130*
　　5.4.2　現地化問題への具体的な取組み　*131*
5.5　経営激動期における経営意思決定の重要性 ······················· 132

第6章　経営活動における社会的責任(CSR)遂行の姿勢と行動 ── 139

6.1　企業倫理をめぐる動向推移 ····································· 140
　　6.1.1　企業倫理の先行研究にみる経営姿勢　*140*
　　6.1.2　「企業憲章」に対する考察　*144*
　　6.1.3　海外日系企業の現地化問題への対応　*146*
6.2　日米のエクセレント・カンパニーの取組み ······················· 147
　　6.2.1　3Mにおける企業倫理と人間主義　*147*
　　6.2.2　ジョンソン・エンド・ジョンソンの経営信条　*149*
　　6.2.3　リコーグループのCSR憲章と行動規範　*151*
　　6.2.4　エクセレント・カンパニーの経営行動とコー円卓会議の意義　*152*
6.3　CSRの実践と従業員活性化の連動 ······························· 154
　　6.3.1　従業員能力の発揮場面づくりとチーム関係の形成　*154*
　　6.3.2　キャリア・アップのための体系的運用の継続　*155*
　　6.3.3　仕事遂行に対する適正な評価と処遇　*157*
　　6.3.4　担当業務の価値認識と社会的貢献への共感　*158*
　　6.3.5　従業員能力問題と〈働く野性〉への関心　*159*
6.4　地域社会，顧客との連係醸成と企業文化の関係 ··················· 161
　　6.4.1　企業文化（経営文化）の定着度への着目　*161*
　　6.4.2　海外日系企業における企業文化の方向　*162*
　　6.4.3　SRIによる企業価値の向上　*165*
6.5　「共同体の善」の確立 ··· 168

第7章　日本企業における社会的責任(CSR)遂行と人的資源管理の連関 ── 171

7.1　社会的責任（CSR）活動への取組み ····························· 172

7.2 わが国における経済団体のCSR提言 ……………………………… 173
7.3 注目されるCSRの労働分野領域における遂行 ………………… 176
　7.3.1 労働CSRにみる2つのインパクト　*178*
　7.3.2 現状でのCSRへの関心と具体的運用　*179*
　7.3.3 社内コミュニケーションの場づくりの定着　*182*
　7.3.4 労働CSRにおける4つの領域　*182*
　7.3.5 管理者行動と社会的責任遂行の全社的体制　*185*
7.4 エクセレント企業（トヨタ）の推進するCSR戦略 …………… 186
　7.4.1 トヨタにおけるCSRの取組みとグローバル戦略　*186*
　7.4.2 ［トヨタウエイ2001］にみる2つの視点　*187*
　7.4.3 ステークホルダーとの関係の明確化　*188*
　7.4.4 グローバル戦略のもとにCSRビジョンの推進　*189*
7.5 CSRに対する労働組合サイドの反応 ……………………………… 191
　7.5.1 労働組合の取り組む社会的責任（経済高度成長期と経済低迷期での対応）　*191*
　7.5.2 労働組合からみたCRSへの反応とその分析　*192*
　7.5.3 労使協議会における労働組合の発言度　*195*
　7.5.4 会社遂行CSRに対する労働組合の見解　*195*
7.6 労働CSRの人的資源管理側面をめぐる課題 …………………… 197

第8章　海外日系企業の推進する社会貢献活動　201

8.1 CSR時代の社会貢献活動の動向 …………………………………… 202
　8.1.1 活動推移からみた特徴点　*202*
　8.1.2 社会貢献活動とCSRの関係　*205*
　8.1.3 「企業行動憲章」と海外日系企業の行動姿勢　*207*
8.2 海外日系企業の現地化問題とその取組み ………………………… 210
8.3 米国日系企業と米国企業の社会貢献にみる特徴 ………………… 212
　8.3.1 戦略的な米国企業の社会貢献　*212*
　8.3.2 中国日系企業の社会貢献の現状　*214*
8.4 タイにおける日系企業の社会貢献 ………………………………… 216
　8.4.1 タイ自動車産業の堅調な発展　*216*

8.4.2　タイにおける重要課題としての〈人材育成〉　*218*
　　　8.4.3　人材管理における運用の問題　*220*
　　　8.4.4　日系企業とタイ企業の戦略にみる比重　*222*
　8.5　人材形成による貢献活動の体系化……………………………224

主要参考文献────────────────────── 227

索　　引────────────────────── 231

海外日系企業の人材形成と CSR

第1章

日本企業の展開するグローバル人材戦略

　90年代後半の段階から今日に至る経済分野，経営分野におけるグローバル化の進展は，いよいよ加速度を加えてきた。かつて大きな影響力をもってきたG7（米国，日本，ドイツ，イギリス，フランス，イタリア，カナダ）の動向に対して，追い上げてきたBRICS（ブラジル，ロシア，インド，中国，南アフリカ）の動きは21世紀を迎えた時点でいっそう注目度を高めている。その注目動向の主要なものは，いわゆる〈グローバル人材〉をめぐる問題であるといわなければならない。

　日本企業および海外日系企業を取り巻く企業間競争は熾烈であり，共通した課題となっているのは，経営競争力の維持・拡大である。グローバル化の進展に伴う主要経済国としてのG7，BRICSをはじめアジア諸国の勢力台頭も見逃せないところであり，それぞれに企業レベルとしての経営競争力の強化，産業レベルとしての産業振興力の増強を目指している。

　第1章では，グローバル規模で進展する日本企業の経営行動において，活動にふさわしい人材像について着目して検討している。グローバル化に呼応した人材確保・育成・活用の取り組みの現状を把握して，その方向性について考察している。今日の日本企業における人材マネジメントはどのような戦略に基づいて取り組まれているのか，事例を織り込んで分析を試みている。

　日本企業の経営行動のなかで，比重を占めてきた中小企業のグローバル化への対応も，人材づくりと活用の政策と連動させた取り組みとなっている。最近，積極的になってきた外国人人材の採用と活用に実態についてグローバル人材との関連において考察しており，新しい側面としての〈産学官の連携〉の動きに

も言及する。

　日本企業が海外市場において，強い経営力を発揮するためには，基軸となるグローバル人材の確保・育成・活用は必須の要件と捉えなければならない。本章では，この視点から問題の検討を進めている。

1.1　日本企業の人材マネジメントの現状と方向性

1.1.1　人材マネジメントとしての「留職」

　日本における人材の形成は，企業，地域のレベルを越えた国としての重要課題の1つである。具体的な展開にあたっては，先見性を持って時代状況をとらえて準備し，適応させていくことが肝要である。

　21世紀の段階を迎えて，人的能力をめぐる〈確保―育成―活用―評価・処遇〉サイクルは，グローバル化による外的条件を織り込みながら，いっそう比重を加えていると捉えることができよう。外的条件の動きのなかでは，海外からの人材導入（専門知識・技術層，管理職層，経営職層）が活発となっており，こうした海外人材の積極的な活用と経営力強化への直結態勢が急がれている。経営力の強化度こそグローバル市場における企業としての競争力を問われる場面となる。

　他方，現在の人的資源である日本の人材候補をどう育成し，国際活動機会において問題発見・解決できる層を増やしていくことができるのか。

　最近の人材マネジメントの取り組みで顕著な動向の1つが「留職」による人材育成政策の運用であろう。海外において一定の期間（2〜5年）業務活動を担当させ，その期間に国際的に活躍できる人材をつくろうという趣旨である。留職型の人材育成運用は，大企業だけでなく中小企業にも波及している。中小企業の人的グローバル対応の具体化といえよう。

　海外現地における活動遂行は，業務推進能力（海外場面でのスピード感のあ

る実行力，問題を全体像をとらえる視野），コミュニケーション能力（語学力の習得活用，新しいビジネス機会への積極的な対応）に加えて，現地文化理解能力（現地の文化，歴史，生活慣行に対する理解，柔軟な吸収意欲）などの能力を養成し，習得させていく重要な機会と位置づけられる。新しい経営環境への適応は留職経験によっても可能となろう。海外からの人材採用・確保，国内からの即戦力のある人材の受け入れなどの動きは，グローバル化の加速とともに活発な運用体制となっていくものと推察される。

1.1.2 人材マネジメントの方向性

そこで，日本企業のマネジメント政策は，どのような方向性を目指しているのであろうか。方向性の視点として，段階的に3つの点について，見解が提示されている[1]。

海外進出と事業展開〈第1段階〉から現地定着と現地拠点づくり〈第2段階〉へ，さらに組織拡大に伴うグローバル事業の経営〈第3段階〉と進行していく形態となる。現行の人材形成への取り組みは，全体的に多様な方法と運用によってそれぞれ積極的な推進場面を作っているといえよう。しかし，そうした取り組みでの運用体系は十分とは言えない。企業別，産業別あるいは大学において，グローバル人材形成にどれだけ多くの成功事例を作ってきているだろうか。

その角度からの問いに応えうる準備はまだ途上である。かつての80年代における強い経営競争力の確立，展開における成功事例（高品質・高技術，経営情報の徹底・共有，雇用の安定・能力開発）から学ぶべき点はあると認識する。世界競争市場でその優位性を維持し，発揮した要因を分析するとき，主軸となった人材マネジメントは，人的資源の有効活用による経営成果の集積に連動したのであった。企業レベルにおける人的能力の〈確保―育成―活用―評価・処遇〉サイクルは，今日のわが国における人材マネジメントの基盤を形成している[2]。

グローバル化進展への取り組みは，それぞれに大企業，中小企業に課せられたテーマである。どのように対応して，今後の企業成長力を維持・強化してい

くのか。その際，にどのような人材を確保し，活用できるのか。段階的に構築していかなければならないところである。そうした段階について，明示した労働政策研究・研修機構による見解は重要である（図表1-1）。

さて，上記の3つの段階において直面する課題として，第1段階は現地社員のレベルアップ，第2段階では，現地マネジメント層の戦力化，第3段階では英語活用とグローバルリーダーの育成，について提示している。

図表 1-1　グローバル化進展と人材マネジメントの関係推移

類　型	特　徴	課　題
第1段階 ＊国際展開した先で定着し成長する前提として当該企業の強みを海外で再現することを目指す。	▶国際展開の初期，事業体を立ち上げ運営していくとともに，自社の強みを海外の組織に移植し再現することに努める時期	① 本社からの派遣者の育成・選出とサポート ② 現地でのコミュニケーション ③ 求める人材像に明確化 ④ 現地社員への訓練 ⑤ 現地社員に対するリワードマネジメント
第2段階 ＊組織が現地に定着してきたことに伴い，現地自立型の経営体制の確立を目指す。	▶企業が組織体として現地に定着し，自ら付加価値を踏みつつ拡大再生産を目指していく，いわば〈自立化〉の時期	① 本社における国際コミュニケーション能力の強化と国際人材の育成 ② 現地マネジメント層の育成 ③ キャリアパスの明確化 ④ 現地上層人材のキャリアパスの明確化 ⑤ 公平な報酬制度の整備 ⑥ ブリッジ人材等の活用
第3段階 ＊自立性を有した組織が各地に定着したことに伴い，グローバル事業経営の確立を目指す。	▶各地域で組織の自立化が進み地域ごとの特色のある強みが生まれ，多様な地域に散在するリソースの活用と相互触発による付加価値の創造が生まれる段階	① 社内言語の英語化 ② 人的資源の評価制度共通化とグローバルデータベースの構築 ③ グローバルリーダーの意識的な育成及び外部からの登用

（出所）労働政策研究・研修機構「第4回日系グローバル企業の人材マネジメント調査（2006年）」より。

1.1.3　大企業における人材グローバルの形成

　海外事業では，当該企業はどのような経営方針・戦略のもとに，経営活動を遂行していくのか，その徹底と明示を全社的活動となって図っていくことが重要なカギと考える。

　労働政策研究・研修機構［2006］では，大企業がグローバル対応の動きを早期に着手して，それぞれの特徴を表示している。ここでは，5 社の取り組みを見てみよう。

〈創業理念が人材の国際化に及んでいる例〉

▶ソニー

　創業者が会社設立当時より，ソニーは日本のソニーであってはならない。世界のソニーでなければならないという経営哲学を，単なるスローガンではなく，社員の行動の指針として具体化されている。技術のことをやっている会社に上下なし，という文化が浸透している。

▶三菱商事

　1920 年代からの経営理念・3 綱領は「所期奉公」「処事光明」「立業貿易（全世界的・宇宙的視野に立脚した事業展開）」からなる。立業貿易の精神に基づいた積極的な海外展開は，拠点網のグローバルな整備に繋がっており，現在では，約 200 カ所に及ぶ海外拠点を有し，現地人材の登用を進めている。

〈海外進出を人材の国際化の契機とした例〉

▶日産自動車

　フランス，ルノー社との提携以来，特に DIVERSITY（多様性）を経営の柱の 1 つとして掲げている。国籍，ジェンダーを問わず，また日本，海外を問わずグローバルに人財を発掘，育成している。

▶三井物産

　米国での事業拡大を目的とした企業買収により，連結化した関係会社において，現地で積極的にマネジメント人材を雇用している。北米における主要連結関係会社 15 社のうち，すでに 7 社において米国人 CEO を起用。

〈顧客ベースの拡大の観点から人材の国際化に取り組んだ例〉

▶みずほコーポレート銀行

　高度化，グローバル化する取引先に対応するとともに，顧客を多様な国籍の企業にも拡大するため，グローバルなビジネス基盤の強化・拡充を目的とした拠点ネットワークの更なる拡充に注力する（06年実績：6拠点，07年度予定：7拠点）。また海外金融機関との業務提携，出資の積極的に実施している（06年：観光，メキシコ，カザフスタン，メキシコ，タイ，07年度予定：中国）。

　こうした事業のグローバル化に対応すべく，本社人材の国際化推進の1つとして，新入社員向けには通学式英会話レッスンが受講できる仕組み（行内英会話学校）を導入するとともに，英語能力強化の機会を積極的に提供している。

1.1.4　海外展開における人材の問題

　上記のように21世紀初期のグローバル化に向けた企業対応は，海外進出の具体的な活動として，活動拠点，人材，投資などの戦略の下に積極的な展開を見せてきた。しかし，そうした動向の中で共通した課題は，〈人〉をめぐる確保・活用の効果的取り組みをどう進めていくかであった。「人材は採れない」「人材が定着しない」などの問題は，海外進出企業にとって，しばしば指摘されてきた点であった。とりわけ，海外展開に当たっての中小企業の苦悩は深刻な側面を持っている。海外日系企業の活動視点からも，大企業ともに中小企業がいかに経営力を確立し，世界の市場で競争力を持ちうるか，というテーマは，国の施策運用と直結した問題とみることができる。

　海外進出と人材の国際化を連動させた実施・展開は，かつて日本での輸出花形産業といわれた電機・自動車の動きから確認することができる。80年代からの積極的な海外進出（特に米国）市場への進出と成功は，90年代を経て，21世紀初期の今日も生産・販売併行型の推進基調は変わらない。

　海外へ向けた顧客拡大路線に基づく経営行動は，銀行をはじめ金融・証券業界における企業重点戦略の一角を形成している。M&Aによる経営推進は，進出国企業の状況，経済動向を組み入れて進行しており，海外市場における企業

合併，企業吸収あるいは企業間連携の動きは，激しいものとなっている。

　こうした経営行動の拡大化，安定化を図る主要なカギは，グローバル人材の活動力に負っていることは，共通の認識と受け止めることができる。90年代から継続している現地化問題の人的側面について再確認し，具体的な対応を図ることが重要となってきている。

　現地生産における現地調達の大きな問題となったのは，部品の現地調達をめぐるものであった。例えば，精密機械産業が直面した課題として3つの点が指摘されている。①現地部品の調達が困難で，無理をして現地部品を使用するとコストが高くなる，②生産工程で日本の熟練度に替わる生産性向上のためのシステム構築が必要とされる，③生産数量がまだ少なく，量産効果が発揮されない，といったことが挙げられた。改めて，精密機械産業にみられた課題から受け止めるべき点の1つは，人的資源の強化という側面であると考える。長期にわたる育成・援助・指導が，常に比重を占めているわけである[3]。

　この状況は，精密機械産業の場合に限定されるものではなく，関連する業種にも該当する。現地における調達活動を効果的に支える要件は，現地技能・技術のレベルアップとその普及であった。現地技能・技術のレベルアップを図る試みは，海外日系企業の一葉に取り組んだ経営施策である。現地人的資源の確保・育成は当該企業の経営力に直結するものとなって注目されてきた。その具体的な展開となったのは，技術指導・教育・を始めとする一連の〈技術移転〉をめぐる経営行動といえよう。

　技術移転によるプラス面を確保し，海外日系企業の経営活動の強みとして形成していく働きかけは，いっそう要請されてくるものと推察される。こうした動きの方向性として，研究者の見解が表示されている。「方向性としては，日本企業の高度な技術関連業務の現地化がある。より高度な技術を用いる製品の生産や研究開発をアジア地域で実施することが，今後必要になってくる。東アジアの所得水準が向上するなかで，日本企業の海外工場は，末端的な生産だけを行うというのは，遠からず行き詰まると予想できよう。」[4]

　アジア地域での技術移転の効果性をどこまで高めていくことができるか，海外日系企業の経営判断が注目されるところである。90年代から21世紀にわた

り，日本企業は積極的な技術移転を進めてきたといえる。現地事情によって差異はあるけれども，移転側（日本サイド）と受け入れ側（現地サイド）の双方にとって，メリットのあったことも確認しており，今後はそのメリットをどのように拡大させ，実績として共有できるかに着目する必要があろう。

1.2 グローバル化に対する意識構造

　今日の人材育成にあたっては，経済界，企業，教育機関など，それぞれの分野，活動拠点をベースに取り組まれている。そうした取り組みの効果がどう高まりを見せるか。グローバル人材の形成が緊要の課題となって目前に迫っている状況からみても，着目していかなければならない点である。現状の取り組み，その認識などについて，ここでは意識調査から把握することにしたい。「グローバル化に対する人材育成に関する意識調査報告」[5)]では，概要を次のように集約している。

1.2.1　グローバル人材の育成と大学教育の役割

▶「外国語によるコミュニケーション能力」が80％

　グローバル・ビジネスにおいて日本人人材がもつべき素質，知識，・能力を聞いたところ，「外国語によるコミュニケーション能力」が80％，ついで「海外文化・歴史，価値観の差に興味・関心をもち柔軟に対応する」が73％，「既成概念にとらわれず，チャレンジ精神をもち続ける」が67％と，それぞれ3分の2を超えている。

▶ 8割以上が「日本文化・歴史に関する初等中等教育の充実」「科学技術立国のための理科教育充実」が「必要だと思う」との回答が8割を超えている。「必要だとは思わない」が多いのは「初等中等教育からキャリア・職業教育」で56％。「選ばれた層への徹底した教育」も約4割が「必要だと思わない」と回答している。

▶「グローバル人材の育成に大学教育が果たす役割は極めて大きい」が83％

　「グローバル人材の育成に大学教育が果たす役割は極めて大きい」という考え方に，83％が「そう思う」と回答し，そのうち，68％が大学に期待する取り組みとして「海外大学との連携による交換留学やダブルディグリープログラム等の実施」を挙げている。

　一方，「そう思わない」と回答した17％に，その理由を聞いたところ，「大学教育はあくまで『広く知識を授けるとともに，深く専門の学芸を教授研究』することが目的だから」が33％。ついで「大学進学に関わらず初等中等教育等でより多くの児童・生徒を対象にグローバル人材としての育成をすべきだから」が29％である。

▶「通年採用拡大など採用スケジュールの複線化」が72％

　若い世代に海外留学が敬遠されていることを改善するため，企業にできることを聞いたところ，「通年採用拡大など採用拡大スケジュールの複線化」が72％で最も多い。以下，「海外留学帰国生を不利に扱わないというイメージの発信」(51％)，「海外留学生を対象とした採用枠の設置」(47％)，「奨学金の設置」(42％)，「新卒一斉採用活動時期の調整」(37％)と続く。

▶7割近くが「多彩な経験を積極的に評価すべき」と回答

　学生が就職前にボランティア活動に参加することに対しては，69％が企業は「多彩な経験を積極的に評価すべき」と回答している。

▶半数以上が「大学連携や産業界・自治体等との連携によるカリキュラムの推進」「大学の再編，統合推進，入学定員見直しを通じた適正な教育研究環境の確保，経営基盤強化」を政府に求める

　グローバル人材育成に向けて政府に求める取組みを聞いたところ，「大学連携や産業界・自治体等との連携によるカリキュラムの推進」が57％，「大学の再編，統合推進，入学定員見直しを通じた適正な教育研究環境の確保，経営基盤強化」が51％と半数を超えている。

▶「国籍を問わず，有能な人材を幹部に登用する」「海外赴任を前提とした日本人の採用・育成を拡充する」がほぼ6割で拮抗

　日本企業がグローバル化に対応するため，どのような人事戦力を採用すべき

かを聞いたところ,「国籍を問わず,有能な人材を幹部に登用する」が60％,ついで「海外赴任を前提とした日本人の採用・育成を拡充する」が58％とほぼ6割で拮抗している。

1.2.2　日本人人材がもつべき素質,知識・能力

　同意識調査結果に表れた比率傾向などから全体像などを考察する。

　国際的なビジネス場面で活躍するための基盤となるパワーの主要素として,「外国語によるコミュニケーション能力」が最上位に挙げられている。当面する問題の処理・解決,将来の問題に対する優先折衝などにどう対応していくのか,それぞれ経営活動の共通課題となっている。21世紀の初期段階において,その対応には新しい要請側面が浮上していることにも着目しておかなければならない。

　それは,問題処理・解決に向けての〈スピード化〉である。迅速に問題を発見し,対処して解決を目指すことが強く望まれている。そうした活動時のベースとなるのは,コミュニケーションをめぐる能力の発揮であって,調査結果もそのことについての認識を示していると受け止めることができる。

　外国語の習得,外国語によるコミュニケーション能力の育成・強化がいっそう重要度を加えてきた。総体的にみて,グローバル時代における外国語コミュニケーションの能力は,十分とは言えない現状を認めざるを得ない。ビジネス活動で進行する当事者相互のコミュニケーションの機会では,コミュニケーション能力の占める比重はかなり大きいものと想定される。それゆえに,日本人が活躍する場面では,人材としての遂行責任に応えて所定の成果を得るためには,現状よりはるかに高いコミュニケーション・レベルを習得し,発揮してゆかねばならないだろう。

　コミュニケーション能力に次いで高い比率を示した「海外文化・歴史,価値観の差に興味・関心をもち柔軟に対応する」ことの重要性を明らかに表示しているのは,時代状況を踏まえて力強い意識であると理解される。外国でビジネス活動を遂行していくうえで,現地の歴史や文化について理解し価値観の違い

を認識することは，極めて大切であると考える。

　海外日系企業の経営活動をめぐって，90年代，21世紀初期にわたって常に大きな問題となってきたのは，〈現地化をめぐる問題〉であった。筆者の参画した『海外共同研究報告書：海外日系企業の経営行動』など一連の同研究報告（1999～2006年度）において，現地化問題の現状と対応が集約されている[6]。

1.2.3　現地についての文化・歴史の理解度

　そうした問題の背景に大きな影響を及ぼしていたのは，現地進出国についての歴史・文化への理解度であった。今日も，この動きの主流は変わることはない。現地の歴史，文化への理解を基本にして，チャレンジ精神を持ち続け，発揮していく行動力が期待されるところである。調査による「日本文化，歴史に関する初等中等教育に充実」「科学技術立国のための理科教育充実」の必要性を高く認識した意識は，時代ニーズに符合したものと受け止める。

　国際ビジネス場面では，仕事に関する事項，国内外の情勢の関する事項とともに，日本文化（生活習慣，歴史，価値観など）についての話題もクローズアップする。その際に，問われるのは，日本（母国）をどう理解・認識しているかという点。文化観や歴史観はグローバル・ビジネスの展開のなかで，さらに重視されなければならないだろう。

　同意識調査の特徴の1つとして，グローバル人材育成を大学教育と結びつけた観点から提示している点が注目される。つまり，期待する取り組みとして，大学教育の果たす役割は極めて大きいとの認識から「海外大学との連携による交換留学やダブルディグリープログラム等の実施」（第1位比率）を挙げている。国際ビジネス活動を担当する人材形成には，大学教育においてグローバル時代にふさわしい学習，カリキュラムの履修を強調している。

　期待する取組みの上位比率には，次の事項が続いている。
　①　企業の経営幹部，実務者からグローバル・ビジネスの実態を学ぶカリキュラム
　②　専門科目を外国語で履修するカリキュラム

③ 日本文化・歴史を学び，海外から日本・日本人がどう見られているかを考えるカリキュラム
④ 大学が仲介して，海外の企業やNGO等でインターンシップを実施，単位化

加速するグローバル・ビジネスの活動には，ビジネス社会に入る前の段階，つまり大学，大学院時代に国際活動能力を準備し，体系的な育成プログラムを履修しておかなければいけない。これまで日本企業においてみられる人材形成は，入社後それぞれに当該企業の育成政策，キャリア開発制度のもとに展開されてきた。そうした運用形態を基調としつつ，経営環境変動に適応できる人材づくりを推進している。このような運用形態の前段階における人材育成の着手方向について，同報告書は提示している。

1.2.4 注目されるインターンシップの運営と成果

具体的な取り組みの1つは，インターンシップの積極的な実施である。近年，大学等におけるインターンシップの運営は，その成果の高まりとともに，拡がりつつあるが，大学・学生側，企業側，サポートする自治体，経済団体機関等の一層の体系的協力体制が望まれるところである。前段階に位置する大学教育は，果たして変動するグローバル・ビジネスの活動に適応できる人材のベースづくりを体系的に進行させているだろうか。期待する取り組みと現状の間には，補完すべき断層があることを大学サイドは改めて認識し，期待に応える態勢づくりを急がなければならないと考える。

一方，インターンシップに取り組む企業サイドの動きも活発になってきた。グローバル化への積極的な展開の1つとして，海外からのインターン生の募集も話題となっている。「JFEエンジニアリングは，ミャンマーから学生を受け入れるインターンシップ制度を始める。ヤンゴン工科大学など有力大学の学生を対象に毎年，10人程度募集する，住居付きで受け入れ，プラントの建設現場などで研修する」(『日本経済新聞』2013年6月17日)。これからの日本企業のアジア地域活動がいっそう比重を加えるとき，経済発展が見込まれるミャンマー

のエンジニアを育成しょうとする意図は，内外から注目されている．

インターン生の成功は，わが国の海外インターン制度の運用に刺激を与えることが予想される．就活を目指す学生にとっても，インターンの機会は国内だけでなく，自分の希望する仕事経験とういう面からも，海外へのインターンシップを目指すことも大切な視点だ．

1.2.5 グローバル化に対応する日本企業の人事戦略の重点

日本企業は，内外の激しい企業間競争のなかで当該企業としてのポジションをいかに維持し強化させてゆくか，常に立ち向かうべき課題となっている．90年代後半から台頭してきた新興経済国（BRICS）勢力との競争も激しさを加えている．そのなかで，競争力の主軸となるのは，人材による経営力である．人材をめぐる〈確保・育成・活用〉によって，いかにして成果・業績を上昇させることができるのか．グローバル化の進展は，人事戦略の成否にかかわる状況を迎えているといえよう．

同意識調査に表示された動きは「国籍を問わず，有能な人材を幹部に登用する」「海外赴任を前提とした日本人の採用，育成を拡充する」が主要意向であった．続いて「今より採用の多国籍化を進める」「人事制度を海外拠点も含め共通とする」が挙げられている．この項目比率からは，90年代とは異なる人事戦略が今日の日本企業に表れてきた，と推察することができる．

主要意向の50％台後半（2事項）と後の意向の30％台（2事項）には，明らかに比率の格差が出ているが，この傾向はグローバル時代の人材確保と人材活用において，海外に人材を求めることを強調するとともに，国内の人材（日本人）の国際場面での活動をいっそう期待する意向が示されたと捉える．

日本企業の経営推進にあたって，外国人に門戸を広げる戦略指向は，21世紀初期のなかで強まっている．有能な人材像は，国籍を問わないで，その活動と遂行成果を評価しようとの見解である，と想定できる．国内（日本人）を優先してきたこれまでの傾向を見るとき，人材活用における確かな変化と認めることができよう．同時に，グローバル化に適応した人材育成のためには，早期か

ら海外ビジネス経験の必要性を明示しておかなければいけない。そうした観点からは，海外赴任を前提にした採用方針と人事戦略は今後の活動展開にプラス作用していくことが重要点となる。

すでに〈留職〉という形態での海外ビジネス研修・経験が本格化しつつあるが，実施にあたっては一定期間に海外でビジネス経験を履修し，第1線に立ってビジネス経験を担当させることになる。ビジネス研修の課程履修では，各国の企業から選抜されたメンバーとともに，経営を学び，実践的なキャリアを開発・育成することが重視されている。今後の成果が関心を喚起させられるところである。

1.2.6　産学官の連携による大学でのグローバル人材育成

他面，グローバル人材の育成にあたっては，〈産学官の連携〉の重要性を指摘する見解が「報告書」[7]として提示されている。同報告書では，〈グローバル人材〉の育成を目指して大学教育における具体的な授業課程を提案しており，今後の産学官の提携方向として注目される。有効な工夫ポイントを7点挙げている。

① 産業界の経営幹部・実務者によるグローバル・ビジネスの実態について「生声」による講義で学習意欲を高める。
② 外国語による一般教養科目や専門科目
③ 予習を前提とした授業や参加型学習手法により好奇心を高める。
④ 多様な価値観や考え方，その背景にある文化や歴史を知識として習得させる。
⑤ 日本や日本人が海外の人々からどのように捉えられているか，客観的な視点で見直す契機を与える。
⑥ 海外インターンシップや交換留学プログラムなどにより，④，⑤などで学習したことを経験から実感させる。
⑦ 多様なバックグランドをもつ学生チームが課題解決に向けて協力・協働することで創造力などを養う。

こうした産学官の連携をどう構想から，計画→実施まで展開していくのか。関係者の運用行動が期待される。

1.3　グローバル人材育成と中小企業海外展開支援の動き

1.3.1　中小企業の海外展開支援の重点

　進展するグローバル化の動きにどう呼応してゆくのか。その態勢づくりには，日本企業はいま規模の域を超えて取り組んでいる。世界市場で企業力が試され，かつ問われていると見なければならない。これまで90年代後半からの経済変動のなかで，日本企業にとっては厳しい状況に直面してきた。

　海外進出のメリットが確保できているのか，絶えずチェックの過程であったといえよう。とりわけ，中小企業の海外展開は，日本企業の現在と将来にわたる活動の主要なカギを担うものであり，その存在価値はさらに高まっている。中小企業の海外進出とその展開に伴うリスクをどう軽減するのか，当該企業，産業とともに政府の役割も大きいわけである。

　平成23年度（2011）から24年度（2012）にかけて国内事情としての東日本大震災の被害から早期の脱却，弱体化する国内経済の立ち直り対策実施は政府関係機関に強く要請されたところであった。

　そうした事情への対応として，「中小企業海外支援会議」が設置され，〈中小企業海外展開支援大綱〉がまとめられた（平成24年3月）。大綱の標榜した重点は次の5点である。
　①　オールジャパンでの組織の壁を越えた支援
　②　きめ細かな業種別・分野別対応や優れた製品・技術の事業化支援を含めたマーケティング支援強化
　③　若手人材を含む海外展開に対応できる人材育成強化
　④　資金調達支援強化

⑤　政府開発援助（ODA）の活用を含めた現地事業環境整備

ここでは，本論のグローバル人材の検討趣旨に沿って大綱のうち，人材の育成・確保の内容をピックアップしておきたい。

1.3.2　人材の育成・確保における展開と推進施策

海外での活動に応えていく人材の育成にあたっては，政府関係省，経済団体なども取り組んでいるが，これからの体系的な運用について，さらにスピード感をもって進展していくことが要請される。

(1) 海外に対応できる人材の育成

中小企業のなかで，海外バイヤーとの商談や海外投資などの海外展開に的確に対応できる人材を育成するため，セミナーの開催，研修機能の強化，専門家の派遣等を行う。さらに次の海外展開を担う人材を育成するため，官民が連携して，わが国の若手人材に対し，海外市場経験を積むことができる機会の充実に取り組む。

〈取り組み例〉
① 海外事業管理責任者や海外取引実務者等を対象とした研修を強化するとともに，海外実地研修に取り組む（中小機構）。
② 海外に拠点における優秀な人材に育成・確保のため，現地人材に対する経営・販売・製造等に関わる研修・専門家派遣等を実施する（経済産業省）。
③ 青年が意外協力隊事業を活用し，特定の途上国を熟知した人材と企業が必要とする人材のマッチング促進を行うとともに，本邦企業と連携した民間連携ボランティア制度を新たに開始し，グローバルに展開する企業において開発途上地域の経済社会開発を推進する人材の育成を図る（外務省，国際協力機構）。
④ わが国の中小企業や大学等の若手人材の発展途上国企業や海外進出日系

企業等におけるインターンシップを行い,わが国のグローバル人材の育成を支援する(経済産業省)。
⑤　世界に誇れる人材を育成するため,料理人や農業者が文化の担い手として認められるよう,国としても顕彰等を推進する(農林水産省)。
⑥　「貿易実務講座(初・中級編)」,「英文契約編」に加え,オンライン講座に「中国輸出ビジネス編」等,輸出ビジネス講座を展開する。また,新しく海外ビジネスに取り組もうとする企業向けに,少人数参加型のワークショップ(研修会)を開催する(ジェトロ)[8]。

(2) 海外展開に必要な人材の確保

輸出や投資に必要な知見や有用なネットワーク,技術を有する即戦力として,海外ビジネス専門家(OB人材)や外国人留学生等を活用できるよう支援する。
〈取り組み例〉
①　日本貿易会等に登録されている海外ビジネスの専門家(OB人材)と中小企業のマッチングを行い,即戦力人材の確保を支援する(中小機構)。
②　ウェブを活用した留学生採用支援事業(東京商工会議所の求人情報掲示板サイト「就職じゃぱん」)について情報を提供する。)
③　国内および海外での実践的な支援を行うため,「中小企業国際展開アドバイザー制度」を東京商工会議所にて実施(日本商工会議所)。
④　海外に進出する日系企業の優秀な現地人材確保に向け,海外の大学等と連携し,日本企業文化講座の開設等を実施する(経済産業省)。
⑤　6次産業化の先達・民間の専門家(ボランタリー・プランナー,6次産業化プランナー等)による,輸出を含めた経営の発展段階に即した個別相談を行う体制を整備する(農林水産省)。

上記にみる人材の確保・育成の内容事項は,中小企業において海外活動で活躍できる人材づくりを目指したものである。その運用にあたっては,官民連携が強調されているのは,1つの特徴といえよう。中小企業の海外活動の成功を問われる課題としての人材対策の具体的な取り組みは,これまでは個別企業レ

ベルにとどまっていたところが多かったが，大綱の意向と実施は対策の体系化に繋がっていくことを想定した場合，着実な進行と受け止めたい。

中小企業の経営特性を人材育成・活用によって前進させることが可能となれば，海外活動の際のメリットも拡大することになるだろう。中小企業の海外進出には，大別して，系列企業として大企業とともに現地に進出する場合，もう1つは独自の製品，技術を海外市場に開示する場合。それぞれに企業特性をどのように発揮することができるのか，企業力が問われるわけである。

標榜した「オールジャパンでの組織の壁を越えた支援」をどこまで実効的に推進できるのか，まさに官民連携の実績の推移について，広く検証していかなければならない。

海外進出での中小企業経営において共通の課題となって浮上しているのが，90年代も，21世紀の今日も人材をめぐるものであり，大企業の進出事例とは異なる動きとなっている。
中小企業の特性を活用して人材問題に対応してきたか。具体的な活動成果の比率は一定の形となって表れている。

1.3.3　中小企業における外国人人材の活躍

かつて外国人人材が日本企業の海外経営に参画する，活躍の一翼を担うなどの事例は，大企業でみられた現象であった。そうした動きのなかで，外国人人材が中小企業で活躍という機会や場面が増えつつあるのは，関心を喚起するところである。

人材の採用，定着については，欧米系企業に比べてよくないという実態，またイメージが幅広く受け止められている。こうした状況を修正していく働きかけは，海外日系企業にとって取り組むべき課題といえる。外国人人材を採用し活用して業務活動と直結した体制をとっている中小企業の事例について，一歩進めて着目していくことが必要であろう。

当該企業の事例からは，3つの点がクローズアップしてくる。

第1点は，外国人人材の活躍地域はアジア（中国，タイ，フィリピン）で顕

著だということ。現地トップである人材は，経営統括の任務を遂行している。第2点は，女性の外国人人材が経営職層，管理職層で責任ある立場で仕事統括にあたっていること。国内の女性管理職層，経営職層比率は海外企業と比較して少ないわけで，近い将来，国内の女性能力活用への勧奨刺激剤になるかもしれない。第3点は，現地経営者（中国では総経理）に対する経営執行権限が一定に委譲され機能していることが推察されること。現地サイドと本社サイドの経営コミュニケーションの動きについて，その有効性はどうか，委譲の内容基準が明確になっているかなど問題点が提起されるところだが，こうした問題点の分析，処理は本社サイドで早く対処し，現地サイドと運用基準を確認しておかなければならない。

　一方，海外で進出してくる日系企業の経営活動にふさわしい人材をつくることを目指した現地で専門学校の設立・運営の事例（ベトナム）がある。ベトナムの就職志向の若者の希望と，人材確保を意図するベトナム日系企業のニーズを結びつける教育運営が各界から関心を高めている。特に日本の中小企業においても，人材確保は可能だという点で着目したい。

　こうした動きのなかで，〈ベトナム人技術者を日本の中小企業に〉という意図のもとに，ベトナムで取り組んでいる教育活動，採用活動が注目された。

【事例】　ベトナム人技術者を日本の中小企業に採用

　ハノイ市南部の閑静な住宅地にあるタンロン技術学院。ここのベトナム人学長は，20年前に前進となる私塾を自ら立ち上げ，ベトナムの若者教育に専念してきた。2001年からは，日本のNPOと提携して，現地日系企業向けのエンジン養成にも乗り出した。

　コースは，正規コース（高卒対象，3年，学年，学生数600人），ベトナム進出日系企業向けコース（短大・大卒対象，半年～1年，学生数400人）に分かれ，IT，電気・電子，機械設計（CAD／CAM利用）を中心に日本語と英語で授業が行われている。特に評判なのは進出企業の日系企業向けに卒業生を送るコース。日本語教育と日本語による技術教育が進出企業の求めに応じた内容で実施され，毎年400人以上を進出日系企業に送りだしている。

　特筆すべきは，2005年から始まった日本の本社向けコース。これは，日本の中小企業での人手不足に対応したもの。優秀なベトナム人材が欲しい中小企業家

らまえもって採用の意思を取り付け，彼らの要望に応じて事前にハノイ工科大学などから候補者を企業に面接してもらったうえで選抜，徹底した日本語と技術教育を施す。期間は１年間で，これまでに約60人が日本の中小企業の正社員エンジニアとなって来日している。

　東京都大田区で光学機器部品を製作するＦ社。3年後をめどにベトナムでの現地生産を計画，このための幹部要員として，タンロン技術学院からＧさんを採用した。Ｇさんはハノイ工科大学の機械工学科を卒業後，なんとか日本に行きたいとの一心で日本企業への就職を目指し，評判を聞いて学院に入学，前期は徹底的に日本語を学習した。後期は，午前の日本語，午後は専門研修に明け暮れた。2007年４月に見事Ｆ社に採用され来日，ＣＡＤ／ＣＡＭ設計の基本技術を再度徹底的に訓練中だ。Ｆ社の社長は「ハノイ工科大学のレベルはかなり高い。ＣＡＤで図面を起こす基本的技術は充分にマスターしており，企業で再訓練すれば，即戦力として十分に通用する」とＧさんの将来に期待をかけている[9]。

　人材採用（外国人）とその活動状況については，成功事例を多く作ることによって，新しい経営活力として，地域，社会にプラス影響を広げていく。これからのわが国中小企業を分析するとき，こうした外国人人材の確保・活用は発展の重要なカギをもっていると受け止める。堅調な経済動向のなかで，アジアへの積極的な進出行動（タイ，インド，ベトナム，インドネシア，ミャンマー，フィリピンなど）は中国プラスワンとなって推進されていく。これからの海外日系中小企業の対応がどう進展していくのか，高い関心が寄せられている。

1.4　グローバル人材形成への産学官の連携

　時代推移のなかで緊要の課題としての〈人材グローバル化〉に向けた積極的な展開態勢は，産業界や企業規模を越えた多様な広がりとなっている。激動する内外経営環境において，日本企業はそれぞれに存在感を提示して維持・成長を図ってゆくのか，問われているといえよう（図表1-2）。

　これまで見てきたように，日本企業の取組みは，いかにして人材の確保・育成・活用を進めるかに焦点を合わせていると受け止める。そうした活動による

図表 1-2　グローバル人材形成への産学官の連携体系

```
                    ┌─────────────────────┐
                    │         産          │
                    │ *産業レベル, 企業段階などの │
                    │  産業界の推進活動（留職制 │
                    │  度の運用定着とグローバル │
                    │  能力発揮の機会設定）   │
                    └─────────────────────┘
┌─────────────────────┐        ↕        ┌─────────────────────┐
│         学          │                 │         官          │
│ *大学など教育機関の取組み │                 │ *関係省庁など関係機関の対 │
│  （グローバル人材育成のため │                 │  応態勢（グローバル人材確 │
│  の基礎的能力習得の教育 │                 │  保・育成・活用のための支 │
│  機会の重視）         │                 │  援態勢の確立と運用）   │
└─────────────────────┘                 └─────────────────────┘
                              ⇩
```

要素1	要素2	要素3
◇語学力 ◇コミュニケーション能力	◇主体性・積極性 ◇チャレンジ精神 ◇協調性・柔軟性 ◇責任感 ◇使命感	◇異文化に対する理解と日本人としてのアイデンティティ

⇧

▶大企業によるグローバル人材確保・育成の取組み
□若手社員を中心する早期海外派遣
　　　（日立製作所　JFEスチール　トヨタ　旭化成　ヤマハ発動機）
□次世代リーダー育成のための海外研修
　　　（三井物産　東芝　横河電機　住友化学　ソニー）
□留学生など外国人材の採用拡大
　　　（東芝　IHI　日立造船　富士通　ファーストリテイリング　イオン　ローソン）

（出所）　JETRO 資料より集約。

グローバル人材の活動成果を着実に高めていかなければならない段階となった。人材をめぐる動きは，国内から海外へ，海外から国内へと多面的な様相となっており，基盤としての教育分野の課題責任もいっそう重くなっていることが推察される。

ここで，今日それぞれの分野で活躍する人材像としての〈グローバル人材〉の像を捉えておきたい。21世紀の10年余を経た段階では，地域，時間，ヒト・モノ・カネ・情報について地球的規模でとらえ，適応させていく時代状況となった。

〈グローバル人材〉の概念として，次のような要素が想定されている[10]。

要素1	語学力，コミュニケーション能力
要素2	主体性・積極性，チャレンジ精神，協調性・柔軟性，責任感，使命感
要素3	異文化に対する理解と日本人としてのアイデンティティ

上記要素に加えて，社会の中核を支える人材に共通して求められる資質としては，幅広い教養と深い専門性・課題発見・解決能力，チームワークと［異質な者の集団をまとめる］リーダーシップ・公共性・倫理観，メディア・リテラシーなどが挙げられている。

日本企業のグローバル化に向けた対応行動は，大きな潮流となってきた。企業段階での態勢づくりから実施運用に至る動きは，全般的に速度が加わりつつあるといえよう。こうした動きを前進させるためにも，産業界，企業の対策，取り組みに加えて産学官の連携がいっそう重要になってきた，と着目していかなければならない。その対応態勢がどこまで実行を伴うものに仕上げていくのか，産学官の連携による〈グローバル人材〉の確保・育成・活用の動向成果が注目されるところである[11]。

(注)
1) 労働政策研究・研修機構［2006］がまとめたグローバル化に向けた取り組み段階である。
2) 服部・谷内編著［2000］において，人的資源管理について，〈確保領域─育成領域─活用領域─評価・処遇領域〉としてとらえ，マネジメントの基盤形成に基づいて領域の構成要素について論述している。
3) 服部［2005］71頁。

4) 「国際技術移転の進捗度の測定と分析に関する一考察」第3調査研究グループ木場隆士，第1研究グループ（前総括主任研究官児玉文雄）NISTEP　REPORT　No8」による。
5) 同意識調査は，インターネットによる回答選択方式及び自由記述方式による。調査期間：2011年10月20日〜10月31日。有効回答1,966人。世代別29歳以下7.6％，30歳代13.8％，40歳代23.8％，50歳代24.5％，60歳以上30.2％。
6) 『海外共同研究報告書』〈研究代表・服部治〉2003・2004年度（金沢星稜大学経済研究所）は，海外日系企業の動向について，経営戦略分野，人事労務管理分野を対象に調査，取材をまとめている。経営戦略面ではコストダウン，人事労務管理面では人材確保・育成が最重点であった。
7) 「中小企業の海外展開とグローバル人材確保・育成」（JETRO）90頁による。
8) 『ジェトロ・センサー』（2011年10月号〜2012年3月号）に連載された内容に基づいている。
9) 大木編著［2008］251頁。
10) 「グローバル人材育成戦略」（審議まとめ）において集約された。人材資質のレベルアップのなかで，要素3（異文化への理解，日本人アイデンティティの重視）が今日的状況を表示している。
11) 本章は，『松蔭大学紀要』（第18号）〈2015年3月〉所収論文「日本企業の展開するグローバル人材戦略」を加筆したものである。

〈参考資料〉

- 「グローバル人材マネジメント研究会」（報告書のポイント）経済産業省産業人材参事官室（平成19年5月）。
- 「中小企業の海外展開と外国人人材活躍への取り組み」日本政策金融公庫総合研究所『日本公庫総研レポート』（No．2012—6）2012年11月。
- 『産業人材育成委員会報告書』（産業経済省産業人材政策室）産業人材育成パートナーシップ全体会議のもとに設置されたもので，必要とされる人材像を検討し集約している（2009年）。
- 『産業界の求める人材資源と大学教育への期待に関するアンケート結果』日本経済団体連合会。

第2章

グローバル化対応の人材マネジメント

　グローバル化の潮流のなかで，日本企業の行動位置は厳しい状況にある。そうした動きは日々の経営活動を直撃するとともに，いかに有効な対応を図ることができるか。企業規模を越えた共通の課題といわなければならない。日本企業では，すでに90年代からグローバル態勢づくりに着手してきたが，今日の経営環境の激しい変化は，その態勢に揺さぶりをかけるような局面の活動となっている。これらの局面に対処し戦略を有利に実践していく主要なパワーは，グローバル人材であると認識される。

　したがって，それぞれの企業が一様に取り組んでいるのが〈グローバル人材〉の確保と育成の政策運用である。いかにしてグローバル人材政策・運用による効果を挙げるのか，他方では，人材問題への具体的対応が遅れているのか，その態勢のありようが当該企業の経営競争力の形成に大きな影響を及ぼしているといえよう。

　第2章では，大企業と中小企業における今日の〈グローバル人材〉確保・育成の動向について関連調査結果に着目しながら現状の分析と考察を試みている。人材確保・育成の動きのなかで3つの視点を織り込んでいる。第1点には，中小企業のグローバル人材の取り組みについて概観しながら，経営活動に連結させた動向を考察していること。第2点は，外国人人材の採用と活用の状況をとらえ，日本企業の経営管理，人材問題に対する反応を分析していること。第3点として，海外経験のある日本人人材からグローバル活動における有効な活躍条件について，所見，提案を提示されたものを集約していること。

　加速化している経営環境の変化は，企業レベルにおけるグローバル人材の確

保・育成の対応ニーズについて，さらに比重を加えつつある。そうした状況のもと，グローバル時代に求められる人材の条件なども検討を進めている。状況の変化への人材戦略・実践いかんが企業規模に関わらず，今後の経営展開の力量と直結していくものと考える。

2.1　中小企業によるグローバル人材確保・育成の取組み

　経営活動の広がりへの態勢づくりは，グローバル化進展のなかで，それぞれの企業にとって緊要な課題となってクローズアップしている。その傾向は，大企業，中小企業において共通の取り組むべき要件となっている。とりわけ，企業間競争の激化が加わる情勢において，中小企業の取組み，その進捗度は注目されるところである。

2.1.1　海外経験をもつ人材の採用と活用

　今日の経営情勢は，国内と海外の動向について複眼的に捉え，対処していかなければならない。国内での企業競争力にとどまらず，海外活動において競争力を醸成し強化していけるのか，問われる時代局面になっている。海外の日系企業は，3つの場面について着目していかなければならない。中小企業の活動領域も例外ではないといえよう。
　3つの局面とは，①海外進出した現地企業との競争，②現地に進出した外資系企業との競争，③現地における日系企業との競争を指す。
　さて，①では，現地企業を上回る競争力を持っているか。現地進出のメリットを確保し，維持していかなければならない。多くの進出企業は，リスクを抱えながら将来への展望をふまえて取り組んでいる。現地企業の激しい競争のなかで活路を拓けるのか。
　かつて，80年代において世界の市場で企業競争における優位性を確保していたことを想起する。企業競争力を支えてきたのは，〈高品質・高技術〉，〈情報の

共有〉,〈雇用の安定〉であった。近年の日本企業の側面には,こうした動きが弱体化に繋がっているのではないかと懸念せざるを得ない。さしずめ,〈高品質・高技術〉の水準は必ずしも安定していないと推察する。グローバル化の進展は,BRICS(ブラジル,ロシア,インド,中国,南アフリカ)の台頭,アジア諸国の経済発展によって,ますます追い上げられつつあるように思われる。いま企業競争力の強化形成の課題に直面していると捉えることができる[1]。

②では,外資企業との現地における企業間競争である。いかに,外資系企業と対応するか。有望な市場には,世界各国が市場メリットを求めて集中してくる。既存の進出企業,新規の進出企業がまじりあうなかで経営基盤を固めていかなければならない。それは,当該進出企業にとって,自社のビジネス活動の優位性を示す課題と連動している。

日本企業のもつ製品,サービス等の優れた内容を提示することを通じて,理解を促し経営活動の展開を図っていくことになる。

③においては,現地で日本企業観の生産・販売をめぐる競争場面となる。自動車,電機,機械などの生産分野から,サービス,販売分野に至るまで,自社優位を目指す展開である。

海外市場において,いままで国内で展開している企業間競争が推進されるわけである。海外での競争が,それぞれに当該企業,当該産業にとって状況に適応したメリットを高めていくための鍵となっている。当然のことながら,競争力を維持し強化できない産業,企業は経営競争舞台から降りることになる。

中小企業でグローバル時代の人材確保や人材育成がどう進めているのか。その動きを事例から概観してみよう。

2.1.2 人材確保事例にみる特性

人材問題は,いかに確保するかが着手点となるけれども,中小企業としての特性を活かした面もうかがわれる。確保事例[1]から,2つの特性を見ることができる。

1つ目は,海外研修生の採用。海外研修生のビジネス遂行能力により業務活

動のレベルの安定が期待されること。特に研修経験から得られた能力活用面とともに，当該企業のもつ企業文化について理解していることは，定着性あるいは業務推進における協力度の面でもプラス作用に繋がる（松本工業）。また，現地採用者を本社研修として1年間，滞在して取り組んでいる。1年間の研修期間は，海外研修生（台湾人）にとっても，同時に採用側にとっても大切な期間と推察される。業務担当のなかで，当該企業の経営方針，運営などを習得することができるとともに，語学習得という面からもプラスとなる（スナーク）。

2つ目として，留学生の人材確保の強みは，日本の事情（言語，慣行，生活価値観，日本文化など）をある程度理解している点があること。業務担当に当たっては，そうした日本の事情を理解していることが，活用されて有利に作用することが想定される（ヤンコン物流，スズキ）。特に，日本本社と現地・地元（取引先）の関係では，双方の事情がわかっていることが業務調整，折衝を円滑にすることができると考えられる（月電ソフトウエア）。

海外経験のある日本人や専門家は，経験をベースにして業務の進捗に当たることができる。経験を活かす，専門能力を活かすことは，企業にとって，本人にとってもプラスとなるものと推察される（昭和機械商事，大信製作所）。

採用した人材をどう育成していくか。今日の企業にとっての人材形成の重要政策である。明確な人材育成方針を提示して若手社員の海外派遣を実施。英語研修にも重点を置いた育成プログラムとなっている。こうした社内方針は，海外業務を担当する志のあるビジネス・パーソンをつくっていくと想定される。公的機関の海外展開支援サービスを活用して具体的な人材育成を図っている。専門家を活用した海外業務推進の動きは，人材育成にも連動していくものと思われる。

2.1.3 中小企業の海外展開と人材確保にみる問題点

人材の確保・育成に具体的な取組みをみせている中小企業の状況は，グローバル化進展へ向けた共通の経営行動となっている。海外展開に必要な人材の確保が経営発展の基点といえよう。まず，いかにして人材を確保するか，経営環

境の変動への適応行動の1つである。その際の問題点はなにか。3つの場面が挙げられている（図表2-1）。

大きな潮流に呼応しようとする動きの一方で，海外戦略がまだ確定していない中小企業も少なくない。現状は，グローバル経営のなかで，固有のポジションをどう確立し，発展していくかと問題と取り組んでいる事例が多いと言わなければならない。人材面で抱える問題点にどう対処してきたのか。課題として3つの点が提示されている。

「社内での人材教育が困難」であることは，多くの中小企業が直面している悩みともいえよう。したがって，やむを得ないとして人材教育の機会を失するこ

図表2-1　海外展開を図る中小企業が人材面で抱える問題点

課　題	コメント
課題① 社内での人材教育が困難	［自動車部品メーカー］　国際ビジネスに精通する社員の育成が追いついておらず，社長自らが国内営業と同時に海外シフトが進む顧客への対応にも奔走。人材育成はしたいが，それに割く時間と資金面での余裕がない。 ［技術商社］　中小企業の海外展開には，短期的な結果が求められる。時間をかけて人材を育成している余裕がない。 ［金属加工メーカー］　外国語の堪能な人材，国際ビジネス経験のある人材が社内におらず，社内でそれを教育する場がない。
課題② 人材の採用が困難	［機械メーカー］　国内中心のビジネスだったため，海外営業を担当する気力のある人材が社内にいない。募集しょうにも，方法がわからないし，生活上，不便な地域に来てくれる人材がいるとも思えない。 ［物流］　採用活動で国際ビジネスを行うのに適した学生を集めることが難しい。語学を学んだという日本人はいるが，教科書で学んだ知識では不十分。
課題③ 海外駐在員候補者がいない	［自動車販売・整備］　海外進出を検討中だが，現地設立の法人を運営する人材がいない。社内育成は難しいので，外部登用や現地登用を考えたが，現地で自社を代表してもらうため，どのように優秀な人材を見極めればいいか困っている。 ［製造メーカー］　現地の生活に対応できる人材がいない。現地の登用を考えているが，人材が見つからない。 ［水産物製品関係］　海外駐在の希望者がいない。若手社員もいるが，進んで希望はしない。

（出所）独立行政法人日本貿易振興機構［2013］。

とになれば，大きな損失といわざるを得ない。人材教育には，まず教育投資として計画・実施の運用を図って行くことが大切となる。人材確保の前に，在籍している社員の中から受講者を特定選別し，可能な限り職場段階での上司―部下関係による教育指導の実践を目指さなければならない。中小企業においても，伝承すべき技能・技術は存在している。先輩から後輩へ，熟練者から若手への正しい技能・技術を伝承していく方針を確認することが着手点となる[2]。

海外業務経験者から習得する，公的経済機関などに社員を派遣して受講の機会をつくるなども想定される。海外ビジネスを担当できる人材づくりに当たり，いままでとは角度を転換させて取り組んでいく決断と実行が重要点である。

「人材採用が困難」では，変化に即応した人事体制をとることは難しいと推察される。キャリアのある人材を採用するためには，受け入れ体制の整備が前提となる。人材の活用，処遇面にも基準を設けておくこと，将来へ向けた人事コースも想定しておくことが肝要である。大企業の能力活用とは異なる方法，個人能力が発揮しやすい仕組みなど中小企業だからできる活用方法の提示，その特色を前面に出した対策も構想される。留学生を対象とした採用活動も運営の枠内ととらえることができる。

「海外駐在員候補者がいない」場合，外部から海外勤務経験者を採用することも1つの方法といえる。現地人の採用は，現地進出の経営戦略が浸透し経営基盤の確立にめどがついた際に，本格化させる動きの展開が推察される。現地人の人材としての管理者採用の成功は，今後の人材活用と連動した形態となるものと思われる。

2.1.4　タイ日系企業にみる人材育成の重視行動

海外進出をベースにして，海外活動の展開を推進する際に，海外企業との関係をどう構築し運営していくかが問われる。その場合，基軸となる人材の活動度が占める比率は大きい。それぞれの企業に共通した課題である。

日本企業の海外進出とその拡がりは，グローバル経営情勢に呼応した動きとなっている。海外日系企業も常に人材の採用，活用に重点を置いた管理行動と

なっている。その具体的な動向をタイ日系企業における人的資源管理の状況に着目したい。「日系企業の経営課題：中間管理職の確保と育成」調査（重点5位）によれば，日系企業の重視度は①人材の育成，②品質管理，③生産性，コストダウンの追求，④販売網の拡大，⑤技術開発力の強化，であった[3]。

日本企業は本社レベルの意向をくみ取りつつも，現地の経営環境に精通した人材はOJTを通じて"育成"していく戦略を志向している，と捉えている。海外の経営展開は，日本方式プラス現地方式を組み入れた形態が望まれている。中小企業の海外人材採用・活用の取組みも海外に通用する新しい要素，観点を加えていかなければならない。

2.2　外国人人材が日系企業に求める人材マネジメント

海外日系企業が現地で人材を採用するのは，現地経営ニーズに即応した重要なテーマの1つである。同時に，国内において外国人人材を確保・育成することは経営戦力の面からも優先されるべき課題となっている。ここでは，『日本公庫総研レポート』[4]より外国人人材が日系企業に求める人材マネジメントの観点から検討する（次頁の図表2-2）。

同レポートでまとめられた外国人人材の活躍をめぐる調査結果概要のポイントとして，2つの側面が指摘されている。1つは，外国人人材が日系企業に求める人材マネジメントの問題点として，賃金・処遇の問題，人事マネジメントの問題であった。外国人人材が日系企業に求めているのは，①責任と権限の付与，②高い賃金・処遇，③会社や自分の将来性，成長への期待感，④社員を大切にする経営の実践，である。

そこで，同レポートは，外国人人材に活躍してもらうためのポイントについて3点を挙げている。

①　定着率の向上

定着率向上のための取組みとして，①事業計画を開示する，②キャリアパスや評価の仕組みをオープンにする，③様々な研究機会を提供する，など外国人

図表 2-2　事例にみる外国人人材活用に当たっての課題と対策

	課題	対策（講じられていること：考えられていること）
確保	海外展開が成功するかは，海外展開推進の力となり，信頼できる外国人中核人材を確保できるかに負うところ大きい。	・日本で，留学生や日本企業からの転職者を採用し，ある程度，育成してから海外に出す。 ・現地で，日本への留学経験や日系企業で働いた経験者等を採用し，育成したうえでマネージャーや幹部にする。 ・信頼するが，チェックし口を出す。 ・日々の経営，人事は現地に任せる。数字（バランスシート，利益等）を見ている。
定着・モチベーション向上	ワーカー層ほどではないが，マネージャー層も放っておくと辞めてしまう。	・きちんと給料を出し，幹部候補者は昇進させていく（相応に高い処遇と昇進）。 ・今後のキャリアや昇給の見投資を示す。国籍にかかわらず頑張れば現地法人の社長や本社の幹部になれることを示す。
	会うたびに「賃金を上げてくれ」という，高い賃金を示され転職してしまう。	・日本人駐在員・派遣社員との処遇差についての納得性，差の解消が必要である。
	日本人に比べ，会社へのロイヤリティがない，希薄である。	・日本本社を利するための海外拠点ではなく，その国の会社，その国の人たちに会社にしていくことが必要である。 ・「お金」だけではなく，職場の雰囲気や人間関係，心の繋がりや信頼関係もやはり大切。日本的経営の良さが生きる。
異文化マネジメント	言葉の壁等により，意思疎通が難しい。	・ローカルマネージャー，幹部を育てる，現地従業員の気持ちがわかる外国人中核人材が，本社との間に入って調整する。 ・その国の法律や商慣習，文化等を良く知る。
	文化・習慣等が異なり，日本のやり方が通用しない。（OJT，管理等）	・人を大切にする「日本的経営」の良さが活きる。

（出所）『日本公庫総研レポート』（No.2012-6）。

人材が将来性を実感できるような取り組みが重要である。
　②　モチベーションアップ
　報酬面だけでなく，皆の前で表彰する，栄誉を与えるなど，金銭面以外の施策をうまく活用する必要がある。
　③　日本人社員との良好な関係構築
　外国人人材に対して「納得いくまで説明する」「命令するのではなく，一緒に対策を考える」「コミュニケーションを惜しまない」といった姿勢で関係構築に取り組むことが重要である。

2.2.1　外国人人材への日本サイドの望まれる関係づくり

　さて，外国人人材の活躍の場を運用していく条件として，3つのポイント（定着率の向上，モチベーションアップ，日本人社員との良好な関係構築）は，現状の打開の上で有効な示唆といえよう。経営活動の主軸となる〈人材の確保・育成・活用〉をどう進めていくか，推進による効果をどう上げていくかは共通した課題となっている。

（1）　定着率向上

　定着率の向上については，採用した人材の活動の場の設定と活動による貢献・処遇を連動させた関係として位置づけなければならない。そこでは，人材をめぐる活用成果は外的報酬（賃金，昇進，昇格など）だけでなく，内的報酬（仕事の充実感，達成感，成功感など）について，日本企業側は制度面でも準備しておくことが重要になると考える。そうした受け入れ態勢と運用が，外国人人材にとって，当該企業で見通しのある将来性に繋がっていくものと推察される。
　将来性への展望について，外国人人材サイドでは，常に関心の高い意識領域である。明るい展望のもとに，現在から将来につながるビジネス・パーソン像が想定できる環境となっているか，を分析する機会があるかもしれない。その分析の際，定着して継続することのメリット，デメリットについて判断する場合，現状に維持することのメリットを外国人人材が確認できるような受け入れ，

活用機会を設定しているか，大事な問題となる。将来への不安，現状での展望が見えてこないという際には，やがて離職，転職の動きとなっていくことが予想される。

外国人人材をどう活かし，活動成果を的確に捉えるかという企業意思を管理運用と強く連結させていくことが望まれる。活動評価の人事考課制度についても，現状方式でいいのか，外国人人材の活動評価において改善すべき事項はないか，改めて検討することも必要であろう。制度運用は，それぞれの状況を反映した内容構成としなければ，制度の信頼を維持し確保することはできない。新しい人材としての外国人人材の評価については，早急に現行制度を見直し，改正への取り組みを進める必要があろう。

(2) モチベーションアップ

モチベーションアップについては，細かい対策設定が期待される。日常の仕事遂行に当たって，どのように取り組んでいるのか。そこでは，経営方針に基づく遂行過程において，志気の高い状態とそうでない状態が派生してくる。日々の仕事への積極的な対応行動は生産性向上に繋がるだけでなく，担当能力の向上にも直結していく状態をつくる。働くという場面では，モチベーションの高い状態，モチベーションの低い状態が出てくる。いかにして，モチベーションアップの状態をつくり，維持していくか，日本企業，海外日系企業に共有すべき課題といえる。

業務遂行に志気を高めて取り組む，前向きにやる気を挙げるなどの動きの背景には，様々な要因が存在していると考えなければいけない。そうした要因の核となっている問題はなにか。外国人人材にとって，それぞれに異なるものと想像されるが，内的報酬としての活動によるやりがい感，満足感などを醸成する方法・対策は，日本企業の場合，必ずしも積極的とは言えない。その観点からすれば．表彰制度の活用など，当該人材の〈活動成果に対して栄誉を与える〉機会は現状よりもっと，増やしていくことが肝要であろう。担当した活動成果として栄誉を与えられることについては，能力価値の社内の認定，さらに社会の理解に繋がるものといえよう。

2.2.2　日本人社員との良好な関係構築

　日本人社員との良好な関係構築については，仕事の成果を上げる，業務推進を円滑に行うなど，良好な関係構築は，組織運営の基本条件をつくるものといえる。メンバーによる業務推進の過程では，予想されない問題が提起されることは避けられない。そうした新しい問題に対して，果敢に取り組み解決していくことが主要課題となる。問題解決能力こそ経営活動において問われるところだが，そのためには部門メンバー，あるいは職場メンバーによる関係能力の集中が鍵となる。リーダーとメンバーの関係，メンバー間の関係の現状形態が大きく影響してくる。外国人人材を加えた組織力の発揮による成果度は，良好な関係が維持されているかによって，変わってくることを理解しておかなければならない。

　日常活動におけるコミュニケーションに配慮しておくことが必要である。言語の違いを越えて，その違いを理解した円滑な職場コミュニケーションが大切である。経営活動をめぐる円滑なコミュニケーションは，異文化の理解についても大きな力を発揮することに着目しなければならない。日本人社員と外国人社員の言語によるビジネス活動の進展は，高度の仕事遂行，高い業績成果の把握など効果の範囲は広いものと見ることができる。良好な関係をつくり，発展させるための努力は，日本企業，社員にとって重要である。

　では，ビジネス・パーソンが人材として活動し成果を期待されるためには，どのような条件を具備していることが望まれるのか。

2.3　グローバル場面に活躍する人材の条件

2.3.1　4つの側面から見たグローバル人材像

　海外の経営問題をどう対処し解決を図ってきたのか。今までの海外経験を活

かして業務遂行に当たる，あるいは慣れない海外勤務のなかで，新しいノウハウを創出させていく，各様の海外活動の場面となって対応していくわけである。海外で活躍する責任ある経営者，管理者は，グローバル対応をどのように捉えているのか。ふさわしい対応姿勢・行動について見解，提案などを打診して参考とするのは有意義である。

担当地域による経営方式，商慣習，経営文化，生活様式などの違いを乗り越えて，調整・折衝，受容・承認，妥協など多面な状況に直面する。ここでは，4つの側面（異文化理解・多様性受容，語学，意志・精神力，専門性・論理的思考・経営知識など）から検討しまとめたのが図表2-3である。

それぞれの海外体験をベースにして所見などを表明している。多くの回答内容のうち，参考度の高いと判断されるものを筆者の判断で，中国，欧州，アジア，大洋州，北米を対象に地域特性などを勘案してピックアップした。そのなかで，グローバル対応に当たっての共通項は，〈現地事情の理解と多様な受容姿勢〉〈語学力修得とコミュニケーション力の発揮〉〈日本人としての位置付けによる言動〉。グローバル人材に繋がる指標といえよう。

2.3.2　東南アジアに向けた日本企業の経営活路

提示された共通項は，今後の海外現地経営展開に当たっても，重要な示唆を持つものと思われる。経営推進における中核的な役割を担うビジネス・パーソンにそれぞれ期待される課題とも言えよう。

グローバル化の進路のなかで，さしずめ日本の位置づけを有利に保つためにも，東南アジアへの指向は高まりつつあると見る。有望な市場としての東南アジアに向けた進出とその強化策は，ますます重点の置かれる地域となろう。すでに，チャイナ・プラスワンの経営行動は，中国からの撤退，もう1つの国への移転を想定したものであるが，その視線は依然として弱まっていない。着実な経営行動の転換を図るためにも，相応の準備態勢を整えなければならない。いわば，準備期間として分析し検討している企業も少なくない。

〔東南アジアの日系企業を取り巻く環境〕（図表2-4）では，現地企業―外資系

図表2-3　海外担当地域からみた4つの側面への反応

(1) 異文化理解，多様性受容

海外派遣担当者（管理者，役員）のグローバル対応への見解，意見	担当地域
▶日本の基準で判断せず，現地の基準に照らして上で，適切な判断をしていく必要がある。また，その国特有の文化（例えば，中国では社内政治）を踏まえた上で，駐在員は他国で働くことを常に念頭におき，どのようなリスクがあるかを理解する機会を提供することが必要と考える。	中国
▶日本人がグローバルに活躍するためには，日本基点でのものごとの捉え方から卒業する必要があると思う。海外勤務，海外赴任という言葉は，その象徴であり，日本から見た違う場所というニュアンスを感じる。 　グローバルに活躍する人材にとって，自分がどこの国で勤務するのかは，それほど重要ではないはず。日本で勤務している日本人という位置づけ。どこの国の人にとっても，同じではないか。	欧州
▶現地の文化，習慣，風習と日本の違いを理解し，その「違い」が楽しめるようになれば，さらに良い。相手も英語のネイティブスピーカーでない場合は，難しい表現は避けて分かりやすい表現を工夫して使う必要がある。国によっては，分かっていなくても，「うん，うん」とうなずく習慣もあるので，きっちり理解・納得できたかを再確認する必要がある。	アジア
▶まず郷に入っては郷に従えを実践すること。日本人の弱いところは相手をよく理解するためのリサーチ力が劣ることだと思う。コミュニケーションの取り方もうまくないので，現地でのずれが出て来る。まずは相手を知り，その後，自分たちの知ってもらうプロセスが必要だと思う。	アジア

(2) 語　学

▶基本的な事項としての英語力。ビジネスはもちろんのこと，人間的な信頼関係を築くために，相応の英語力の習得が必須であると考える。	欧州
▶語学力とコミュニケーン力	大洋州
▶コミュニケーション能力が非常に大切だと感じており，少なくとも英語で仕事がこなせるレベルであることは必要最低条件。	アジア

(3) 意思，精神力

▶赴任した者は苦労して大変だというネガティブな考え方でなく，自分が吸収するものの方がとても多いという考え方をもって，ことに当たるべき。現地にいかに溶け込めるか，溶け込めれば毎日が感動の日々になると思う。自分はそうだった。	アジア
▶どこまでも生きていけるタフネスさ　▶幅広い見識	アジア
▶海外会社では年齢に関係なく，積極的に意見を表現する現地社員も多く，彼らと仕事をやっていくためには，日本人社員もバイタリティが必要である。	欧州

(4) 専門性，論理的思考，経営知識など

▶日本のやり方を押し付けず，また現地のやり方に迎合せず，Do Right Thingで正しいことを行う。現地で議論し論理的に納得性のあるやり方を要求することが重要。日本人は詳細な部分は得意であるが，方針，ストラテジーといった部分が弱い。 　海外での管理者は，この方針，ストラテジーを明確に自分の言葉で語る必要がる。英語はツールであり，コミュニケーションの重要なツールであるが，現地人のように流暢に話すことは重要ではなく，むしろ業務に精通していることの方が重要。	欧州
▶クリティカルシンキング能力　▶業務遂行能力　▶想定外に事象への対処能力	北米
▶現場の状況を把握せず，報告のみや，一部の意見のみでの判断は危険である。	中国
▶必要なことは，チャレンジ精神と違いを受け入れる柔軟性。何でもかんでも日本流を持ち込めばよいというわけではなく，現地の良いところも取り入れつつ最適なシステムを作り上げることが大切。	アジア

（出所）　財団法人企業活力研究所「企業におけるグローバル人材の育成確保のあり方に関する調査研究報告書　平成24年度調査研究事業（平成25年3月）」。

企業と日本企業（海外日系企業）のとの激しい競争が行われる。新興国にける経済発展のなかで，情勢を有利に導こうとする市場における企業間競争では，「製品開発」「販売戦略」がクローズアップされる。もう1つの側面は，人材確保，賃金管理と並行して社内統治の問題にも，直面しながら解決を図らなければならない場面が多くなる。

すなわち，多くの東南アジア諸国で賃金上層と人材確保の難しさ，さらにストライキなど労働争議が多発するといった状況のなかで，労務管理の重要性はますます増している[4] 情勢を受け止めなければならない。

東南アジアにおける日系企業のグローバル経営を進展させるための経営課題（本社から見た）について，本社サイドはどこを重視しているのか。調査[5]では「現地人社員の育成」76％，「グローバルな人事・処遇制度の確立」64％，「本社と現地法人とのコミュニケーション」48％，「日本人派遣者の育成」39％，「権限委譲による現法の主体的経営」22％が，主な項目と比率である。本社サイドから見た現地日系企業との関係，重視している政策，管理手法の内容を理解することができる。

まず，現地人社員の育成とその実施成果に伴い経営活動に結び付いていく期

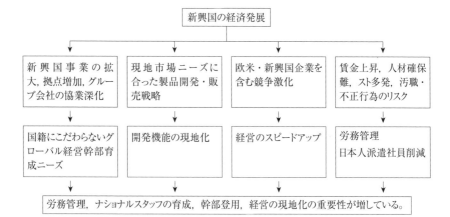

図表2-4　東南アジアの日系企業を取り巻く環境

（出所）　一般財団法人海外投融資情報財団監修 [2013] 21頁。

待がうかがえる。現地人社員がビジネス能力を高めるためにどうするか。現地日系企業は様々な対策を講じているだろうが，人的資源の強化は常に追求しなければならない課題となっている。それは，製造分野，販売分野の違いはあっても，各人の能力向上，キャリア開発への取り組みには変わりはない。

現地の人的資源を育成し，活用していく宿題は依然として定着しており，重要なものとなっている。人的資源の有効活用には，適切な処遇が符合しなければならない。業務遂行を評価し，処遇に連動させていくための制度は活かされた運用を進めているのか。人を活かすには，処遇制度と有効な結び付きとなっているのか。検討し状況変化の際には，即応した内容に改定することは人事制度の運用要件といえる。

2.4　企業のグローバル化をめぐる人材育成への意識態様

着実なグローバル化の進展に伴い，経営環境への適応がどのように進んでいるか，あるいは対応への態勢が遅れていないかといった角度からの検討が試みられつつある。検討に当たっては，グローバル人材に対する問題が比重を持っている段階といえる。

経営活動をめぐるグローバル化情勢とその推移は，常に注目されるところであり，企業サイドの重点は〈企業競争力の強化〉に置かれている。そうした動きのなかで，グローバル人材の確保・育成の観点からは，企業における取り組みへの関心が寄せられてきた。これからも，その重点方向に変わりはないと思われる。問題検討の広がりは，グローバル人材と大学教育の関係について，問題意識を高める動きとなって台頭してきたことを指摘しておきたい。

例えば，『企業のグローバル化に対する人材育成に関する意識調査報告書』（財団法人経済広報センター，2012年）では，〈大学教育の果たす役割〉について「社会広聴会員」（全国に様々な職種，世代により構成）の意識傾向を取り上げている[6]。

2.4.1 大学教育の果たす役割についての意識

「グローバル人材を育成するためには，企業自らが新入社員向けの研修や教育を強化することも必要であるが，わが国の大学進学率が5割を越えた現在，人材育成において大学教育の果たす役割が極めて大きい」という考え方をどう思うかを聞いたところ，83％が世代別にみると，40歳代で「大学進学に関わらず，初等中等教育で多くの児童・生徒を対象にグローバル人材としての育成をすべきだから」が17％と低くなっているのに対し，50歳代では41％と最も高くなっている。

他方，グローバル人材育成について，大学の果たす役割が大きいとは思わない理由として主に「初等中等教育からのキャリア・職業教育」，「選ばれた層への徹底した教育」「大学でのキャリア・職業教育」を挙げているが，少数見解にとどまっている。

さて，「グローバル人材に求められる素質・能力を育成するうえで，海外留学は特に有効な手段だが，日本の若い世代の間で「内向き志向」が拡大し，海外留学が敬遠されている。これを改善するために，企業にできることを聞いたところ，「通年採用拡大など採用スケジュールの複線化」が72％で最も多い。以下，「海外留学帰国生を不利に扱わないというイメージの発信」（51％），「海外留学生を対象とした採用枠の設置」（47％），「奨学金の設置」（42％），「新卒一斉採用活動時期の調整」（37％）と続く。男女別でみると，「奨学金の設置」は男性が36％に対し，女性では47％と11ポイント高くなっている。

世代別で見ると，すべての世代で「通年採用拡大など採用スケジュールの複線化」が最も多い。「海外留学生を不利に扱わないというメッセージの発信」は世代が上がるにつれ高くなる傾向にあり，全体で2位となっているのに対し，29歳以下では41％にとどまり，「奨学金の設置」（50％），「海外留学帰国生を対象とした採用枠の設置」（48％），「新卒一斉採用活動時期の調整」（44％）を下回っている。

2.4.2　就職前のボランティア活動

　学生が就職前に多様な経験を積み，見聞を広める手段として，日本国内や海外のボランティア活動に参加することに対して，「現在，東京大学が検討している秋入学を他大学でも採用するなど今後日本においても'Gap Year'を一般化させ，企業側も多彩な経験を積極的に評価すべき」27％，「現行制度を大きく変える必要はないが，大学はボランティア活動等に対し，学費の取り扱いや単位認定等を支援し，企業側も多様な経験を積極的に評価すべき」22％，「ボランティア活動や社会貢献活動はあくまで自己の選択において行うべきだが，企業側は多彩な経験を積極的に評価すべき」20％となっている。制度化はともあれ，合わせて69％が企業は多彩な経験を積極的に評価すべきとしているのに対し，「いずれの制度であっても，企業側は，経験を評価するのではなく経験に裏打ちされた人材そのものを評価すべき」も29％となっている。

　ここで表記された'Gap Year'とは，英国などで，学生が視野を広げたような経験を積むため，大学入学前もしくは卒業後に'Gap Year'として取得するもの。一定期間を国内外でボランティア活動や社会貢献活動をして過ごすことが推奨されている。

　世代別にみると，60歳以上を除き若い世代ほど，「現在東京大学が検討している秋入学を他大学でも採用するなど，今後日本においても'Gap Year'を一般化させ，企業側も多彩な経験を積極的に評価すべき」が高い。また，「いずれの制度であっても，企業側は，経験を評価するのではなく，経験に裏打ちされた人材そのものを評価すべき」は他の世代の3割前後であるのに対し，30歳代のみが20％と低い。

2.4.3　政府に求めるグローバル人材の取組み方向

　グローバル人材育成に向けて政府に求める取組みを聞いたところ，「大学連携や産業界・自治体等との連携によるカリキュラムの推進」（57％），「大学の再編，統合推進，入学定員見直しを通じた適正な教育研究環境の確保，経営基盤

強化」が51％と半数を超えている。また男女別でみると，男性では「優秀な留学生受け入れを目指した大学教育・研究環境の国際戦略策定」が57％で最も多いのに対し，女性では，40％と大きく差が付いている。

　他方，グローバル人材形成について政府への要望事項には，大学間の枠を越えた連携や再編を挙げている。総合的な観点からの態勢づくりへの期待がうかがわれるが，現行に取組みについてのスピード感を促している傾向とも受け取れる。人材形成は，世界における日本のポジションを明示する重要課題である。とりわけ経済分野，経営分野，さらの文化分野など多面にわたるわけで，21世紀におけるそれぞれの分野における活躍，行動貢献がどれだけ実現しうるか。新しい環境のなかで，この問いに応えなければならない。

　同調査報告書において収集された教育関連内容（グローバル人材に育成に向けての必要な取組み）について触れておきたい。グローバル人材問題にかかわる方向づけを示唆している。

　〈グローバル人材に育成に向けて必要な取組み〉について，8割以上が「日本文化・歴史に関する初等中等教育の充実」，「科学技術立国にための理科教育充実」が必要と回答している。同調査に表れた〈必要だと思う〉（比率順）は，次の通りであった。

- ▶日本文化・歴史に関する小中等教育に充実　　　　　　　　　　84％
- ▶科学立国にための理科教育充実　　　　　　　　　　　　　　　81％
- ▶大学生一般に対するグローバル人材を意識した教育　　　　　　77％
- ▶海外での日本文化・歴史に関する情報の充実　　　　　　　　　77％
- ▶産業技術や科学技術を理解するための大学でのカリキュラム　　76％
- ▶初等中等教育でのグローバル化した経験や国際社会に関する教育　75％
- ▶大学でのキャリア・職業教育　　　　　　　　　　　　　　　　70％
- ▶選ばれた層への徹底した教育　　　　　　　　　　　　　　　　62％
- ▶初等中等教育からのキャリア・職業教育　　　　　　　　　　　44％

　調査結果による教育指導の方向性が明示された。今日のグローバル人材として活躍する要件として，「日本文化・歴史に関する小中等教育の充実」，「科学立国のための理科教育充実」を挙げている。回答傾向から推察すれば，高い比率

を得た項目は現状の教育指導に脆弱性を認識している点として，うかがうことができよう。

　ビジネス活動の場，機会は世界のなかの地域，時間にわたる広範かつスピードを必要とされる舞台である。それゆえに，ビジネス・パーソンとして，日本企業としての活動推進の基軸を確立しておかなければならない。その際の基軸を形成する主要素はなにか。正しい文化・歴史観であり，高度な科学技術の達成こそ目指すべきところ，との理解と受容であると受け止めることができる。

　大学教育におけるグローバル人材を意識した教育運用への理解範囲は広い。大学教育の修得とグローバル人材の形成をどう結び付けるか。グローバル経営時代のなかで，ビジネス・パーソンとして活躍する場，機会をつくり，位置していくうえで，大学教育でのグローバル問題への関心と学習は今後いっそうの比重を増していくだろう。グローバル化進展の潮流に適応できる教育体制，学習プログラムの構築が望まれるところである。

　同調査比率では高くないけれども，教育運営の面で「初等中等教育からのキャリア・職業教育」も看過できない内容項目といる。つまり，キャリアの修得，職業教育の実施は早期に取り組んでいくことが大事だということ。そうした観点からは，最近のインターンシップ制度の普及は注目される。

　インターンシップ制度を受け入れ実施する大学が年毎に増えており，外部からの反応もおおむね良好である。一定期間，企業もしくは関係機関に〈働く体験をする〉ことで，就業観を養成する，働くことの価値を理解する，業務遂行場面と自分の働く関係を認識するなどの実施意図が，学生，企業双方にとってプラス要因をつくっていると関心が寄せられている。

　海外の学生（外国現地学生）が日系企業のインターンシップに参加する，さらに来日して日本企業でインターンシップを体験する事例も増えてきている。グローバル進展の情勢に呼応する積極的な動きと見ることも可能であろう。

2.5 世界市場における企業価値の向上を

　日本企業のグローバル体制の確立に向かっての動きは，大企業さらに中小企業において活発になりつつある。いかにして，企業の競争力を強めるか，市場における優位性を開発・維持していくか。それは，国内からグローバル段階へと確実に進んでおり，その歩調の中に，自社経営を巻き込まざるを得ない状況推移となっている。

2.5.1 共通課題の〈人材確保・育成・活用〉が比重を増す

　態勢を固める準備，適応のための戦略はそれぞれに企業の優先すべき課題となって直面しているわけである。そうした動きを概観するとき，改めて共通課題としての〈人材確保・育成・活用〉が比重を加えてきたといえる。いわゆるグローバル人材の問題は，現在から将来にわたる当該企業としての解決をしなければならない領域にある。

　これまで見てきた日本企業の取り組みは，それぞれに展望を織り込みながら戦略の策定と実行に当たってきた。その推進過程のなかでは，4つの傾向がクローズアップしていると捉えことができよう（図表2-5）。

　第1点は，企業活動における対応戦略の分化現象である。そこでは，グローバル対応態勢として積極的な企業と必ずしもそうでない企業に大きく区分される。果たして企業が直面しているグローバル対応態勢として提示できるのか。その問いには，今後の推移によるところが大きいけれども，積極的に取り組む企業においては，人材をめぐる〈確保・育成・活用〉の面でも，実績を収めつつあると推察される。本章で言及した調査結果，関係機関などの見解も，そうした推察を裏付けるものとなっている。

　第2点は，人材確保についての外国人人材の導入，受け入れが増加していることが挙げられる。人材確保は，人材戦略の初期着手点となる重要課題である。採用・導入，受け入れに当たっての選考実施を経て採用となるが，採用側には

図表2-5　経営関係変動へのグローバル人材戦略の展開

《事業活動のグローバル化に対応した人事戦略の状況》
① 企業行動における対応戦略の分化現象
　＊積極的な企業と遅れている企業の分化が見られる。
② 人材確保についての外国人人材の導入が増加
　　―通年採用の実施が増加（経営職クラス，管理職クラス，専門職クラス）
③ インターンシップ制度による留学生，海外現地学生の受け入れ重視
④ 採用情報のホームページ等の発信，国外での就職説明会の開催など

◎海外人材戦略の課題
＊海外現地と国内留学生の確保対策をどう再構築するか
＊採用後の定着，モラールアップの具体策をどう進めるか
＊処遇（賃金，昇格，昇進）と人材活用を制度としてどう連結させるか
＊グローバル人材の育成・活用による経営力強化をどう実現していくか

アジア人財資金構想
（経済産業省・平成19年5月）
＋専門教育プログラム　＋ビジネス日本語
＋日本ビジネス研修　　＋インターンシップ
＋就職支援（優秀な学生を日本に招聘）

（アジアの成長・日系企業の競争力強化）

（出所）　グローバル化に関する調査報告に基づいて，筆者が集約。

期待する人材が確定できない，人材採用は難しいとの見方は多数派である。そうした現状を打開する動きとなっているのが〈外国人人材〉の確保である。外国人人材については，採用対象を専門職層，管理職層へ，さらに経営職層へと拡大している。有能な人材を確保・導入することによって，経営問題を解決し将来への布石を打ちたいとの意向は浸透している。

　外国人人材は，海外日系企業における現地採用や日本本社で採用し，研修を通じて経営重点戦略，日本語コミュニケーション，企業文化，の修得などプログラムによって修得していく形態となる。他方，現地採用者のうち，必要に応じて本社研修に参加して，当該企業の経営方針の理解，コミュニケーション能力の養成，業務遂行能力の習得などに取り組む。外国人人材管理で浮上しているのが，定着度と処遇（賃金，昇格，昇進など）の問題である。組織活動として，海外の経営活動の場で活躍できる人材の育成，活用を効果的に運営・推進しなければならない。外国人人材管理を再検討して，グローバル時代に適応できる制度，処遇体系を編成していくことが，日本企業に強く要請されるところである。

　第3点は，インターンシップ制度に国内留学生，また海外現地学生を対象にした受け入れを重点とする動きが見られること。近年，インターンシップ制度に対する内外の反応が高まってきた背景も作用して，人材として準備する段階において留学生を対象とする企業，海外において日本企業に関心をもつ学生層，インターンシップを希望する学生層を受け入れる動きがある。海外経営活動において，積極的に実務的に取り組んでいく人材育成の活用に際して，国内，海外を問わずビジネス・パーソンを〈確保・育成・活用〉にしていくことが肝要となっている。インターンシップ制度は，この動きに呼応できるかが次の課題となる。

　第4点として，採用情報のホームペイジ等の発信，海外での就職説明会の開催などが挙げられる。人材を確保するためには，必要な情報を発信して当該企業への関心，入社意思を高めるように工夫し具体化していかなければいけない。海外における就職説明会など重視する企業の動きがある。その際には，当該企業の市場価値，社会的責任の遂行など世界の企業としての姿勢・行動を伝える

機会であることが重要と考える。

2.5.2 アジアの成長と日系企業の競争力の連動

　さて，グローバル人材育成の観点から，とくにアジア人材形成を意図して日本政府（経済産業省）は〈アジア人財資金構想〉を打ち出した。資金支援を通じて，アジアの成長と日系企業の競争力強化を重視している[7]。

　そこで，市場に強い経営競争力を発揮していくうえで，日本企業のグローバル人材が活動発展にどう連動しているのか。その成果が問われている。激しい経営環境の変動のなかで，それぞれのポジションを維持・成長させるための人材戦略は，今後さらに比重をもつものといえよう。グローバル時代の世界における企業価値を高めるための行動成果についてどう表示し，拡大していくのか注視していかなければならない[8]。

（注）
1) JETRO「中小企業の海外展開とグローバル人材の確保』・育成」2012年調査による。
2) 服部［2014］9月のなかで，グローバル化進展における日本企業の経営行動として言及している。
3) タイ日系企業の人的資源管理の実態調査を通じてグローバル化対応を集約。藤岡ほか編著［2012］。同書で示されている日系企業リーダー育成をめぐる重点施策としては，調査結果（高率順）から①OJT，②定期的なリーダー研修，③人材育成指向の等級制度，④自己啓発支援制度，⑤ジョブ・ローテーション，⑥海外研修などであった。④は日本的経営の特性を反映したものと理解される。
4) 「日本公庫総研レポート」No.2012—6（日本政策金融公庫総合研究所）。同レポートにおいて外国人人材への確保，定着・モチベーション，異文化の側面から現状について分析。日本企業サイド，外国人人材の見方が表示されており，管理運用面で参考になる。
5) 海外日系企業の経営活動の状況と東南アジアの最近の動きを分析。一般財団法人海外投融資情報財団監修［2013］21頁。
6) 財団法人経済広報センター［2012年］1月。同調査結果で注目されるのは，グローバル人材育成において大学教育の果たす役割が極めて大きいことを明示した点である。
7) 21世紀初期の段階で，グローバル化進展を目指す有力な拠点にアジア地域がクローズアップしている。チャイナ＋1の潮流は，日本企業の海外活動としてベトナム，インド，タイ，ミャンマー，インドネシアなどに拡大している。チャイナ＋1の潮流の過程で浮上してくる経済・経営変動に，日本企業がどう対応していくのか注視されるところ。日本政府の〈アジア人財資金構想〉（平成19年5月）の実効ある運営が期待される。
8) 本章は，『松蔭大学紀要』（第17号）〈2014年3月〉所収論文「日本企業における人

材グローバル化への対応展開」を加筆したものである。

第3章
在アジアにおける日系企業の経営問題と現地化

　経済情勢の変化は，常に企業経営の活動を直撃してきた。そうした海外，国内にわたる情勢の推移に着目しながら，適応体制を図ることが日本企業にとって共通の課題となっている。いかにして，短期的，中期的展望のもとに，時代のニーズに応える経営活動を展開してきたが，グローバル化進展のなかで問われていると見なければならない。かつて80年代，90年代から21世紀への展開のなかで，経営主軸の推進，さらに事業再構築の具体化が要請されている。日本企業の海外進出は，積極的な経営戦略の具現場面となって展開してきたといえよう。

　本章では，21世紀を迎えての推移のなかで海外日系企業の現状を分析，新しい経営動向，取り組むべき課題について現状と動向分析の観点から検討している。特に，企業競争力に不安定さを抱えながら，在アジアの日系企業の動向に注目するとともに，最も大きな問題である〈現地化〉について対応の方向性を考察している。

　アジア地域（北東アジア，ASEAN，東南アジア）およびオセアニア（オーストラリア，ニュージランド）における日系企業の動向は，激動する今日の経営・経済情勢のなかで，どのように推移し，経営上の問題を抱えているか着目しており，オセアニアの動向も，これからのわが国の経済・経営に影響を持ってくる。これまでの量的な面での水準だけで判断することは避けなければならない。アジア諸国，さらにオセアニア両国の趨勢は，新しい影響を与える可能性はあり得る。G7，さらにBRICSに続いてアジア諸国の台頭に対して，日本企業の経営戦略はこれを受け止め，リストラクチャリングを推進していくこと

が要請されている。チャイナ・プラスワンの動向とともに注視の中にある。

3.1 拡大を強める G7, BRICS の影響

それぞれに企業は，厳しい経営環境の中で市場でのポジションの確立を目指して懸命に取り組んでいる。とりわけ，アジア諸国の経営活動をめぐる状況は，どのような展開を見せているのか。そこに関心を維持しながら，調査（JETRO：日本貿易振興機構・2013）に基づいて動向を分析し，国・地域別による動向対比も織り込んでいきた

この調査時点での動向対比のもつ意義は，21世紀の初期段階を経て，いわゆるグローバル化進展から，いよいよグローバル時代に入った時点での状況把握を試みた点にあると考える。80年代に世界の経済・経営情勢を主導してきたG7（米国，カナダ，イギリス，フランス，ドイツ，イタリア，日本）に次いで，90年代後半から台頭してきたのが，BRICs（ブラジル，ロシア，インド，中国）であった。新興経済国のなかで21世紀に入ってBRICSの位置を確保する情勢となった。S（南アフリカ）が加わり，現在ではG7，BRICSが動向推移に大きな影響と役割を担う局面展開といえよう。さらに，アジア諸国の追い上げが急である。国・地域がそれぞれに勢力を拡充して，グローバル時代の市場開拓を目指しているわけである。当然，そこでは，海外への進出，現地での競争が継続しており，競争に歩調を合わせることができずに進出政策の見直し，現地市場からの撤退という場面も派生していることも実態である。

3.1.1 全地域にわたる賃金上昇の動き

全地域にわたる日系企業の〈経営上の問題〉として，捉えられた項目順位は次の通りであった（複数回答，JETRO 2013年度）[1]。

① 従業員の賃金上昇　　　　　　　　　70.9%
② 競合相手の台頭（コスト面で競合）　53.2%

③	現地人材の能力・意欲	52.6%
④	従業員の質	46.6%
⑤	品質管理の難しさ	44.9%
⑥	原材料・部品の現地調達に難しさ	43.2%
⑦	幹部候補人材の採用難	41.5%
⑧	主要取引先からの値下げ要請	40.2%
⑨	調達コストの上昇	39.5%
⑩	限界に近づきつつあるコスト削減	39.3%

　上記の項目，比率を製造業，非製造業の業種別にみると，目立った比率相違のあることがわかる。「従業員の賃金上昇」については，製造業76.8％，非製造業64.1％。賃金上昇では，製造業が極めて高い比重として受け止められる。「現地人材の能力・意欲」については，製造業58.0％に対して，非製造業では，40.3％であり，問題への把握認識に違いがある。同時に「主要取引先からの値下げ要請」については，製造業47・8％，非製造業31・5％と大きな比率格差となっている。

　他方，大企業と中小企業の間における問題点の認識比率をみると，「競合相手の台頭（コスト面で競合）」では，大企業57.2％であるのに対し，中小企業46・2％であった。大企業サイドがコスト面でいっそう厳しい状態と推察される。「現地人材の能力・意欲」では，中小企業の方がやや高い比率となっている。他の項目については，比率的に大きな違いはないと見ることができる。

　調査動向から推察すれば，主要な経営問題は，賃金，コスト，人材，調達をめぐる領域として浮上してくる。賃金については，アジア，オセアニアにほぼ全域にわたる問題となっており，日系企業の対応課題として比重が大きいことがうかがわれる。

　日本企業にとってのアジア進出の要因の1つであった〈国内に比べて賃金が低いこと〉のメリットは，確実に減少していることになるだろう。それを補充する具体策の設定を急がなければならない。同時に，成果・業績と賃金の結び付きについて，いっそう連動する視点からの取組み，制度設計が望まれるところである。そうした日系企業サイドの問題認識は，「現地人材の能力・意欲」問題として検討の領域となる。現地人材のレベルアップと仕事意識の高揚を促進

していくためには，制度面の改定と職場指導（OJT），研修（OFF・JT）による教育実施は必要要件といえる。そうした職場指導，研修は，従業員の質向上，品質管理への理解を深め，日常活動としての品質管理に結び付けていく組織意思・行動が重要と考える。

3.1.2 海外企業活動における2つの問題

海外日系企業が海外進出戦略に即して，現地に生産・販売の拠点をつくり，90年代後半から21世紀にわたり20年を越える海外経営活動であった。この間に派生して，なお今日のグローバル時代に取り組む主要な経営問題として，2つの点を挙げることができる。

第1点は，現地化をめぐる問題。進出に伴い現地企業，現地市場とどのような関係をつくり維持するかということ。そこでは，技術提携，部品調達，関係先ネットワーク構築，現地の人材確保・活用，人材発揮の機会設定などの問題に直面していた。

第2点は，現地化問題と常に関連を持ちつつ重視してきたのが，現地人材をめぐる問題。現地人材の採用が進まない，採用した人材候補者が早期に退職した，日本から派遣された人材の現地取組みが弱い等がしばしば指摘されてきた。現地の職場にどう活性化をもたらせるか。現地経営の活力化が進出の成功を得る鍵をいえよう。

同調査による〈今後の事業展開―経営の現地化〉に当たって，日系企業の現地化重点政策（1~5位比率順・複数回答）が明示された。

① 現地化を意識した現地人材の研修・育成強化　　　68.1%
② 現地人材の登用（部長，課長，店長）　　　　　　51.3.%
③ 現地化を意識した即戦力となる現地人材の中途採用　39.4%
④ 現地化を意識した能力主義などの人事制度の改正　　33.0%
⑤ 現地における製品・サービス開発力の強化　　　　24.3%　　（20%以上）

上記項目のほかに，10%台の比率を示したのが，現地人材の登用（役員級），現地における販売戦略の決定権限強化，本社から現地への権限委譲などであっ

た。

3.2　経営上の問題分析と日系企業の経営行動

まず経営上の問題〈製造業，非製造業〉（大企業，中小企業，国・地域別）状況について，最近の動向として2014年度の動きに着目し，海外日系企業（アジア国・地域）の経営問題を概観する（JETRO調査）[2]。

3.2.1　全地域共通の経営上の問題点

最近のアジア・オセアニア地域をめぐる経済情勢の変動は，海外日系企業の経営行動に大きな影響を及ぼしてきた。そうした変動によって，経営上にどのような問題を浮上させたのであろうか。情勢の変化に伴う影響，その対応は，地域，国によって異なる様相となる。

調査に表れた経営上の問題項目，比率順位は次の内容であった（図表3-1）。

経営上の問題点では，「従業員の賃金上昇」が最も高率（72.2％）となっており，近年のアジア・オセアニアにおける賃金傾向を端的にあらわしていると受け止められる。ついで，「競合相手の台頭」が50％台を示し，40％台に「従業員の質」「品質管理の難しさ」「原材料・部品の現地調達の難しさ」が続いている。

業種別では，製造業と非製造業で比率の違いが目立つのは，「従業員の賃金上昇」「従業員の質」「新規顧客の開拓が進まない」において，製造業サイドが非製造業サイドより高い比率を示している。製造分野における人材をめぐる確保・育成の難しさが認められる。他方，非製造業が問題とする高い比率項目には，「新規顧客の開拓が進まない」状況が読み取れる。サービスあるいは販売分野では，新規顧客を増やしているかどうかが経営上の分岐点といえよう。

図表 3-1　全地域共通の経営上の問題点 (上位 10 項目，複数回答)

回答項目	2014 年調査	製造業	非製造業
①従業員の賃金上昇	72.2%	77.8%	65.9%
②競合相手の台頭 (コスト面で競合)	51.4%	53.5%	49.1%
③従業員の質	48.4%	52.9%	43.5%
④品質管理の難しさ	46.0%	46.0%	―
⑤原材料・部品の現地調達の難しさ	44.9%	45.6%	―
⑥主要取引先からの値下げ要請	38.9%	44.6%	31.4%
⑦限界に近づきつつあるコスト削減	38.9%	38.9%	―
⑧調達コストの上昇	38.8%	38.6%	―
⑨新規顧客の開拓が進まない	37.8%	34.6%	41.4%
⑩通関等諸手続きが煩雑	35.4%	43.2%	26.4%

(出所)　JETRO (2014 年調査) より。

3.2.2　全地域でとらえた大企業，中小企業の動向

　全地域でとらえた大企業，中小企業の動きは，両者の間で問題比率のある項目はどうなっているのか。同調査では，大きな比率差異として「競合相手の台頭」が挙げられている。前者は大企業，後者は中小企業に高い比率となっている。コスト競争は，一貫して対応していかなければならない課題である。また，中小企業にとっては，新規顧客を確保することによって，経営の安定に繋げていくことができる。回答項目における大企業，中小企業の比較では，他の項目は全般的に近い比率 (50%以内) となっている。

　経営上の問題点について，日本との関係が深い国・地域別に主な動向を概観してみよう。

　中国における最も高い比率は「従業員の賃金上昇」。しかも，80%を示す比率は，それだけ賃金上昇のもつ影響，経営管理における比重位置を示していると理解される。台湾では，「競合相手の台頭」を第 1 位として，「賃金の上昇」は 34.0%である。中国における賃金上昇の拡がりは，当面続くものと思われる。中国日系企業にとっては，賃金と能力にレベルアップが人事面での重要課題と

見ることができる。

　台湾の動きとして，「競合相手の台頭」が第1位に挙げられている。他国との対比において，目立っているのは，「人材（技術者）の採用難」(36.5%)。従業員の賃金上昇よりも，高い比率となっている。台湾地域における技術者確保の問題の困難性を表示したものと推認される。他社よりもすぐれた品質，高い技術を確保し発揮させるための重要点である。

　オセアニア地域のオーストラリアでは，やはり「従業員の賃金上昇」(71.1%)が最も高い比率で顕著である。一方，「現地通貨の対ドル為替レートの変動」(35.4%)，「主要販売市場の低迷」(35.2%)と他の国・地域に比べて高い比率を示している。他の国の比率傾向と異なる現象となったのは，フイリッピンの。第1位比率となったのは，「原材料・部品の現地調達の難しさ」(58.2%)であった。原材料・部品が予定通り確保できない厳しい状況となっていることがうかがえる。フイリッピンの国内事情を反映した「物流インフラの未整備」が45.1%と高く，進出日系企業にとっては継続した問題として対応しなければならないだろう（次頁の図表3-2）。

3.2.3　進出有望国と当面する問題

　近年，進出有望国として浮上してきたインドにおける経営上の問題は何か。「従業員の賃金上昇」(71.7%)の第1位であり，「競合相手の台頭」(64.3%)，「通関に時間を要する」(61.0%)と続いている。賃金上昇の動きは，インドにおいても，堅調であることは示された。インド進出を有望視する動きは，日本はじめ各国の進出戦略と結び付いており，競合相手の台頭（コスト面での競合）の比重はいっそう加わってくることが予想される。日系企業にとっては，競合相手として外資系，日系企業を対象にして経営展開を進めなければならない局面といえよう。

　これからの進出有望先としてのミャンマーの問題点には，やはり「従業員の賃金上昇」(68.0%)が第1位となっている。発展途上を目指す国の産業振興には，インフラ整備問題が浮上している。ミャンマーにおいても，第2位として

figure 3-2 国・地域別の経営上の問題点（上位5項目，複数回答，主要国）

中国		台湾	
①従業員の賃金上昇	83.9%	①競合相手の台頭（コスト面で競合）	51.5%
②従業員の質	55.6%	②主要取引先からの値下げ要請	46.0%
③競合相手の台頭（コスト面で競合）	53.7%	③限界に近づきつつあるコスト削減	37.3%
④品質管理の難しさ	53.7%	④人材〈技術者〉の採用難	36.5%
⑤限界に近づきつつあるコスト削減	53.7%	⑤従業員の賃金上昇	34.0%

オーストラリア		韓国	
①従業員の賃金上昇	71.1%	①従業員の賃金上昇	67.4%
②限界に近づきつつあるコスト削減	48.2%	②競合相手の台頭（コスト面で競合）	56.8%
③競合相手の台頭（コスト面で競合）	45.1%	③主要取引先からの値下げ要請	48.9%
④現地通貨の対ドル為替レートの変動	35.4%	④現地通貨の対円為替レートの変動	47.8%
⑤主要販売市場の低迷	35.2%	⑤新規顧客の開拓が進まない	43.2%

タイ		ベトナム	
①従業員の賃金上昇	70.2%	①従業員の賃金上昇	74.4%
②品質管理の難しさ	52.0%	②原材料・部品の現地調達の難しさ	70.3%
③従業員の質	50.4%	③通関等諸手続きが煩雑	61.1%
④競合相手の台頭（コスト面で競合）	47.8%	④品質管理の難しさ	50.2%
⑤主要販売市場の低迷	42.5%	⑤従業員の質	49.0%

インド		ミャンマー	
①従業員の賃金上昇	71.7%	①従業員の賃金上昇	68.0%
②競合相手の台頭（コスト面で競合）	64.3%	②電力不足・停電	66.7%
③通関に時間を要する	61.0%	③対外送金にかかわる規制	62.0%
④通関等諸手続きが煩雑	60.8%	④通関に時間を要する	56.0%
⑤従業員の質	57.9%	⑤原材料・部品の現地調達の難しさ	55.6%

（出所）「JETRO　在アジア・オセアニア日系企業実態調査・2014 度調査」より。

比率をもつのは,「電力不足,停電」(66.7%)。電力をはじめとする道路などの整備は,ミャンマーのこれからの産業発展にとって不可欠の要件といえる。電力供給事情を整備・改善することによって,経営環境を整えていく態勢づくりが期待されるところである。併せて,第5位「原材料・部品の現地調達の難しさ」(55.6%)の問題も,どのように調整・打開させていくのか,今後の課題となってくる。

労働力確保の面での有利性を生産・製造分野の拡充に結び付けていく対策促進が,要請されている段階と見ることができる。

タイにおける経営上の問題として,上位を占めているのは,「従業員の賃金上昇」(70.2%),「品質管理の難しさ」(52.0%),「従業員の質」(50.4%)である。ここ数年に見るタイ経済の堅調な動きは,着実に経済力に強化に結び付いてきたと推察される。経済力の強化は,景気好転を促して従業員の賃金上昇に連結した形態となっている。政治的な不安要因もあるとはいえ,外資系企業とりわけ日系企業にとっては,タイとの'win winの関係'は,堅実な状態といえる。ただ,最近の動きのなかには,市場の低迷が表面化しており,タイ現地における生産・販売をめぐっては,新しい振興要因をどう形成していくか,見逃せない点である。

そうした観点で見るとき,「品質管理の難しさ」(52.0%),「従業員の質」(50.4%)は,振興要因を整えるベースとして着目しておきたい。日タイ間における技術発展,特に自動車分野における日本企業の技術支援貢献は,特筆すべき協力関係の歴史をもっている。この時点で,さらに高度な品質管理の推進,従業員能力の向上を図ることによって,競争力のある製品を市場に提供することが可能となる。タイにおいて当面する経営上の問題は,発展のための変革をどうすべきかの問いを提示していると受け止めることができよう。

ベトナムにおいても「従業員の賃金上昇」(74.4%)が最も高い。次いで「原材料・部品の現地調達の難しさ」(70.3%),「通関等手続きが煩雑」(61.1%)が続いている。製造・生産分野における経営上の問題は,「品質管理の難しさ」「従業員の質」が挙げられている。

これからの日本企業の海外進出にとって，有望視される国としてのベトナムは一定の比重をもっている。ベトナム進出による生産・製造に期待は，安定した労働力の確保，職務遂行能力の均等性にある，といわれている。こうした期待を実現していくための過程として提示された問題点と理解される。現地ベトナムの従業員技術教育，能力開発研修が重要な経営課題の1つとして捉えなければならない，と考える。

3.3 グローバル化に対応する動向の特性

3.3.1 共通課題としての新規開拓

21世紀初期段階としてのアジア日系企業の経営状況について，調査（2007年）[3]から3つの局面（進出先現地企業との激しい競争，競争相手の競争力の源泉）からとらえた。現地市場での激しい企業間競争は，新規顧客の開拓が進まない事態の招来となっていることが推察される。現状を打開していくうえで，新規顧客の開拓は主要な課題と位置づけられるわけで，進出戦略の共通現象ともいえよう。

製造業における競合相手の台頭に対しては，現地市場のなかで，どこを当該企業の優位性として表示できるかどうかにかかっている。海外企業，現地企業がそれぞれに経営力を高めて製造分野にける激しい競争となっていることが理解できる。

非製造業の問題点のなかで競合相手の台頭，コスト面での競合が注目される。競争市場で優位を保つポイントは，いかにしてコストダウンを実現できるかにあることに，改めて問い直していく必要があると考える。

コストダウンの問題。その取組みは，日本企業の長期的な経営戦略であった。すでに80年代，90年代，今日に至る海外進出成功を図るうえで主要なテーマとなってきた[4]。

3.3.2 日本企業のコストダウン対策への懸命な取組み

　コストダウン対策は，日本企業において全社的な課題と位置づけられ，長期にわたって取り組まれてきた重点戦略であった。製造業の問題点と比較するとき，製造業で表示された「主要取引先からの値下げ要請」（第1位）の比率は，非製造業においては低いものとなっている。

　生産面の動きはどうか。「調達コストの上昇」が現地企業にとって大きな問題となって浮上している。同時に，問題を難しくしている要因として，「限界に近づきつつあるコスト削減」の比率を見るとき，コストダウンをめぐる問題の深刻さを推察させるところである。現状を好転させていくためには，コスト対策の成功を勝ち取らなければならない。

　並行して，生産面の大きな，かつ長期に対処すべきテーマに品質向上の実現を目指していくことが主たる課題である。日本製品に対する海外市場の好感度は，品質への信頼と製品への安心であった。かつての日本製品のもつ強みは，現在どのように推移しているのだろうか。BRICS（ブラジル，ロシア，インド，中国，南アフリカ）をはじめ新興経済国の追い上げの勢いは速度を増してきている，と受け止めなければならない距離にある。すでに，対等の線上で競争している製造分野品目，非製造分野品目もあることを直視しておかなければならない。

　そうした観点からは，コスト問題，品質管理問題について，いっそう重点を置いた態勢を確立できるか，海外日系企業の共通課題といえる。

　品質の向上には，有能技術者の確保が不可欠であるが，現状では難しい情勢が浮上している（香港，台湾，中国）。日本企業の優れた技術レベルをどう継承していくのか。計画的，体系的な採用・教育の機会を設定していくことが望まれる。

　他方，財務・金融・為替面（製造業）で高い比率となった現地通貨の対ドル為替レートの変動が目立っている。非製造業においては，現地通貨の対円為替レートの変動が対ドル為替レートの変動とともに，高比率を示している。為替レートの変動による企業経営への影響は大きい。その動向が売上高，業績に直

結する情勢となっている。

　貿易制度面では，全体的に「通関等手続きが煩雑」と受け止められている。また，「通達・規則内容の周知徹底が不十分」の比率も高い。手続き，あるいは通達・規則内容の周知が十分でないとの指摘には，応える態勢づくりを準備し実施へとつなげていくようにしなければならないが，外的要件にも留意していくことが必要と理解される。

3.3.3　雇用・労働面での顕著な賃金上昇の問題

　アジア・オセアニアにおける日系企業の経営行動は，それを取り巻く環境の変化に呼応させながら，市場ニーズの把握と市場競争力の強化に取り組んできた。経済情勢，進出国・地域の事情を分析しつつ，適応体制の確立に苦慮してきた日系企業は少なくない。大企業，中小企業において共通した問題領域といえる。

　その一面が，雇用・労働面における〈採用・教育・活用・賃金〉をめぐる問題であった。21世紀の10年余を経た時点で〈採用・教育・活用・賃金〉のうち，広まってきたのが賃金上昇の動き。この上昇傾向を，どう受け止めて対処していくのかという課題に当面している。賃金上昇の傾向は，アジア地域に着実に広がっている。かつて海外進出の要因としてとらえた現地賃金認識を転換させていかなければならない状況となっている。

　国・地域別に見た現象はどうであろうか。製造業に表れた問題点（項目）と比率の関係をみると，特徴的な動きとして5つの点を指摘することができよう。

（1）製造分野における5つの特徴的動向

　製造分野の動向から，その特徴を5点挙げることができよう。

①従業員の賃金上昇が最も大きな問題となっており，国・地域に影響を広げている点。

②人材（技術者）の採用が難しく，予定する人員を確保するのは厳しい状況となっている点。

③中間管理職の採用が困難となっており，職場管理の面，部門分野の経営行動に影響が出ている点。
④管理職，現場責任者の現地化が難しいので，現地従業員の管理，業務遂行において進捗度は遅れる点。
⑤日本人出向役職者（駐在員）のコストが高いことによるマイナス影響が出ている点。

　雇用・労働面での問題点を各国・地域別にみると，類似傾向，異なる傾向のあることが読み取れる。アジアにおいても，各国の経済動向あるいは政治情勢も様々な場面で影響を波及させている。経済推移や政治的事情は，日系企業の経営活動に対して，ときには効果的に，あるいは厳しく反映して来ることも避けられないところと推察される。

　例えば，タイの動向は，日系企業にとって自動車を中心とした生産・販売分野において有効な市場と位置づけられる。タイの自動車産業の発展は目立っており，とりわけ21世紀に入って自動車製造技術・関連技術の進歩は部品メーカーのレベル向上とともに，大きな産業基盤を形成している。タイ自動車製造技術の向上については，日本の自動車メーカーが歩調を合わせて寄与したことも，改めて着目しておくべき社会貢献の一面であった。歩調をそろえて技術向上に寄与したという実績は，日本の自動車産業（トヨタ，ホンダ，日産，三菱，スズキなど）が技術指導研修会を開催したことによる[5]。

　同研修会には，タイの自動車産業現場監督者，管理者を対象に日本の自動車技術を伝えるために指導・研修の機会をつくったのである。受講者は研究内容を各地に普及して，自動車製作の技術レベルを進化させたのであった。新しい技術の開発と普及にプラス影響となって結び付いたわけである。

(2) 競争力の最も強い力としての「価格」

　在アジア日系企業をめぐる経営環境は，グローバル化進展の加速情勢を織り込みながら企業間競争の激化を推進する動きとなっている。有力な地域としての中国，香港，台湾，韓国は〈競争相手の競争力〉をどのように捉えているのか。また，全体像として国・地域別の関係をどう見るべきか。調査結果に表れ

た動きは，2つの特性として捉えることができる。

1つは，〈競争相手の競争力〉の最も強い力となっているのは価格であったこと。国・地域の共通した認識となっており，世界の市場において長期的，継続的に競争力として位置づけられてきた。

かつて80年代における日本企業の経営活力として表明されたのは，3つの活力，すなわち「競争性（製品の高品質，低価格，早納期）」，「情報共有（Uターン型意思決定，小集団活動，活発な労使間のコミュニケーション）」，「雇用の安定（安定賃金，人的投資，長期雇用）」であった[6]。

調査で挙げられた第1位「価格」比率は，依然として海外市場における経営活力の強みを証明したものと受け止めることができる。低価格を市場は要求し期待しているということを，改めて確認しておかなければならない。日本企業にとって，価格をどう下げるかは今日までの一貫した経営課題であったが，打開するための目立った手法を得ないまま推移してきたとの思いは強いわけである。製造業において，また非製造業において〈競争相手の競争力〉としての比重は変わらない。

調査結果に表れたもう1つの特性は，「進出先での有力な企業ネットワーク／人脈」は高い比重となっていること。ビジネス活動の拡大，効率化を図るためには有力な企業ネットワークと人脈を得ることが重要であることを示している。

進出先のビジネス活動の展開には，新しい関係網の構築とその運用が鍵となる。様々な場面のなかでネットワークと人の結び付きによる機会設営は大切な要件といえよう。それを重視する経営活動が中国，台湾，韓国における日系企業の取り組みとなっている。企業ネットワークの拡大には，人脈の広がりは不可欠である。経営活動の推進に当たって，効果的な展開となるためには，ネットワークと人脈の調整・運用に重点をおくべきであろう。

21世紀のアジアにおける経営グローバル化の進展はそれぞれの国・地域の特性を織り込んで企業間の激しい競争場面をつくっている。この現状から1歩有利な展開を確保することができるかどうか。「進出先での企業ネットワーク／人脈」の課題は，いっそう比重を加えるものと思われる。併せて，現地人材の確保・活用問題も重要である。人材の確保→活用の流れには予期しない局面の浮

上もあり得る。

（3）今後のアジアでの事業展開

さて，在アジアの日系企業にとって，今後の事業展開をどう推進していくのか。共通の重要課題となって直面している。〈経営上の問題点〉について調査（JETRO）に基づいて検討してきたが，改めて今後の経営方向を捉えておかなければならない。

経営環境のグローバル化情勢において，海外日系企業の戦略構築は今後の日本企業の位置づけを確認する主要軸であると認識される。取り巻く情勢の変化は早く，外資系，現地系，さらに日系企業との競争状況にあるわけで，今後の事業展開が注目される。

在アジア・オセアニアの日系企業にとって，顕在化してきた問題の1つは，中国市場をめぐる動きである。中国経済の減速が懸念されるなかで，日系企業はどのような経営行動をとるのか，見逃せないところである。1つの見方は，中国日系企業の事業展開において，中国現地で「事業縮小もしくは移転・撤退」するかどうか。その理由はなにか，という点である。「売り上げの減少」「コストの増加」「成長性，潜在力の低さ」を理由とする企業の反応が上位比率項目であった。そうした懸念材料のなかで，ASEAN市場と中国市場の違いが表示されている[7]。

ASEAN，中国の比率で着目する点として，「コスト増加，調達コストや人件費など」で中国がASEANを遥かに上回っており，約2倍の比率を示している。日系企業にとって，コストの低いASEANが望ましい地域となる。併せて，「規制の強化」項目も中国がASEANに比べて約2倍の高率である。コスト増加，規制強化への懸念は，〈縮小・移転・撤退〉の動きに結び付いていると推察される。他方，大企業と中小企業の比率の目立つ点は，「コストの増加」であって，中小企業サイドの方が大企業に比べて高い比率となっている。コスト増加は，海外日系中小企業の経営活動にとって厳しい要因であることがうかがわれる。

3.3.4 日系企業の「経営上の問題」の時期的対比

アジア・オセアニアの国・地域に見る「経営上の問題」は，時期，情勢も推移によって変わってきていることがうかがわれる。経済発展，経営政策などを背景にしながら，現地市場での競争力を高めてきたといえよう。競争力の発揮は，様々な形態を伴ったことは容易の想像できるところである。その企業間の競争場面で，どのような問題点に直面したのか，改めて 2007 年時と 2013 年時の状況を比較検討してみたい（図表 3-3）。

激しい競争のなかで，〈2007 年〉時に最も大きな問題となったのは，「主要な取引先からの値下げ要請」であった。比率の高さが要請の強さを示している。値下げ要請にどう対処するか，対応の能力の確立に日系企業は努めた。値下げ要請に応える経営量を持っていた企業と，そうでない企業の分化は進んだと推察できる。市場の低迷は，新規開拓にとって大きな障害要因でもあった。2007 年の共通した動きとして捉えられよう。

発注減少，市場の低迷など厳しい経営状態の持続に繋がっていく。状況を打ち破る方策について現地・本社間で検討・調整を重ねたに違いない。2007 年の市場において，厳しい動向の推移は乗り越えるべき課題を増大させた時期であった。そうした流れをどう受け止めて，新しい流れをつくったのか。

2013 年の動きは，明らかに 2007 年時とは異なる問題内容となっている。直面した問題の構造に違いを見ることができる。2007 年時の経営上の問題は，日系企業とビジネス関係を有する企業もしくは市場開拓における顧客との関係に

図表 3-3　経営上の問題点（全地域共通，複数回答）

2007 年		2013 年	
①主要取引先からの値下げ要請	52.6%	①従業員の賃金上昇	70.9%
②競合相手の台頭	31.8%	②競合相手の台頭	53.2%
③新規顧客の開拓が進まない	29.8%	③現地人材の能力・意識	52.6%
④取引先からの発注減少	27.2%	④従業員の質	46.6%
⑤主要販売市場の低迷	27.2%	⑤品質管理の難しさ	44.5%

（出所）　JETRO 調査結果に基づいて筆者が作成。

集中していたことがうかがわれる。これに対して，2013年時の動向は，企業内部に向けた問題対応の取組みであったといえよう。現地拠点の定着を経て，新たに経営問題の浮上が2013年に見られた，という理解ができる。

　従業員の処遇問題としての賃金制度の改定，同時に現在の従業員能力のレベルアップに関する問題が比重を増してきたわけである。特に現地従業員，現地人材の質向上は製造分野であれ，非製造分野であれ，等しく求められる課題となったことを認めなければならないだろう。

　企業の競争力の1つは，内部環境の有効な能力・活用とそれによる成果発揮によって形成されるわけで，ベースとなる業務遂行能力の向上→戦力化に結び付けていくことが重要点となる。2013年に見られる比率のなかで，従業員，人材を対象とした能力向上，能力発揮姿勢を重視している。企業間競争の展開は，良質の従業員能力，優れた人材による業績貢献度の発揮度いかんが成否を決めることになる。そうした観点からも，人的資源として内部環境の拡充への日系企業による経営意思の確認が必要な時期と考える。

　2013年の問題点のなかで「品質管理の難しさ」が挙げられている。日本製品の品質については，海外市場から信頼を得てきたとの受け止め方は継続されてきたところだが，こうした問題点の比率位置づけは，改めて海外日系企業の品質管理について現状を理解する機会となる。つまり，これまで海外品質に比べて優位性を維持してきた品質管理について，アジア・オセアニアの日系企業において難しいとの認識は，現状の品質管理をめぐる検討・分析の必要性と関連をもつものと捉えるべきであろう。

3.4　在中国日系企業の事業課題と有望国の台頭

　アジアはじめ新興経済国の品質管理のレベルアップによる追い上げが見られる情勢を迎えている。これまでの品質の高価値を維持し進展させていくためにも，品質管理の現状の再点検や改善体制の整備といった面への着目を進めなければならないだろう。

3.4.1 在中国日系企業にみる今後の課題

現行の海外経営活動の安定と発展は，それぞれの日系企業が追求し，確立を目指すところだが，経営環境，経済情勢の変化は，予想を上回る速さで海外経営活動を直撃している。かつての進出の意図はどれほど達成しているのか。ここ数年，ジア，オセアニアをめぐる情勢は，変動要因を抱えて推移しており，なかでもわが国経済にとって，対中国関係は相互に大きな影響を持つ存在となっている。

経済の高度成長を続けてきた中国経済も，最近では7~8%台の成長率であり，明らかに経済情勢，経営市場に変化が見られる。加えて，在中国日系企業の賃金の上昇も経営の圧迫に繋がっていることも留意しなければならない段階となった。在中国企業の今後の事業方向として，〈拡大，現状維持，縮小，第3国(地域)へ移転・撤退〉の動きに変化が見られる。在中国日系企業における事業方向の取り組み姿勢を見てみよう。

2011年と2014年の比率比較のなかで，在中国での拡大方針が比率を低くし，その分，現状維持の比率が約17%も増えている。ただ，第3国（地域）への移転，撤退比率は減少している。中国から撤退して第3国へ移動するという報告は，極めて限定された推移となっている。中国市場の動向に注目しながら，事業の方向を想定していく姿勢と読み取れる（図表3-4）。

JETRO（2014年調査）では，在中国日系企業の方向性として，拡大と現状維持がほぼ同率であった。その間，事業縮小の比率も増えている。ここ数年に

図表3-4 在中国日系企業の事業展開への対応推移

	拡　大	現状維持	縮　小	移転・撤退
2011年	66.8%	28.9%	2.7%	1.7%
2012年	52.3%	42.0%	4.0%	1.8%
2013年	54.2%	39.5%	5.0%	1.2%
2014年	46.5%	46.0%	6.5%	1.0%

（出所）　JETRO調査より。

わたる中国の経済情勢，対日本企業への見解の変化は，在中企業の経営行動における変容要因に繋がったと推察される。

　在中国日系企業のうち，「事業縮小もしくは移転・撤退の理由」として挙げた主な理由は次の内容であった。コスト増加65.3％（調達コストや人件費など），売り上げの減少61.1％，成長性，潜在力の低さ31.9％。コストの増加では，調達コストや人件費などのアップが直結しており，人件費の上昇は今後も続くものと予想されるだけに，事前対策が必要である。売り上げ減少の問題は，日系企業にとって大きなマイナス要因となる。この背景には，成長性の低さや潜在力の低さが作用していると，受け止めなければならない。中国市場には，果たして成長性がないのだろうか。

　とはいえ，依然として中国での事業展開（製造業，非製造業）を定着させ，さらなる成長・発展を期そうとする経営意思は存在しており，高付加価値に対して重要性を高めていく行動努力も，在中日系企業にとって不可欠といえる。

3.4.2　中期進出の有望国をめぐる企業動向

　海外進出における経営行動（いつ，どの国へ，進出し，何をやるか）は，グローバル時代の情勢に適応させつつ中期（今後3年程度）で，有望な国・地域を選定する経営判断として，当該企業の経営力を世界市場のなかで問われることを意味する。これまでの海外進出の分析・評価とともに，新しい経営時代への着手として成功を期待されるわけである。有望国（現地）の要請，市場反応，製品・販売品目の市場競争力の予測，経済環境の変動などにも着目しつつ，最終的経営判断の段階となる。

　特に市場としての有望視されるアジアに向けた日本企業の積極的な対応は，どのような見通しとなっているのか。調査（国際協力銀行，2014年）では，日本企業が選ぶ中期有望国・ベストテンを挙げている。

　①インド，②インドネシア，③中国，④タイ，⑤ベトナム，⑥メキシコ，⑦ブラジル，⑧米国，⑨ロシア，⑩ミャンマーであった。ここでも，BRICの強い力量をうかがわせる現状表示と受け止める。アジア諸国の趨勢も一段とレベ

ルを挙げている。同調査による解説は，次のように指摘している[7]。

* インドが初めて第1位を獲得：インドは，現在の形式で設問を開始した1992年以降，初めて有望国・地域として第1位となった。自動車，化学，電気・電子をはじめ幅広い産業より回答を得ている。前回調査で第3位であったタイへの回答者数は大幅に減少し，同第4位であった中国への回答者数は回復したこともあり，第2位インドネシアと第3位中国とは拮抗している。
* インドネシアは，第2位で引き続き高い評価：回答者数が219社から228社に増加したのにかかわらず，僅差でインドの後塵を拝することになったが，依然として高い評価を維持している。
* 中国は，第3位に浮上。回答者数・得票率が回復：中国は，前回調査では得票率，回答者数ともに大幅に減少し第4位に後退したが，今回調査ではともに回復した。生産コスト上昇や競合激化といった課題もあるが，生産拠点とマーケットの両面で支持する声は根強く，復権の兆しを見せている。
* タイは第4位に後退：タイは，順位を落としているが，回答社数が大きく減少しており，第5位ベトナムとの差が縮小した。国内の景況感の悪化が反映されたものと推測されるが，企業ヒヤリングでは，過去の洪水や最近の政治情勢の影響も聞かれた。
* ブラジル：今回調査では，メキシコ（第6位）ブラジル（第7位）の順位が前回調査から入れ替わったが，ブラジルの回答者数減少の大きさが目立っている。近年のブラジル経済の停滞と将来への期待の低下が背景にあると見られる。
* ASEAN諸国の存在感は依然として高い：インドネシア，タイ，ベトナム，ミャンマーに続きフイリピン，マレーシア，シンガポール，カンボジアも20位以内に入っており，引き続き有望国・地域としてのASEAN諸国の存在感が高い結果となった[8]。

3.4.3　進出有望国としてインド，インドネシアの台頭

ここに指摘された内容には，まず有望国としてのインドへの強い関心が裏づけられた点で，インドへの評価がさらに高まって行くことが予想される。豊富な人口，整備を急がれるインフラ，ITを中心とした技術分野の人材層，その確保と活用にも期待が寄せられる。他面，ASEAN諸国が激しい市場展開における競争力を着実に高めていることがうかがわれる。さらに，インドネシアに対する評価の高いことも注目しなければならない。

製造・販売分野で開発・成長を図る取組みが，効果的に前進を示して成果に

結び付けていくというスタイルを日系企業として，どう実現させていくのか。これからのインドネシアにおける日系企業の新しい経営課題となるだろう。有望国・地域もまた変動する情勢，経営環境などのよって影響を受けることは容易に想定されるところである。同調査から〈中期的有望〉国を時代の推移のなかでとらえて見よう（得票率）。最近の2014年時と2004年時を比較すると，次の動向変化が読み取れる（図表3-5）。

10年間，2004年と2014年における世界の経済・経営情勢も大きな変動のなかにあったといえる。中期的（今後3年程度）に見た有望国・地域をとらえた海外日系企業の経営展望・経営戦略姿勢をうかがうことができる。G7の影響，BRICSの顕著な台頭によるグローバル化進展のなかで，日本企業・海外日系企業が今後どの判断情勢と打開戦略を意図していくのか。

中期的展望がこれからの当該企業，当該海外日系企業の盛衰に直結して来ることは避けられないだろう。日本企業・海外日系企業はそれぞれに重要な経営決断を問われているといえる。

2004年の第1位を占めた中国に対する有望度（90％台）が目立った高率であった。これに対して，タイ（第2位），インド（第3位），第4位（米国），第5位（ベトナム）は30％台から20％台の範囲であった。当時，中国への期待感がいかに大きかったか，明らかに表示されている。こうした状況が10年を経て大きな変化を見せることになった。有望先比率では，上位にインドネシア，中国がほぼ近似の比率となっている。それぞれの企業が中期の有望先として捉えた国に・地域の展望が変わってきたことに着目する必要がある。中国の

図表3-5　進出有望国への時代推移の対比

有望度順位	2004年時	2014年時
第1位	中　国	インド
第2位	タ　イ	インドネシア
第3位	インド	中　国
第4位	米　国	タ　イ
第5位	ベトナム	ベトナム

驚異的な経済の成長，豊富な市場としての位置付けに懸念する向きもある。情勢変化への注視度をさらに高めていく段階となりつつある。

他方，グローバル化が加速するなかで，FTA (Free Trade Agreement)，日本ではEPS (Economic Partner Ship) と同様の理解となっているが，その取り組み情勢は注目されるところである。JETROによるFTA・EPAの活用状況は，次のような比率を示している。

企業規模（全体）では，繊維64.4％，輸送機械器具56.8％。木材・パルプ54.5％，食料品54.0％。化学・医薬50.6％と続いており，繊維が最も高い比率となっている。地域別にみるとどうか。インドネシア60.6％，韓国58.1％，ニュージーランド52.4％。スリランカ50.0％，マレーシア49.3％，タイ49.1％と続いている。貿易を行っている在アジア・オセアニア日系企業のうち，FTA・EPAのうち，活用しているのは41.2％。在ASEAN日系企業の輸入は1.5ポイント増加した[9]。今後の交渉による集約がどのよう形となって帰結されるのか，様々に影響を与えることは避けられないものと推察される。

3.5 海外日系企業の現地化対応への考察

海外での日系企業の活動は情勢変動のなかで，いっそう激しい競争となっている。80年代，90年代，今日に至る海外進出における現地経営の場面は3つの形態をもっている。第1の場面は，進出した現地企業との競争である。技術提携，部品調達，人材採用・活用あるいは市場拡大・開拓など問題との対処であった。第2の場面は，進出した現地での外資系企業との競争である。世界各地から参入してくる海外の企業は多い。進出メリットを高めるための対策・戦略をどう受け止めて活路を拓いていくのか，日系企業の共通の課題である。第3の場面は，進出した現地での日系企業との競争である。海外市場で品質・価格・販売高など企業の競争力を発揮しなければならない。日系企業間の競争結果は，当該日系企業の経営戦略を直撃していくことになる。このように進出した現地では，状況の変化に素早く対処していけるかどうかを問われている。

第 3 章 在アジアにおける日系企業の経営問題と現地化 73

図表 3-6 経営の現地化改革と現地人材管理

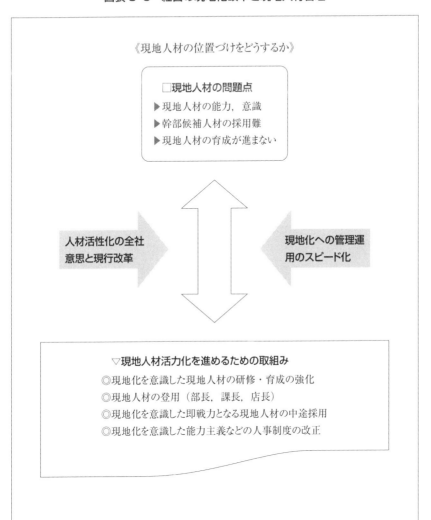

（出所） JETRO2007 年調査を参考にして，筆者が現地人材管理を構成。

2015年の時点，当面する現地経営の問題の最重要領域は，今まで開発し継承してきた〈現地化〉への取り組みについて，その有効性を改めて検討し再構築していかなければならない点であろう。経営現地化の問題点は，人材をめぐるもの（能力・意識，採用，育成）であり，取り組みも4つの主要項目（研修・育成の強化，現地人材の登用，即戦力人材の採用，能力人事制度の改定）が企業意思として，表示された（前頁の図表3-6）。

　こうした問題点と取り組みを繋ぐ過程と運用について，今日的視点から具体的に連携・推進していくことが，大切であろう。現地化をめぐる現状問題で，打開していく2つの態勢づくりは欠かせないところであろう。1つの面は，〈現地文化に対する積極的な理解と受容〉の重視である。経営活動における経営意思の徹底・交流・確認にとってベースとなる現地文化に対する理解を受け入れる態勢拡充をさらに深めなければならない。もう1つの面は，〈現地－本社間の信頼関係〉経営姿勢が要件になる。現地経営責任者と本社経営者の信頼関係を形成して経営効率を高めていかなければならない。海外日系企業における権限委譲をめぐる経営効率化について，改革指標を確認しておくことが重要と考える。

　現地経営を強化し現状のグローバル経営体制の強化していくための要件を，どこに設定するのか。重要点として，2つの取組みを提示したい。

▶人材活性化の企業意思と現状の改革行動

▶現地化への管理運用のスピード化と責任体制

　前述のように，日本企業の海外進出とその展開，有望先の選定において見られる新しい動きは，グローバル時代に適応し強固な経営基盤をつくるうえで注目されよう。そこでは，常に現地化改革を推進していく経営姿勢のありようがポイントであると考える[10]。

（注）
1) 「JETRO　在アジア・オセアニア日系企業実態調査　2013年度」同調査（日本貿易振興機構）は，アジア・オセアニアにおける日系企業活動の実態を把握し，その結果を広く提供することを目的としている。調査時点・2013年10月8日から1月15日。北東アジア，ASEAN，東西アジア，オセアニアの計20カ国の地域に進出する日系企業を対象。4561社の有効回答。

2) JETROによる製造業,非製造業の経営問題調査（2014年度）。同調査は,経営上の問題（国・地域別）今後の事業展開,経済統合への期待などの内容について,集約している。
3) 同上,JETRO（2007年）調査。
4) 筆者の海外共同研究〈1999-2006〉（中国・蘇州大学など）では,中国進出の日系企業の経営活動（経営戦略面,人事労務管理面）について,現地取材・調査を実施（服部［2005］）。この調査では,日系企業のコストダウン（経営戦略），人材開発・活用（人事労務管理面）が高比率を示している。
5) タイ日系企業の事業展開について筆者が視察・取材の際,バンコク日本商工会議所（担当者）から「日本の自動車各社の協力より,タイで自動車製造技術研修会を開催。大きな成功を収めた」旨,談話を得た（2011年3月）。
6) 80年代の日本企業の経営活力について,主要要因として「競争性・情報共有・雇用の安定」を表示している（通産省産業政策局企業行動課編［1984］）。服部［2005］においても,論及している。
7) JETRO調査（2007年時,2014年時）の動向（経営上の問題点）については,それぞれJETROの調査結果に基づいて分析を進めた。この比率推移の変動が,日系企業進出の現地からの移転に影響を及ぼしていることが注目される。
8) 「わが国製造業企業の海外事業展開に関する調査報告・2014年度」（海外直接アンケート結果・第26回）による調査は,海外法人1,021社（回答617社）を対象（2014年7月）〈国際協力銀行業務企画室〉。事業展開実績,有望事業展開先,競争力とグローバル生産体制の方向性などについて調査・集約している。本章では,流動する中国情勢への有望度を調査内容からピックアップし考察した。
9) 前掲,JETRO調査（2013年度）資料による。
10) 本章は,『松蔭大学紀要』（第19号）〈2016年1月〉所収論文「アジアにおける日系企業の経営問題と現地化対応」を加筆したものである。

第4章

中国日系企業の事業展開と経営文化の位置

　日本企業の海外事業展開に向けての戦略進行は，今日の厳しい経営環境のなかでも積極性を失っていない。先行きの経済変動によるリスクを予測しながら，それでも海外市場に活路を見出さなければならない局面となっている。とりわけ，中国市場は日系企業の生販併行型経営にとって，いっそう比重を加えてきている。

　2008年の中国経済成長率は第1四半期10.6％，第2四半期10.1％，第3四半期9.0％，第4四半期6・8％と減速傾向となっているとはいえ，通年9.0％と今日のグローバル不況において，なお強い経済力を維持して2009年の経済運営の主要目標として8.0％の経済成長率を目指している。こうした依然として強い市場である中国に向けて，日本企業の非製造分野では投資拡大の動きを見せてきたのが目立っている。製造分野の投資が対前年比で減額を見せている折，対中進出の新しい現象と見ることができる。

　本章では，当面する厳しい経営環境のなかで台頭してきたチャイナ・プラスワンの戦略を検討し，その対応行動を概観する。新しい動きへの対応は，同時に現行の施策・手法の見直しや修正を迫ることになる。中国日系企業の展開してきた施策・手法は，現地においてどれほどの理解や受容を得てきたのか。ここでは，日本的経営方式の適応について，現地における理解・受容の状況はどうなっているのか，先行研究を参考にして改めて考察する。

　中国日系企業にみられる〈内からの体制づくり〉は，変動する経営環境のなかで注目されるところである。そうした状況把握の一面として，中国日系企業における経営文化をめぐる動きを概観し，これからの海外日系企業（中国日系

企業）の経営文化形成への対応について提言する。

4.1 グローバル不況への対応とチャイナ・プラスワン戦略

4.1.1 戦略展開をめぐる２つの路線

　グローバル不況のなかで，活路を見出すために中国日系企業も戦略展開の渦中にあるといえる。この時点で改めて，検討を要する動きとして２つの角度がある。１つは，〔長期的に見て有望な中国市場での事業活動を継続し，さらに強化していく路線〕，もう１つは，〔将来にわたる事情動向や中国政府の経済政策の変動可能性から見て，できるだけ経営リスクを避けようとする路線〕である。

　前者では，これまでの動きから推測して高い成長率が見込める経済情勢において，さらに積極的な投資と事業拡大を図ることが重要とする見解である。対中貿易をめぐる輸入・輸出の状況は，対米状況に比肩する推移となってきている。こうした動向からも，経営リスクへの懸念はあるものの基本的には，生販併行型形態の強化とその拡大に重点を行くべきとの認識である。

　これに対して後者では，先行きの不透明性について憂慮し，現行路線の修正・移行を促す観点に立つ。中国経済の高い成長維持と世界経済に与える量的影響の大きさを認めながらも，現地日系企業が問題として，しばしば取り上げてきた政府・省政府による経済政策・法令運用をめぐる解釈トラブルなどの実情について，懸念を持続させている状態である。予測不能な状況変化に伴うリスクの発生，対処への経済的・時間的コストの増大は，現地日系企業の活動障害要因となってきたことも認めざるを得ない。こうした問題を回避し，事業展開の有効性を高め安定させるためには，現状活動を見直して修正・移行に取り組むべきであるとする認識である。

4.1.2 チャイナ・プラスワンとなる候補国の動き

さて，このような認識の相違が存在することは，中国経済がきわめて大きな影響をもつ今日の状況からすれば，不自然とはいえない。後者の認識サイドからは，中国での事業展開におけるリスクへの関心が高まっている，リスクに対して〔中国国内のカントリーリスクが直接・間接的に進出企業の事業運営に影響を及ぼす可能性〕と〔日系企業は中国でのオペレーションリスクにより，事業運営に様々な問題に直面〕[1]の2つの面から対処しなければならない。そこで，日系企業の経営基盤を強化し競争力を高めるうえで，これまで経営戦略の重点に位置付け推進してきたコストダウンと競争力の源泉として機能してきた上位形成要因の現状を確認しておくことが要請されよう。その上位形成要因とは，①技術力（高品質・多機能），②ブランド力（製品の信頼性），③顧客ニーズに対応できるフレキシブルな生産体制，④迅速な顧客サポート体制，⑤他社製品に対する価格競争力，⑥販売力（販売ネットワーク）である[2]。総合力としての全社経営力の拡充には，源泉要因を有効に，しかも適時に活用させる人材の育成が不可欠である。

2つの認識において共通する問いかけは，日系企業にとって，いま優れた技術力・ブランド力・生産体制・顧客サポート体制・価格競争力があるのか，ということ。現状把握による当該日系企業の競争力優位についての経営確信度はどうなのかが重要な点といえる。

現行の事業展開を進めるなかで，経営環境の変動に伴い発生するかもしれないリスクを，どう分散させるかといった対応行動の検討も具体的な検討事項となっている。中国に事業軸を置きながら，他に活動拠点を確保し，一国だけに依存することから移行しようとする考え方に基づくものである。したがって，いわゆる〈チャイナ・プラスワン〉戦略として，中国に一国を加える経営拠点の仕組みとなる（図表4-1）。その選択は，当該日系企業の経営力として位置づけられるわけである。チャイナ・プラスワンとなるのはどこか。

すでにチャイナ・プラスワンの有力候補としてインド，ベトナム，タイなどが挙がっている。調査（国際協力銀行，平成19年・2007）による〈もう1つ

図表 4-1　中国の投資環境の現局面

```
┌─────────────────────────┐         ┌─────────────────────────┐
│日本にとって中国は第 2 位の│ ←――→ │中国市場参入を目的とした日│
│輸出相手国               │         │系企業の進出も増加       │
└─────────────────────────┘         └─────────────────────────┘
```

日本経済に対する中国市場の存在感の高まり
⇒日本の経済界は中国を脅威として捉えるのではなく，その活力を自社のビジネスに活かす方向に転換

↓

日本経済関係の緊密化，日系企業の対中コミットが高まり，中国経済の動向が日系企業の経営に及ぼす影響度がますます大きくなる

↓

中国リスクに対する関心が高まる

↓

中国国内のカントリーリスクが直接・間接的に進出企業の事業運営に影響を及ぼす可能性	←→	日系企業は中国でのオペレーションリスクにより事業運営上様々な問題に直面
SARS などの新興感染症，人民元切り上げ問題，電力供給不足など新たなリスクも顕在化	←→	欧米系企業のみならず，最近では競争力を急速に高めている地場企業との競争も激化
中国一極集中投資に対するリスクを改めて認識		技術力とブランドを競争力の源泉に一層のコスト削減と人材育成・スタッフの強化に取り組むことが課題
カントリーリスクも含めた総合的な投資環境とリスクヘッジを考慮した国際分業体制の構築が，日系企業の海外展開における喫緊の課題に	←	東アジア地域における経済統合の事実上の進展

↓

チャイナ・プラス・ワン戦略

（出所）　真家［2004］214 頁。

の進出・移転先の国〉に対する有望な理由と課題についてピックアップして見よう。同調査結果からインド，ベトナム，タイの状況を概観する[3]。

(1) インド進出をめぐる有望理由と課題

インドの対する有望理由において，極めて高い比率となっているのは，市場の成長性 (84.6%) であり，次いで安価な労働力 (47.6%)，優秀な人材 (29.7%)。課題として，インフラが未整備 (54.1%) で最も高く，法制度の運用が不透明 (27.1%)，他社との激しい競争 (24.2%) であった。

インド経済の近年の高い成長推移に対する日本企業サイドの期待感が込められた反応であって，市場の成長性が80%を上回る比率になったと推察される。いかに成長・発展を図るかは，企業経営に共通の命題であり，インド経済の発展可能性の大きさをうかがわせている。有望な理由事項の順位は，ここ数年変わりはない。課題項目の順位も同様であるが，やはりインフラの未整備問題をどうとらえ，どう対処していくか，日本企業サイドでは具体的な検討が進んでいる段階である。

(2) ベトナムをめぐる有望理由と課題

ベトナムは，現状でのチャイナ・プラスワンの最も有力な国である。しだいに経済力を高めており，従業員レベルの安定性も強みの1つになっている。2008年に日本から財界トップクラスが訪問して経済交流の強化の線で合意を見たことも，これからの対ベトナム投資の積極化に繋がっていくものと予想される。

ベトナムの有望理由として，安価な労働力 (71.0%)，市場の成長性 (53.4%)，他国リスク分散の受け皿 (36.4%) である。かつて日本企業の中国進出の主要な理由に挙げられた安価な労働力の利点追求をベトナムに向けつつあるといえる。理由で注目されるのは，他国リスクの分散の受け皿としての比重である。中国日系企業のもっている懸念やカントリーリスクを回避する対策の1つにベトナム進出が想定されていることをうかがわせる。

課題としては，インフラが未整備 (47.9%)，管理者クラスの人材確保が難し

い (39.4%), 他社との激しい競争 (36.4%) となっている。インフラ未整備に次いで, 人材確保の困難を指摘しているのは, 現地経営の成否にかかわる問題であり, 人材管理への対応が緊要になると見ることができる。

ベトナムの進出による有望な点は規模メリットとして小さいけれども, 従業員レベルの安定性をベースにして投資環境における着実な成果表示, 人材育成のための研修・訓練による能力向上, 製造部門における職場・チームによる仕事観の醸成などについて, 期待できる態勢をもっていると指摘できる。

(3) タイ進出をめぐる有望理由と課題

タイは, 台湾と並んで親日感の極めて高い国であり, 80年代, 90年代, そして00年代にわたり, タイ日系企業の盛況な事業活動は, タイ進出の外資系企業のなかで目立っている。特に自動車産業分野の動きは顕著であり, 日系自動車企業が協力して自動車製造の技術研修・指導を広く実施して好評を得ている。自動車関連企業の技術レベルの向上に直結するもので, 筆者の取材でも確認された[4]。

さて, いま中国日系企業はそれぞれに現地の中国企業, 欧米系企業, アジアNIES, さらに現地日系企業との激しい企業間競争のなかにある。そうした情勢下で, 中国重点方式に加えてもう1つの事業拠点を設定・展開するチャイナ・プラスワンの動きは, 21世紀初期の新しい海外日系企業の方向形態として, どれだけの具体的行動となるのか注目されよう。

4.2 中国日系企業における日本的経営の適応と受容

4.2.1 受容性と有効性からのアプローチ

さて, 中国日系企業において, いわゆる日本的経営をどう取り入れ, 実施しているのか, また受け止められているかについて, 経営文化の領域とその影響

度の面からも注目されている。海外日系企業の経営をめぐる動きは加速しており，政治・経済の情勢推移に留意しながら経営行動を進めて行かなくてはならない。その際，日本的経営の運用をめぐる検証にあたっては，先行研究（市川編著［1997］）に基づき，〈受容性：受容性とは，組織を存続発展させる能力，すなわち組織成員である個人の働く動機を満足させる組織の力と組織が提供する経営諸慣行を組織成員に受け入れさせる組織の力〉と把握する。また，〈有効性：有効性とは，組織目標を達成させる能力，すなわち環境に適応して組織目標を達成するために選択された経営諸慣行が組織全体に及ぼす力〉として考察することにより，全体的な実態をとらえたい[5]。

　現状の中国日系企業をめぐる動向は，極めて流動的である。日系企業は，グローバル不況の影響を抑制しながら最適戦略を選択してゆかなければならない時期である。

　本章では，日本企業が積極的に中国進出を打ち出した90年代から21世紀初期段階の推移のなかで，日系企業は現地事業に展開において，どのように経営システムの構築・運用を図ってきたか，その時点での日本的経営の制度，手法はどのように現地で受容されたか，有効性がどうであったのか，また日本的経営にかかわる〈経営文化〉側面の比重影響について検討することに着眼している。

4.2.2　先行研究に表れた日本的経営方式への反応

　先行研究は，日本企業の海外進出と日本的経営の変容について多面的かつ詳細な調査分析を実施しているが，ここでは，中国日系企業を対象にして，①中国人中間管理職にみた日本的経営の実施率と彼らの受容度についての判断，②経営諸慣行の重視と歓迎の程度，重視・実施と歓迎の程度，日本人トップと中国人ミドルの反応，③日本企業の基本姿勢，日本型経営諸慣行の実施の効果に対する日本人トップの評価，などの場面を取り上げ検討している。

(1) 日本的経営に対する中国人管理者の受容度

市村研究による調査結果（中国人中国管理職にみた日本的経営の実施率と彼らの受容度についての判断）は，3つの観点（トップの見た実施率，ミドルの見た実施率を，ミドルのいう受容率と上海，北京，大連の地域）からなる（図表4-2）。同調査に表れた日本的経営の実施率を，それぞれの観点・地域から比率状況（5段階得点，5・4・3・2・1方式）について考察する。

① トップのみた実施率

上海では，高比率の項目は，品質の重視が最も高く，経営理念の協調，労使関係の融和，チーム精神の協調，労働密度の強化が挙げられている。低比率は，年功賃金制，年功昇進制。上海において「品質の重視」の比重が極めて高く，日本企業の現地品質向上に対する経営施策，意識徹底などが高比率を裏付けているものと推察できる。他方，年功制度（賃金，昇進）に対しては，実施適応を抑制してきたトップの姿勢がうかがわれる。

北京では，品質の重視が最高率を示しており，雇用の安定やチーム精神の強調，合議的意思決定の高い比率も特徴的である。大連においても，品質の重視は最も高い比率。年功制，同時採用が低くなっている。

② ミドルのみた実施率

ミドル層においても，共通した高い取組みは，品質の重視であり，全社的に品質管理，品質向上への態勢と受け止めることができる。日本的経営の実施にみられる強調点である。上海での低い比率項目は，職場外訓練，ジャストイン・タイム，配置転換，企業別組合であった。低い項目となっているのは，現地中国では，これまでの制度運用でほとんど経験のない手法であったことを推測すれば，低比率は理解できる動きである。北京，大連も大きな違いがない傾向が示された。

③ 諸制度に対する受容度

3つの地域の状況を概観するとき，高比率には，品質の重視が最も高く，継続的社内訓練，労使関係の融和，チーム精神の協調，職場内訓練，日本本社での研修，QCサークル，全社的品質管理，労働者の人間的取り扱い，であった。また，低比率項目では，上海，北京，大連において表示されていない。特に受

図表4-2　中国人中間管理職のみた日本的経営実施率と彼らの受容度についての判断

	トップの見た実施率			ミドルの見た実施率			ミドルがいう受容率		
	上海	北京	大連	上海	北京	大連	上海	北京	大連
1. 経営理念の強制	4.1	4.5	4.2	3.7	3.3	3.7	3.8	3.7	3.7
2. 同時採用	2.8	3.0	2.5	2.8	2.7	2.6	3.2	3.2	3.5
3. 雇用の安定	3.9	4.3	3.7	3.6	3.8	3.7	4.2	4.0	4.2
4. 継続的社内訓練	3.9	4.3	4.1	2.8	3.1	2.9	4.2	4.6	4.2
5. 労使関係の融和	4.1	4.2	4.3	3.4	3.5	3.8	4.2	4.3	4.3
6. 上下間小格差	3.5	3.4	3.3	2.9	3.1	3.3	3.6	4.0	3.7
7. チーム精神の強調	4.1	4.4	4.1	3.9	4.0	3.8	4.4	4.5	4.6
8. グループミーティング				3.3	3.4	3.2	3.8	3.9	3.9
9. 弾力的管理	3.5	3.7	3.4	2.8	2.2	2.8	3.7	3.0	3.5
10. 企業内情報の共有	3.9	4.1	3.5	3.3	3.4	3.4	4.0	4.4	4.1
11. 品質の重視	4.7	4.8	4.7	4.2	4.0	4.3	4.6	4.7	4.8
12. 大部屋主義	3.6	3.8	3.3	3.6	3.4	3.7	3.8	4.0	4.0
13. 職場内訓練	3.8	4.1	3.9	3.5	3.7	3.1	4.2	4.6	4.3
14. 職場外訓練	3.2	3.2	3.2	2.4	2.6	2.0	4.0	4.4	3.5
15. 日本本社での研修	3.9	4.0	3.5	2.6	2.7	2.4	4.3	4.5	4.3
16. 合議的意思決定	3.8	4.0	3.5	3.0	3.7	3.1	3.9	4.1	3.7
17. 稟議制	3.3	3.3	3.3	3.5	3.7	3.6	3.9	4.2	3.9
18. QCサークル	3.4	3.9	3.3	3.1	2.6	3.4	4.2	4.3	4.3
19. 提案制	3.4	3.4	3.6	3.1	2.9	3.3	4.0	4.5	4.1
20. 全社的品質管理	3.5	3.7	3.4	3.3	3.1	3.5	4.2	4.5	4.4
21. ジャスト・イン・タイム	3.1	3.1	3.3	2.2	1.8	2.5	3.1	3.4	3.6
22. 年功賃金制	2.6	2.7	2.7	2.6	2.9	3.2	3.6	3.9	3.9
23. 年功昇進制	2.6	2.6	2.7	2.4	2.6	2.7	3.4	3.8	3.7
24. 配置転換	3.1	2.9	3.1	2.5	2.4	2.5	3.4	3.8	3.4
25. ジョブ・ローテーション	3.0	3.0	3.2	2.5	2.5	2.4	3.3	3.6	3.2
26. 会社人間の育成	3.1	3.2	2.8	3.6	3.5	3.3	4.0	4.2	4.2
27. 長期勤務の表彰	2.9	3.2	2.8	2.8	2.7	2.2	4.0	4.4	4.0
28. 企業別組合	3.3	3.2	3.2	2.5	2.3	2.7	3.7	4.1	3.3
29. 労働者の人間的扱い	3.8	4.0	3.6	3.6	3.6	3.8	4.3	4.5	4.4
30. 労働密度の強化	4.0	3.9	3.9	3.6	3.3	3.6	4.1	4.4	4.1

(注) トップへの質問のなかに，「グループミーティング」の実施率を聞いていないので空白としている。
(出所) 市村編著 [1997] 18頁。

容度の低い日本的経営の項目は表れていない。

(2) 日本的経営に対する現地各層の反応と相違点

3つの観点からの日本的経営の実施状況とそれに対する受容性については，上海，北京，大連の日系企業の制度運用に伴い，現地ミドルの反応は，大きな相違点が出ていないといえるが，トップ，ミドルの間で認識，受け止め方に明らかなギャップのあることも推量できる。同調査からうかがわれるトップ実施，ミドル実施，またミドルの受容をめぐって，次の点が指摘できよう（図表4-3）。

① 日本的経営に対して，ミドル（中国人管理者）の受容率がトップ（日本人経営者）よりも総体的に高い比率を示しており，特に日本型経営風土を支える〈チーム精神の強調・QCサークル・全社的品質管理〉の受容度比率が目立っている。トップの見た実施率よりも，ミドルの受容度が高いことについては，これからの施策実施に当たって着目すべき点と推察される。

② 全体像として，それぞれの項目に対する見方は，上海，北京，大連の状況において，顕著な断層が見受けられない。

③ トップにみた実施観（日本人経営層）とミドル（中国人管理職層）にみた実施観については，項目のなか〈経営理念の強調，品質の重視，弾力的管理，継続的社内訓練〉で比率に違いが出ている。

④ 制度，手法の受容度について，最も高い比率は，品質の重視であって，日系企業が常に重点を置いていることが確認された。'ものづくり'レベルが日本企業の強い競争力の基軸となっていることに着目するならば，充分に理解できるところである。

実施率における受容度の高い項目として，職場内訓練，日本本社での研修，QCサークル，提案制，全社的品質管理，労働者の人間的扱いが挙げられる。こうした項目は，企業内における研修，教育訓練に直結するものであり，企業内教育ニーズ（現地―本社）への強いニーズを示唆している。他面，職場活動における協働場面の具体化として，QC活動，全社的品質管理は，品質重視の経営姿勢に呼応して，日系企業における日本的経営の強さを現地に適用して受

第4章 中国日系企業の事業展開と経営文化の位置 87

図表 4-3 経営諸慣行の重視・実施と歓迎の程度：日本人トップと中国人ミドルの反応

(単位：%)

経営慣行	日本人トップの姿勢				中国人ミドルの反応					
	重視・実施の程度				実施の認識程度			歓迎の程度		
	日本本社	上海	北京	大連	上海	北京	大連	上海	北京	大連
経営理念や経営目的の強調	87.9	88.9	90.5	81.4	59.7	38.1	62.7	72.7	61.9	68.6
同時一斉採用制	26.5	29.7	36.8	14.3	25.5	23.1	17.4	34.8	25.0	50.0
雇用の安定	82.8	81.8	95.2	68.2	54.2	50.0	58.5	84.2	75.0	82.4
継続的な社内訓練	82.8	83.8	90.0	84.4	23.3	33.3	28.0	8.28	100.0	82.4
社内昇進	62.5	75.7	85.7	81.9	n.a.	n.a.	61.7	n.a.	n.a.	81.2
労使間の人的融和	84.8	86.5	94.8	93.3	41.7	58.3	66.6	84.5	95.4	88.5
チームワーク精神の高揚	83.8	89.2	89.5	82.2	68.3	68.0	68.6	89.8	92.0	90.2
経営目的・情報の共有	86.7	78.4	85.7	59.1	42.6	40.9	47.8	75.9	95.5	81.8
品質・サービス重視の経営	99.0	97.3	100.0	97.7	77.1	70.8	80.7	91.4	95.6	98.1
場の共有意識促進型慣行 （6慣行の平均）	86.7	86.1	92.5	80.8	51.2	53.6	58.4	84.8	92.3	87.2
大部屋方式のオフィス	47.4	63.8	65.0	48.9	58.2	45.4	56.5	68.5	78.2	73.9
合議的意思決定方式	61.8	72.2	80.0	54.5	27.3	52.4	28.5	72.8	80.0	60.5
稟議制の採用	56.0	48.6	52.7	53.4	52.6	54.1	54.2	78.9	87.5	76.6
QCサークル	69.0	47.2	63.1	44.2	41.8	28.5	53.1	84.9	95.2	87.5
提案制度	58.0	44.4	36.9	60.0	38.9	31.8	36.0	76.0	95.0	72.9
TQC	64.0	58.4	60.0	53.4	46.4	36.9	48.9	73.2	90.0	86.7
個の能力統合促進型慣行 （6慣行の平均）	59.4	55.8	59.6	52.4	44.2	41.5	46.2	75.7	87.8	76.4
職務規定の弾力的運用	49.5	51.3	63.2	45.5	20.4	13.0	21.4	62.7	42.8	54.7
年功序列的昇給体系	23.0	8.4	15.0	17.8	24.6	20.9	36.0	62.9	75.0	71.4
年功序列的昇進体系	21.0	11.1	5.0	15.6	19.3	16.7	21.4	45.6	66.6	65.2
ジョブ・ローテーション	50.0	20.0	25.0	40.9	5.1	13.6	0	29.1	59.1	42.2
配置転換	49.0	27.0	26.3	35.6	14.0	8.6	8.6	36.4	69.5	54.1
「会社人間」の養成	16.2	27.8	45.0	22.8	51.8	47.6	46.6	76.8	81.0	85.7
永年勤続表彰	47.5	22.9	40.0	20.5	25.0	26.1	13.1	75.0	78.3	78.7
個の組織埋没促進型慣行 （7慣行の平均）	36.6	24.1	31.6	28.4	22.9	20.9	21.0	55.5	67.5	64.6

(注) 数値は5点尺度で，「極めて重視」および「かなり重視」ないしは「大いに歓迎」および「かなり歓迎」と回答した人の合計。
n.a. は不詳を示す。
「場の共有意識促進型慣行」の平均値は，「同時一斉採用制」と上海と北京に n.a. がある「社内昇進」を除く6慣行の平均を示す。
(出所) 富田［1997］76頁。

容されていることを表示するもので，日本的経営の現地活用への有効性が期待できる形となっている．注目すべき展開というべきである．

(3) 日本的経営の海外活動での通用性

日本型経営の通用性は，現地従業員・管理者の仕事観などによって，また現地の経済・政治の状況によっても変わりうることも受け止めておく必要がある．当面する経営活動要因を的確にとらえ，最もふさわしい制度適用と運用を図っていかなければならない．そうした観点からも，日本型経営（いわゆる日本的経営の領域を含む）の海外活動における通用性，有効性は彼からも検討し，検証していくべき領域課題であると考える．

海外事業における〈日本型経営を活かした現地経営に相応しい制度運用〉の難しさ，困難度はこれまでの日系企業が数多く経験してきたところである．にもかかわらず，現地経営活動の成功確率を高めるうえで，〈日本型経営を活かした現地経営に相応しい制度運用〉を追求していかなければならない．

日本型経営といわれる制度や手法が海外で通用性をもつ項目比率が上向いていることも確認しておきたい点である．先行調査による項目も含めて，技術・ノウハウの移転，品質のレベルアップ，作業標準化に徹底による生産性向上，全社的品質管理（TQC）への意識改革の醸成などの動きは，今後の期待に連動していくものと思われる．

4.3　事例研究：東レの〈革新と創造の経営〉による課題達成への行動

4.3.1　海外進出にみる積極的な拡大路線

東レは，長期経営ビジョン（AP-Innovation TORAY21）を2006年4月に設定して，〈先端材料で世界のトップ企業〉を目指している．企業活動のすべての領域において，Innovation（革新と創造）に挑戦して新しい価値を創造し

ていく経営姿勢を表明。中期経営課題（IT―2010）は基本コンセプト「革新と創造の経営」を掲げ，事業構造・技術・競争力・意識・CSR の Innovation により，それぞれ経営課題達成に向けた取組みを推進している[6]。

　海外事業の展開は，60 年代の後半に東南アジアに繊維事業の会社設立がスタートであった。欧米には，80 年代後半～90 年代にプラスチック事業を中心にして進出した。中国への本格的な進出は 90 年代半ばであった。2000 年代に入り，同社の海外関連企業数は，増加している。

（1）　国際勤労部の活動目標

　事業活動における海外での拡大化傾向は，それを推進し運営していく人材の形成・活用を促すことになる。そうした海外活動の人的資源管理体制は，同社国際勤労部が主担当して進められている。国際勤労部の活動目標は次の点に置かれている。

①　現地化を推進するグローバル人事管理の整備・強化
②　海外各社・各地域におけるグループ人事管理力強化
③　海外各社に対する個別支援，海外新会社の買収・設立に対する個別支援

　ここでは，海外事業における推進軸となる「東レグローバル人事マネジメント」の内容と運用を概観することにする（次頁の図表 4-4）。

　同マネジメントシステムでは，個別育成計画に即応させてコア人材の育成・登用をめざす。経営理念に基づいて 5 つの Value（基本方針）を提示し，グローバルな視点から運用を図っている。5 つの Value は，(1)競争力のある労働条件の整備，(2)目標管理・業績に基づく人事処遇，(3)人と組織の成長に資する人材育成，(4)コミュニケーションに基づく相互の信頼関係，(5)従業員の健康の維持，からなる。2004 年には，海外各社のトップ・マネジメントと人事労務担当部署に明示しグローバルに運用している。

　東レ・グローバル・ジョブ・バンド・プロジェクト（G-Band プロジェクト）は，グローバル人事管理のソフトインフラ構築，コア人材の人事管理強化を目的としたプロジェクトである。G-Band の定義は，図表 4-5 のようである。

図表 4-4 東レグローバル人事マネジメントシステム

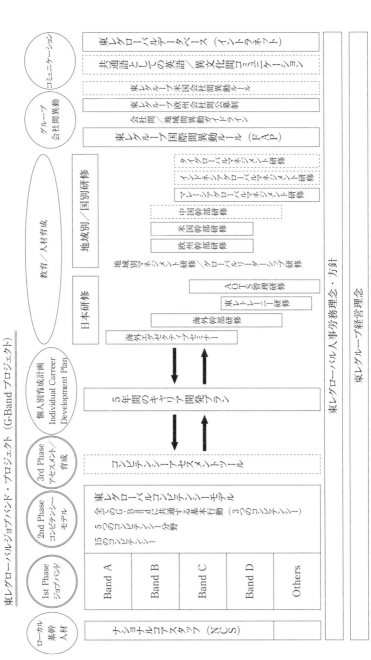

(出所) 山本 [2006] 26頁。

図表 4-5　G-Band の定義

▶ Band　A：Senior Executive　Band は，グループ内各社の経営を行うとともに，グループ戦略に大きな影響を与えるポジション。
▶ Band　B：Executive　Band は，グループ内各社の経営に直接的にかかわるポジション。
▶ Band　C：Senior　Management　Band は，各社において，各部門・各機能の戦略を実現・実行する際の中枢となるポジション。
▶ Band　D：Management　Band は，各社において，各機能を実行・推進する際の責任を負うポジション。

　同社の G-Band は，経営・業務のランクに応じて 4 段階に区分されている。グループ内の各社の経営・業務を Value に即応して推進していく責務は，長期経営ビジョンの具現化をどう図っていくかに直結している。多角化戦略のもとに，常に〈革新と創造〉が求められている。グローバル化の進展は，同時にグローバル人材の活動場面をつくり，経営貢献を要請することになる。そうした要請に応えるための人材育成は，東レの体系的かつ戦略的なプロジェクト活動によって運用されている。

　その具体的な実施は，「個人別育成計画」によってローカルコア人材の個別管理を徹底し計画的な育成を図り，役員レベルへ登用していくこと」を主眼に置いている。対象者は，G-Band D 以上の全員，さらに G-Band 外の生産・技術・開発・工務関係の課長職以上，日本人出向者の代替要員，将来有望視される人材。また，人材育成については，階層別マネジメント研修として，4 つのコース（海外エグゼクティブ・セミナー，海外幹部研修，東レトレーニー研修，AOTS 管理研修）を運用している。

　日本研修において共通した狙いは，東レの経営理念・経営方針・戦略，IT-2010 の徹底理解である。さらに注目されるのは，〈東レ式マネジメント〉に対する理解促進であって，自社経営のノウハウを理解しそれぞれの経営者行動の場で，反映し連結させていく人材育成を目指している。こうした全社的な経営理解，経営行動をどこまで深化し，活動成果を向上させていくか，同社の発展過程のなかで着目すべき点であろう。

(2) 中国現地における人材管理

同社の海外事業は，各国とも製造・販売活動を中心に運営している。中国では，研究所をつくり，研究開発機能をもっていることが特徴的である。人事労務管理のポイントとして，①人事マネジメントのインフラをしっかり理解すること。進出する地域の労務事情に精通し当局と良好な関係を構築すること。②中国人従業員のモチベーションを高める人事マネジメントを実践すること。

これからの海外事業の展開は，さらに経営環境の流動化が進むものと予想される。目標達成に向けた取組みを積極的に追求していかなければならない。

グローバル人事マネジメントの今後の課題として，同社では，次の点を指摘している。

① ローカル役員，トップ人材を確保・登用すること。
② ローカルコア人材への権限委譲を進めること。
③ ローカルコア人材の育成を加速化していくこと。

東レの海外事業のおける強みをどう発揮することができるか。ローカルコア人材の力量が大きな比重をもつことになる。課題としての権限委譲の問題は，海外日系企業なかでも中国日系企業の場合，目立っていた点である。すでに検討から実施（適材となる人，ふさわしい時期）の段階にきていると受け止めることができる。

4.3.2 東レにみる中国日系企業としての経営文化活動

ここで，いわゆる日本的経営の関連領域としての経営文化の観点から東レの中国事業展開をみると，どのような側面をピックアップできるだろうか。そこに特色としての経営文化の行動側面を把握することが可能と考える。なお，ここでいう経営文化については，〔企業文化，組織文化を包含した概念としてとらえ，中国日系企業の事業展開を通じて適応・運用されている日本的経営の関連する文化的領域内容〕との理解に基づいている。

〈東レの海外事業人材管理における経営文化側面〉

東レの海外事業におけるグローバル人事マネジメントの運用は，今日におけ

る経営文化の領域を形成しているとみることができる。

　中国市場での人材管理では，経営制度，システムへの現地理解について重視するとともに，現地従業員のモチベーションの喚起に配慮している。中国進出日系企業サイドから見れば，現地従業員の職務行動，仕事に対する積極度が懸念事項ともなる。仕事への取組み，業務遂行における安定した能力発揮などを期待するわけだが，現状は不安定な動きに当面しながら苦慮しているところも少なくない。東レの重点課題としている現地モチベーションの問題も，比重を加えていくものと推察される。

　こうした従業員の仕事態度や仕事への取組み度も，良好な職場風土，強い組織活力を形成するうえで欠かすことのできない形成要因である。従業員のモチベーションは各様の形態で表れてくる。したがって，管理面では，職場の当面する問題と同時に構成メンバーのモチベーションの状況について把握し対処していかなければならない。

　東レの海外事業のなかでグローバル人事マネジメントの現地課題として取り組んでいる〈トップ人材の確保・登用〉〈コア人材の権限委譲〉〈コア育成の加速化〉は，東レにおける海外事業活動の経営文化形成に連結する動きとして認識できる。

4.4　海外日系企業（中国日系企業）にみる経営文化への関心と理解

4.4.1　経営文化の枠組みと経営活動の関係

　海外日系企業，中国日系企業にみられる今日の経営文化に対する関心と取り組みの高まりは，企業経営をめぐる卓越性の要因基軸について追求することと連動しているといわなければならない。経営の発展・成長を目指す過程において経営文化のもつ比重はきわめて重要となっている。したがって，海外日系企業がそれぞれに現地活動を推進していく際，どのような経営理念・方針，制度・

手法などに即して展開しているのか。そうした経営理念・方針や制度・手法などが，どれだけ現地サイド（中国人管理者，従業員）に理解され受け止められているのか。一方，日本サイド（本社，現地駐在経営者）はどう対応しているのか。そこには，両者間に多くの相違点，断層が存在していることが推察される[7]。

ここでは，経営文化（企業文化，組織文化を包含したもの）の枠組みを経営活動との関係からとらえて，〔理念・制度・行動・形象〕を構成軸としている（図表4-6）。

〔理念〕ゾーンでは，企業経営の活動推進にあたって，その基軸となる企業哲学・経営理念・綱領・経営目標や社是・社訓などが属する。また，経営をめぐる当該企業の企業統治（コーポレート・ガバナンス）も位置づけることになる。どのような経営理念のもとに，経営活動を展開しているのか，について内外に明示し信条とするところを具現化していく責務があると考える。そうした動きを通じて，企業経営のもつ社会的責任を果たしていくことができる。

この理念ゾーンを形成する項目は，当該企業の経営活動価値観と見ることは可能である。標榜する理念が有用なものであることを広く周知させ，理解を得

図表4-6　経営文化を構成する4つのゾーン

理念	企業哲学　経営理念　綱領　経営信条　経営目標　社是　社訓　企業統治　など
制度	規則　規律　手続き　慣行　儀式　伝統　風土　人的資源管理制度　など
行動	OJT　OFF・JT　自己啓発支援　採用・育成・活用　評価・処遇　リーダーシップ　メンバーシップ　社内コミュニケーション　社会・地域連帯活動　動機づけ　スポーツ活動支援　文化活動　など
形象	製品　商品　社旗　社歌　制服　社章　シンボルカラー　ロゴタイプ　社屋　工場　売り場　など

（出所）梅澤［2003］26頁を参考に筆者作成。

るように努める必要がある。経営文化に直結する理念ゾーンへの理解や受容を得るうえでも，特に海外日系企業においては大切な点といえる。

〔制度〕ゾーンでは，社内規則，社内諸制度などが属する項目である。どのような規則内容となっているのか，社内規律はどうかなどが対象となる。当該企業にとっては，経営活動のなかで培われてきた慣行や伝統によって，制度側面としての比重をもっている。日々の職場生活における雰囲気はどうか。元気のいい職場，仕事意欲の乏しい職場など，それぞれに動きが異なる。職場の成員の行動態様は，職場の雰囲気に影響されることになるが，制度ゾーンにみられる経営文化のひとつの側面である。このゾーンでは，人的資源管理制度も一定の比重をもっている。人的資源をめぐる〈確保→育成→活用→評価・処遇〉に関連する制度の設定がここに属する。

〔行動〕ゾーンでは，経営活動の展開場面が対象となる。当該企業による人材形成のための３つの取り組み（OJT，OFF・JT，自己啓発支援）は，その実施度，有効度によって，〈人材づくり〉政策への信頼に大きな影響を及ぼす。経営資源の主要素となる人的資源管理の運用は，いっそう重要となっており，人材確保・調達が海外市場で強く要請されている状況から見て，海外での人材活用の実績を高める観点からも，国際要員管理も推進していかなければならない時期となった。他面，行動ゾーンでは，経営活動におけるリーダーシップ，メンバーシップ，また働く場面でのメンバーのやる気や仕事への対応，社内コミュニケーション状態についても，関心を喚起させる必要がある。また，社外との関係においては，地域社会とのつながりも積極的かどうか，関連項目として挙げられる。

〔形象〕ゾーンは，企業活動をめぐる〈見える会社像〉として把握できる。製品・商品，社旗・社歌など当該企業のイメージを表示するものである。コマーシャルやシンボル・カラーも形象の属する。あるいは，社屋，工場，そして売り場での応対なども経営文化の側面である。顧客に対する態度はどうか，についても留意点となる。そうした〈見える会社像〉によって，当該企業への印象が変わってくる。顧客からの商品に対する信頼度はどうなのかは，重要な経営文化的要素といえる。

上記の4つのゾーン〔理念・制度・行動・形象〕は，それぞれに連携したものであり，経営文化の側面領域を構成している。こうしたゾーンの設定・運用を通じて当該企業の経営文化をしだいに具体化していくことになる。

4.4.2　異文化コミュニケーションとして現地の反応

さて，中国日系企業の経営活動のなかで推進する経営方針・目標の周知，制度・手法の運用などで，どれだけ理解され，積極的の受け入れられているのかの面から，調査・研究が進められている。そうした場面の1つが経営文化領域に関する把握，現地サイドの反応分析である。日系企業の経営文化領域をめぐって，中国サイドと日本サイドの受容度や認識度の違いについて検討・研究する機会が設定された動きの1つとして，筆者も参加した日中企業文化フォーラム『北東アジア海外企業経営と人材交流』（大連工業大学，2008年6月）が注目される[7]。

同フォーラムでの研究報告「中日企業文化比較と異文化コミュニケーション」（大連工業大学・王薇教授）において，大連地域の日系企業の従業員調査結果をもとに，日中企業文化の課題などを提示し今後の方向をクローズアップした。日系企業の現地経営活動に従事する従業員の反応，受け止め方について，次のように集約している。

① ほとんどの日系企業は，自らの信じる日本的経営を中国に持ち込み，定着させることに懸命であるが，かなり無理がある。同じような手法や発想では，中国での適用は難しい。

② 中国人従業員の行動様式は，給与を最優先に考えて就職，離職するという見方は誤りであって，自分の能力を発揮できる場を求めている。業務活動において，自分のキャリアをどう開発するかに関心をもち，重視している。

③ 日系企業に働く従業員の就業意識や仕事観も大きく変わりつつあり，会社の発展，その将来性に強い関心をもっている。

④ 現在の年功重視にもとづく賃金や昇進などで〈見えない天井〉制度に対

して，その修正を多くの従業員が要望している。
⑤　日本人経営者のビジョンが欠落していると受け止められている。日本から派遣された経営者（総経理）は本社への打診・調整に偏重しており，現地中国としての事業計画が立てられないところに問題がる。

　こうした指摘は，日系企業にとって経営文化をめぐる問題，現地従業員の処遇，キャリア育成など現行制度や手法の見直しを示唆している。日系企業における現地従業員の意識や受容性も変わり得るとの観点から，両国間にある経営文化の断層をどう補充し修正していくのか，〈共有する領域〉を改めて問う取り組みが必要になる。共有する領域という内容には，理解する，受容する，認識するなどの心情や行動形態が含まれると解釈する。〈どこを・どのように変えるのか〉，同様に〈どれを維持していくのか〉についても，当該日系企業は着目していかなければならない。
　かつて，企業文化度の概念として梅澤正は3つの視点を提示している[8]。
①　企業の存在と活動の様式が，哲学や思想や理念に支えられている。
②　企業の存在と活動の様式が，不断に洗練され磨かれている。
③　企業の存在と活動が個性的であり，独自性をもっている。
それぞれに現地において展開する経営活動が，経営理念に即応して成長持続を図る状況をいかにつくり上げるか。展開活動は，確たる当該企業の経営哲学・理念によって支えられ推進していくことが要件となる。事業展開の軸となるべきものが確立されていること，その具現化を目指した活動が行われていることが重要といえよう。それらの存在と活動の様式が，常に検討・確認の機会をもち，さらに有効度を高めるための積極的な取組みとなっているのかどうか。
　海外での日系企業がその存在と活動において，個性的かつ独自性をもつという点では，国内展開とは異なる難しさかもしれないが，反面，経営文化を提示する機会ともなりえる。他社との相違点については，〔理念〕のもとに〔制度・行動・形象〕の面で特徴ある運用を図っていくことによって，活路を開くことは可能であると考える。特徴ある運用とは，現地人材の採用，処遇，さらに体系的なキャリア開発プログラムの制度実施など想定される。また，現地企業と

の連携による新しい〔形象〕への注目を高めることなども対応態勢といえよう。

4.4.3　海外日系企業における経営文化の形成と位置
―中国現地サイドと日本本社サイドをめぐる対応課題―

前述で言及してきたように，現時点の中国日系企業における現地サイド（中国人管理者層，従業員層）と日系企業サイド（日本人経営者，本社）の間には，経営文化をめぐって理解度，受容度あるいは認識度に比率の違いがみられた。受容度の高い項目と低い項目が存在している。ここでは，そうした相違のあることを認めたうえで事業活動の展開に影響を及ぼす経営文化領域の〈望ましい関係形態〉の設計には，どう対応し組み立てていくべきかについて検討し考察する。

ここでは，この問題に対する取り組みとして中国日系企業の経営文化的動向を踏まえながら，中国現地サイドと日本・本社サイドの現状から《ハイグリッド化方式による適応と運用》を提起して問題打開への試みを進めたい（図表4-7）。

図表 4-7　海外日系企業における経営文化の形成方向
　　　　　　―中国現地と日本本社の課題

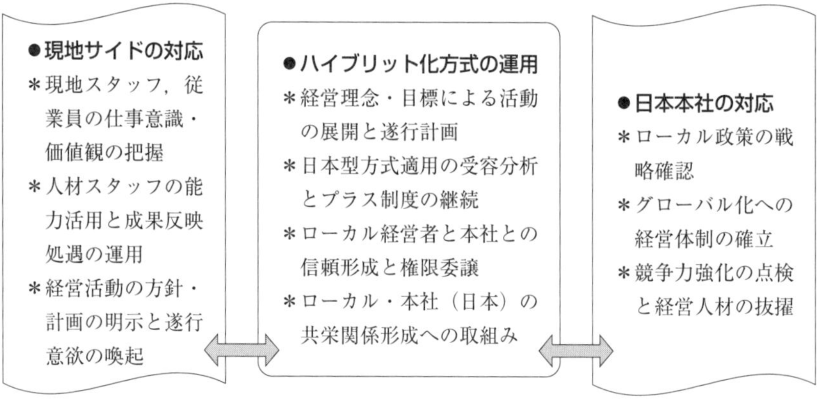

- ●現地サイドの対応
  - ＊現地スタッフ，従業員の仕事意識・価値観の把握
  - ＊人材スタッフの能力活用と成果反映処遇の運用
  - ＊経営活動の方針・計画の明示と遂行意欲の喚起

- ●ハイブリット化方式の運用
  - ＊経営理念・目標による活動の展開と遂行計画
  - ＊日本型方式適用の受容分析とプラス制度の継続
  - ＊ローカル経営者と本社との信頼形成と権限委譲
  - ＊ローカル・本社（日本）の共栄関係形成への取組み

- ●日本本社の対応
  - ＊ローカル政策の戦略確認
  - ＊グローバル化への経営体制の確立
  - ＊競争力強化の点検と経営人材の抜擢

（出所）　筆者作成。

(1) 現地サイドが取り組むべき課題

　中国日系企業にとって，経営文化領域に対する理解度，受容度を高める比重は大きい。その際の理解度，受容度に示された比率が当該日系企業にとって経営活動の成果と繋がるいわゆる企業競争力にも波及してくるのである。

　経営理念，経営目標が理解され受容されることによって経営活動の態勢づくりが整備されることになる。先行研究や調査に表れた２つのサイド（現地中国，日本本社）の比率状況は日本的経営の適用にかかわる理解度，受容度あるいは歓迎度を示すものであった。

　現地サイドからの取り組むべき課題として，３点を挙げることができる。その１は，現地従業員・スタッフの仕事価値観を把握して，そのなかから現状における問題をとらえ，確認しなければならない。領域項目に対する理解度・受容度の比率は，現地サイドの反応の直接的な表示と受け止めるべきである。

　その２は，個人の能力の活用体系化と多彩な教育訓練の実施。能力向上を目指した教育訓練は，ニーズに応える実践的活動であり，理解度を高めるうえでも有効であろう。従業員が自分の能力をどう高めるかについては，かなり関心をもって見ている。したがって，教育研修（現地，本社派遣）に伴うレベルアップが業務活動に反映するような場面をつくっていくならば，職場の雰囲気にもプラス波及してくる可能性はある。

　その３は，仕事成果と連動した処遇制度の運用と現地人材の有効活用を図ること。それぞれの仕事成果は，賃金・昇進・昇格などに反映させる方式を優先させるべきである。その際，信賞必罰のやり方が多くの共感を得ていることが確認されている。高い成果には高い処遇を，低い成果には低い処遇を進めることで，人事方針を明示することができる。同時に，現地人材の有効活用についての具体化が必要となっている。この課題対応は現地経営者の選定と権限委譲の問題も含めて考慮しなければならない。

(2) 日本・本社サイドが取り組むべき課題

　現地と本社の関係は，事業展開をめぐってしばしば問題が発生する。本社意向を優先させる経営姿勢の成否には，様々な要因がからんでいるが，これまで

の動きのなかで，この時点において配慮すべき取組みとして3つの観点がある。まず第1点は，現行の現地政策がどの程度適応し受容されているのか，的確にとらえる。第2点は，グローバル化進行に呼応させて現地に適応可能な制度・手法を検討し構想する。適応方式の具体化に取り組むことになるのかどうか，経営姿勢が問われる段階である。第3点は，当該企業の経営理念・経営目標をいっそう浸透させて理解度・受容度を高める企業努力が望まれるところである。

日本・本社サイドがどのように現状を改善し打開策を実施しょうとするのか。現地サイドへのリスク観を否定できない状態のままという事例もある。そうした場合の背景には，現地サイドと本社サイドにおける抱える問題の根深さも推察される。取り組むべき問題として今日の中国日系企業のもつ量的・質的の重要性から見るとき，経営文化領域においても従来路線の修正や重点移行を進めていく必要がある。そうした動きは，日系企業の経営展開における経営文化側面の位置づけを確実に表示するものとなるだろう。

では，現地サイドと日本・本社サイドの融合する方式の構築はできるのか。構築・設定にあたって，いわゆる〔ハイブリッド方式〕設定に向けた取り組み方を提示し，具体的に検討したい。

(3) ハイブリッド化方式による適応と運用をめぐる課題

さて，両サイドからの融合適応の経営意思のもとに〈ハイブリッド化方式による現地経営文化の運用〉は，日系企業の事業展開における経営活動の有効性を見るうえで，重要な位置と波及効果をもつ。海外での経営活動の成果をみる要件の1つとして，経営文化側面の現地受容度・現地歓迎度がどのようにとらえられているのかが，さらに関心を喚起することになるだろう。

では，現地サイドと日本・本社サイドによる融合適応としての方式は，どのような取組みが軸となるのか。3点が指摘できると考える。

① 当該企業の経営理念に基づく活動展開を推進して，その浸透を深めるという点。標榜する経営理念を全社的に周知し，その徹底を図ることが要件である。その浸透状況や理解度によって，経営姿勢，仕事態度が変わりうることを管理者，経営層は確認しておくべきであろう。

② 企業活動方式である制度や手法などの適応にあたって，受容度や歓迎度などについて社内各層から評価を得ることが必要である。その評価結果にともない，改善の実施，またリサーチなどの回数を増やして運用による有効度を正確に把握する。
③ 現地経営者との信頼関係を維持・醸成していくことは，現地経営の成否にかかわってくる。現地経営者（総経理）が現地人の場合，特に比重を増すことになる。現地・本社間の経営コミュニケーションは，必ずしも円滑でない事情のもとで改善に留意しなければならない。積極的な現地経営の推進のなかで，現地・本社の強い連携関係をつくっていくことを通じて現地経営文化の構築と定着が着実に進んでいくものと期待される。現地（ローカル）と本社（日本）の共栄関係を築くための基盤形成を最優先にすべきであろう。

4.5 中国日系企業の経営文化形成への対応提言

　海外日系企業，特に中国日系企業の今後は流動的要因を抱えているとはいえ，その推移動向は，わが国経済の情勢に大きな影響を及ぼすことは必至と受け止められる。グローバル化経済の進行のもとで，世界的不況をどう乗り越えていくか，その戦略対策の結果は，それぞれの国，産業，企業の経営状況に直結してくる情勢となった。

　前述における中国日系企業の動き，現地での日本的経営方式の適応度，それに伴う経営者，管理者，従業員の反応などを分析・検討するとき，事業活動をめぐる〔経営の場，部門管理の場，業務遂行の場〕での行動・感情のもつ比重に改めて考慮するわけである。制度，方式，手法などの適応をめぐって，どれくらい受け入れられているのか（理解度，受容度），着目するところであるが，いわゆる経営文化領域の重要性がクローズアップしてきたと見る。

　中国現地サイドと日本・本社サイドの間にある理解度・受容度の違いを認めながら，当該日系企業としての経営文化をどう形成していくのかが関心事とな

図表 4-8　中国日系企業における経営文化の形成・5つのステップ

第1ステップ	現状の経営・人事労務制度運用による浸透度・受容度の把握と確認を進める。
第2ステップ	現地日系企業における日本的経営文化につながる制度・手法の理解度・受容度を評価する。
第3ステップ	現状の理解度受容度の評価による要因分析と制度・手法運用の有効性を判定する。
第4ステップ	有効と評価した制度・手法の推進とともに，低い制度・手法の改善もしくは廃止を実施する。
第5ステップ	当該日系企業の経営理念・方針の理解，・浸透を徹底し，いわゆる日本型，いわゆる中国型制度・手法における共有領域の確認，調整を図り，現地経営文化としての形成と運用に取り組む。

ってきた。そこで，中国日系企業における経営文化を形成していくステップを図表4-8に提示する[9]。

ステップの進行は，それぞれの時点での状況を的確に把握して行うことが要件といえる。現状の制度・手法の把握・確認から共有の領域の確認・調整までには予期しない問題が提起されるかもしれない。そうした問題が経営文化領域であるならば，対応解決に向けた様々な反応，動きが当該日系企業の経営文化度を示すものになる。

中国市場での日系企業の活動展開のなかで，それを支える1つの側面的機能として経営文化が位置を形成しつつある段階と見ることができる。その際に，いわゆる〈ハイブリッド化方式による適応と運用〉がどれほど有効性を高めることができるのか，着目していきたいと考える[10]。

(注)
1) チャイナ・プラスワン戦略については，東アジア全体を見据えた経営戦略として検討点になるとの見解（真家陽一）が示されている（真家 [2004] 215頁）。
2) 現地法人の競争力の源泉として選定された主要項目（ジェトロ「在アジア日系製造業経営実態調査」2002年度）。
3) 国際協力銀行「我が国製造企業の海外事業添加に関する調査・2007年海外直接投資アンケート調査結果（第19回）」では，インド，ベトナム，タイについて有望理由と課題

をまとめている。
4) 2009年3月にタイ日系企業の経営活動について現地取材。タイ進出の日本自動車メーカー（トヨタ，ホンダ，日産，三菱など）が協力して，自動車技術関連分野の技術研修を実施。同国の自動車技術レベルの向上に有益な機会となった旨，関係者が表明していた。
5) 小論での〔3〕における調査分析は，先行研究としての市村編著［1998］のうち，第1章・市村真一（日本企業の海外進出と日本的経営の変容）2～22頁を対象にしている。調査結果についての言及は筆者による。
6) 東レにおける海外事業，人材管理の展開については，山本［2006］より引用，参考にして集約している。
7) ORC活動フォーラム「北東アジア海外企業と人材交流」では，当面する中国日系企業の動向について論議を進めた。経営文化をめぐって現地スタッフや従業員と日本企業・本社とのギャップ問題が関心を喚起した。同フォーラムは，大連工業大学の後援のもとで日本側からNPO法人日本海国際交流センター・古賀克己理事長，金沢星稜大学・藤井一二特任教授，筆者らが参加して報告。中国側から王薇教授（日韓企業経済研究所長），東芝大連・呉建新上級部長らが参加して報告・交流した。
8) 梅澤正は，企業文化論という新しい角度から論及しており，3つのキー・ワードとしての視点を提示している（梅澤［1990］199頁）。
9) 本章での〈中国日系企業における経営文化の形成・5つのステップ〉は，これまでの先行研究および取材，調査などによる集約から筆者の構想提案による
10) 本章は，『松蔭大学紀要』（第13号）〈2010年3月〉所収論文「中国日系企業の事業展開と経営文化の位置」を加筆したものである。

第5章

中国日系中小企業の活動推移と今後の対応

　日本企業における対中国への進出，その経営行動は，国際化時代からグローバル化進行のなかで，いっそう重要度を加えてきた。これまで対中国直接投資にみられる3つのブーム（第1次・80年代後半，第2次・90年代半ば，第3次・2000年代初期）は，両国にわたる経済・経営情勢への積極的対応と捉えることができる[1]。つまり，進出する側と受け入れる側の態勢が整備されつつあったことを表示したものであった。今日における経済的・経営的側面を通じて進行する関係は，相互に重大な影響をもつ段階にきているといえよう。

　かつて80年代の生産拠点づくりとしての進出意図から発展して，現在の生・販併行型へと重点移行していることは，両国の経済・経営場面における量的拡大を物語っている。そうした情勢のなかで，日本の中小企業が中国へと向けた積極的な経営行動を進め，国際競走のもとで中国現地での経営基盤の拡充に傾注している。進出のパターンは，それぞれの中小企業による違いはあるけれども，進出のメリットを確保し，さらなる発展を期したいという意図は，共通のものであろう。

　本章では，中国日系企業の大企業に比べて，中小企業はどのような展開状況で行動しているのか。その実態について先行調査結果をベースにして分析・考察するとともに，中国日系中小企業の特性的動向（地域性からの実態把握）を検討しょうとするものである。経営行動は，常に変化を伴う。そのなかで，成功している日系中小企業の要因を探るとともに，現地中国における今後の対応行動についても，多面的に考察する。

5.1 中国進出の日系中小企業が当面する経営課題

　中国進出における日系企業の動向を分析するにあたって，特に日系中小企業の経営展開は，これまでの活動推移を分析していくとともに，同時にこれからの活動展開についても考察していくべき領域ととらえる。大企業の動きと競争・協調の2面性を維持しつつ行動してきた。中小企業としての技術，品質，サービスなどの強みをどう形成し，弱みをいかにして補強してきたかの観点から，問題と対応の実態について検討していくことが，今日の日系中小企業の位置づけと活動課題を明らかにするうえで意味をもつものと考える。

　情勢の激動するこの時期における日本企業にとって，海外進出メリットを追求し，具体的な成果の把握を確認することが重要な時期になっている。中国への進出地域の集中度については，80年代の華南から90年代・2000年代の華東へ，さらに東北地域に広がっている。そうした動きを『海外展開中小企業実態調査』〈中国展開企業の課題と今後の展望〉（平成16年・2004）から概観し考察することにした[2]。

5.1.1 経営全般・業務環境に関連する現状の課題

　それぞれの中小企業が中国を目指した経営行動の背景には，市場はすでにかつての生産拠点型としての位置から生産・販売併行型へと主流移行が顕在化してきたことを確認しておかなければならない。調査時点の平成16年（2004）は，日本企業の対中国設備投資の第3ブームの直後であり，市場への期待感が高い時期であったといえる。当面の課題として，比重を占めている項目は，①電力のコストや安定供給（64％），②収益力の強化（48％），③税制度の解釈，適用，改訂への対応（44％），④中国の地場企業との競争（40％）である（図表5-1）。電力不足への懸念が依然として強かったことを示しており，進出による最大の指標としての収益力の強化も大きな課題となっている。進出大企業においての業績評価については，一定の収益を確保していることが表明されている

図表5-1 経営全般・業務環境に関連する課題,現在の課題　N = 182
(MA)

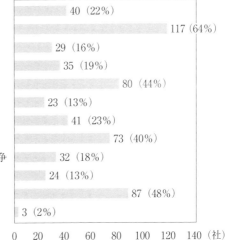

1．港湾,空港,高速道路などの広域物流基盤　40（22%）
2．電力のコストや安定供給　117（64%）
3．工業用水,廃水処理などのインフラ　29（16%）
4．発注契約の確実性（契約遵守など）　35（19%）
5．税制度の解釈,適用,改訂への対応　80（44%）
6．操業に関する適用法制　23（13%）
7．日系現地企業との競争　41（23%）
8．中国地場企業との競争　73（40%）
9．外国系企業との競争,輸入品との競争　32（18%）
10．特許,著作権など知的財産の管理　24（13%）
11．収益力の強化　87（48%）
12．その他　3（2%）

（資料）「海外展開中小企業実態調査（平成16年度）」中小企業基盤整備機構,51頁。

が,進出中小企業はどこまでその状況に呼応できるのか,問われるところであろう。特に,行政当局との折衝,調整をめぐる問題は,継続しており,税制度の解釈,適用,改訂への対応は,日系企業にとって今後も厳しい場面が出てくることが予想される。

企業間競争の範囲は,拡大しつつある。現地中国企業との競争に加えて,外資系企業との競争を乗り越えていかなければならない。同時に,日系現地企業との競争も激化している。このように日系現地中小企業は,外資系,中国系そして日系企業との競争の中に位置しているのである。

5.1.2　人的資源管理としての人事・労務の課題

競争激化の市場においては,当該企業に経営力の強度がポジションを決めることになる。企業の経営力を支える基盤となる人的資源管理の状況はどうかについて,ここで追及しておくこと必要があろう。

同調査では,人的資源管理の側面としての「人事・労務に関する課題」（図表

5-2）については，現在の課題の主要項目を次の通り提示している。

① 質の高いマネジメント層の確保（62%）
② 質の高い現場労働力の確保（57%）
③ 質の高い現地技術者，エンジニアの確保（52%）
④ 現場労働者の賃金水準の上昇（49%）
⑤ 経営管理の現地化〈社員派遣によるコストアップ〉（43%）

現地日系中小企業の当面する人的資源管理の課題は，共通した側面（質の高さ）を指摘している。こうした課題認識から推測するならば，厳しい「人」の問題に直面しながら，日常業務を進めているといえよう。人材不足，現場要員不足の実態は，現地日系中小企業にとって，共通の様相となっている。

人材としての現地におけるマネジメント層，技術者，エンジニアの確保は，経営人材の現地化をめぐる主要な問題であって，日系企業にみられる一様の課題である。いかにして，現地の人材を確保・活用していくかが問われてきた。80年代，90年代，今日に至る課題となっていることに留意したい。この問題

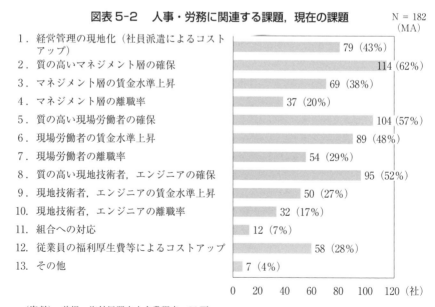

図表 5-2　人事・労務に関連する課題，現在の課題　N = 182（MA）

1. 経営管理の現地化（社員派遣によるコストアップ）　79（43%）
2. 質の高いマネジメント層の確保　114（62%）
3. マネジメント層の賃金水準上昇　69（38%）
4. マネジメント層の離職率　37（20%）
5. 質の高い現場労働者の確保　104（57%）
6. 現場労働者の賃金水準上昇　89（48%）
7. 現場労働者の離職率　54（29%）
8. 質の高い現地技術者，エンジニアの確保　95（52%）
9. 現地技術者，エンジニアの賃金水準上昇　50（27%）
10. 現地技術者，エンジニアの離職率　32（17%）
11. 組合への対応　12（7%）
12. 従業員の福利厚生費等によるコストアップ　58（28%）
13. その他　7（4%）

（資料）　前掲・海外展開中小企業調査，26頁。

は，経営管理の現地化と関連をもっており，現地サイド，日本本社サイドの両面から現状分析と適応対策を講じなければならない。中小企業においては，社員派遣によるコストアップが挙げられている点が，大企業に見られる現象とは異なる。

　大企業レベルで常に問題とされるのは，〈現地経営者（総経理）にどこまで権限を委譲するか〉という側面である。派遣に伴うコストの問題よりも，現地経営者の経営担当責任範囲，実施するための権限範囲が重要な検討点となっている。したがって，現地日系中小企業の人的資源管理においても，その比重は大きい。日系中小企業も規模の枠を超えてグローバル化の経営視点に立ち大胆な適応態勢の確立と運用を図らなければ，企業間競争の舞台から退かざるを得なくなる。1つには，現地人材の有効活用が成功へのステップとなる。他方，賃金上昇についても一定の高い比率が示されている。90年代からの驚異的な高度成長は，沿海部さらに東北地域の従業員賃金を確実に上昇させている。そのテンポは，地域，業種を超えて拡大しつつあり，調査時点（2004年）以降も上昇傾向は変わりない。欧米系外資企業の賃金額に比べて低いとみなされてきた日系企業の賃金制度は，制度運用，処遇などを改定・調整する時期にきている。

　こうした対策姿勢は，日系大企業のみでなく日系中小企業にとって取り組むべき共通事項であると考える。

5.1.3　販売・営業活動における当面の課題

　生・販併行型の経営展開によって，モノづくり，モノを売る活動が市場において激化しているが，そこでの課題も多様となっている（図表5-3）。

　日系中小企業の当面する主要課題のうち，「現地での販売先の確保」「販売先からの売掛金の回収率」をどうするかが目立つ。こうした課題は，日系大企業においてもみられる現象であるといえる。現地で生産し，現地で販売する動きは，着実に広がっており，いかにして現地市場を確保し拡大していくかに重点を置いた取り組みである。その際，日系中小企業においても，販売・営業情報を収集し，現地ネットワークを軸にした活動を推進している段階であり，いま

図表 5-3 販売・営業に関連する課題,現在の課題

N = 102 (NA)

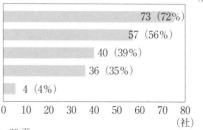

1．現地での販売先の確保　　　　　73（72%）
2．販売先からの売掛金の回収率　　57（56%）
3．販売・営業に関する情報入手　　40（39%）
4．良質な物流サービスの確保　　　36（35%）
5．その他　　　　　　　　　　　　 4（4%）

（資料）　前掲・海外展開中小企業調査,39頁。

の動きを過去と比べて変化がないという認識が約70%という実態である。ただ,将来へ向けて改善の手ごたえをもっている企業も存在しているのは対策の前進といえる。一方で,売掛金回収の問題が示されているが,日系企業にとっては,これまでも多く経験してきた事態である。その内容の中には,販売先が中国の国営企業や地場産業の場合に生じていることも指摘されているので,販売手続き,手法など慎重な準備が必要となる。

　これから比重を加えるのは「販売,営業に関する情報入手」と「良質な物流サービスの確保」であろう。〈必要な情報の収集→情報内容の選別→選別情報の有効活用〉は,経営活動にとっての基本要素となっている。必要な経営情報の運用は,当面の問題処理,今後の対策設定にも役立つ。

5.1.4　生産・技術活動の現状と課題

　日本企業の持つ強みとしての技術・品質は,まさにグローバル化の企業競争において優位性を保持してきたことは広く認められるところであろう。したがって,海外進出にあたっての現地生産では,モノづくりにおいて技術・品質レベルの安定性を重視し,さらなる改善進化を推進してきた。そうした不断の企業努力が内外からモノづくりに対する信頼を確保してきたといえる。積極的な技術移転の働きかけ,支援態勢も高技術・高品質のための経営意思と理解できる。

日系中小企業が生産・技術分野が当面する課題として,次の5点が挙げられている (図表5-4)。

① 現地製造品の品質 (83%)
② 生産コスト (64%)
③ 生産工程の効率化,製造時間の短縮 (57%)
④ 現地での調達先の確保 (55%)
⑤ 納期 (44%)

現地製造品の品質に関する課題提示の意味は,技術面,製造面の問題がまだ多く残されていることを内示していること。モノづくりの精度を上昇させるためにそれぞれ対策が講じられているが,生産現場の改善取り組みや従業員の研修によっても具体化している。将来にわたる安定した技術・品質を維持していくための体制作りは,日系中小企業にとって重要な課題である。

また,生産コストの課題にも,留意しておかなければならない。生産コストの上昇を抑制するためにも,生産工程の効率化や製造時間の短縮を計画的に進めていくことが要請される。生産コストの騰勢は,人件費上昇と連動しており,原材料の高騰も作用している。生産工程の改善については,機械化の導入,日本からのコンサルティングによる問題解決も行われている。調査から生産コストの変化の割合をみると,国内コストと比較した場合,中国の日系中小企業においてコスト増加企業が約30%,他方,50%以下低減した企業は15%,4分の位程度の低減企業は24%,4分の1未満の低減企業は24%となっている。総

図表5-4 生産・技術に関連する課題,現在の課題　N = 162 (NA)

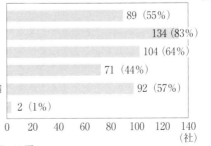

1. 現地での調達先の確保	89 (55%)
2. 現地製造品の品質	134 (83%)
3. 生産コスト	104 (64%)
4. 納期	71 (44%)
5. 生産工程の効率化・製造時間の短縮	92 (57%)
6. その他	2 (1%)

(資料) 前掲・海外展開中小企業調査,44頁。

体的に中国進出の効果は出ていると見ることができる。

やはり，日系中小企業にとっての競争力形成の観点からは，当面の課題に取組みながら〈品質〉〈技術〉〈コスト〉問題への対応に早急に着手すべきであろう。

5.1.5 移転・撤退の動きとその要因

新しい市場としての発展を期する中国進出の日系中小企業の動きも，様々な経営展開を見せている。当面する経営問題の打開を図る対策実施も全面的に効果を上げている状況ではない。問題をさらに大きくして，乗り越えていく目途が立たない日系中小企業は少なくない。進出前の準備段階で想定した動きとは，異なる場面となっている事例もある。進出中小企業が抱える問題は，それぞれの事情に起因するものであるが，中国現地からの移転・撤退の理由として，主要項目として以下が挙げられている（図表5-5）。

① 生産・品質管理が困難（27.7％）
② 生産コストの上昇（25.5％）
③ 現地マネジメント人材不足（29.8％）
④ 現地パートナーとのトラブル（27.7％）

上記項目のほかに「受注先，販売先の確保が困難」「財務管理が困難」「日本本社の事業戦略の変更」も一定の比率となっている。

経営行動としてみるとき，進出あるいは撤退はあり得る。現地経営環境の激動は，進出日系企業にとって経営戦略の修正を余儀なくさせることになる。こうした情勢展開は，当然予想されたことであって，いかにすばやい適応態勢と実践を進めたかが問われる場面でもある。激動の続く国際経営環境において〈移転・撤退〉の行動もまた経営意思の表明となるわけである。海外進出の日系中小企業の経営行動にみられる移転・撤退は，重要な意味をもつ。進出あるいは撤退も，そのタイミングが当該企業力を直撃することになる。

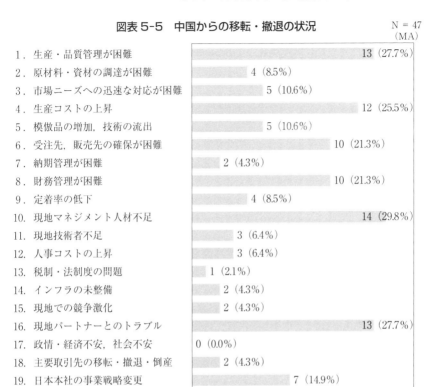

図表5-5 中国からの移転・撤退の状況　　N = 47 (MA)

1. 生産・品質管理が困難　13 (27.7%)
2. 原材料・資材の調達が困難　4 (8.5%)
3. 市場ニーズへの迅速な対応が困難　5 (10.6%)
4. 生産コストの上昇　12 (25.5%)
5. 模倣品の増加，技術の流出　5 (10.6%)
6. 受注先，販売先の確保が困難　10 (21.3%)
7. 納期管理が困難　2 (4.3%)
8. 財務管理が困難　10 (21.3%)
9. 定着率の低下　4 (8.5%)
10. 現地マネジメント人材不足　14 (29.8%)
11. 現地技術者不足　3 (6.4%)
12. 人事コストの上昇　3 (6.4%)
13. 税制・法制度の問題　1 (2.1%)
14. インフラの未整備　2 (4.3%)
15. 現地での競争激化　2 (4.3%)
16. 現地パートナーとのトラブル　13 (27.7%)
17. 政情・経済不安，社会不安　0 (0.0%)
18. 主要取引先の移転・撤退・倒産　2 (4.3%)
19. 日本本社の事業戦略変更　7 (14.9%)

(資料) 前掲・海外展開中小企業調査，91頁。

(1) 当該日系中小企業の経営意思をどう伝達・徹底させるか

中小企業の海外展開では，現地マネジメントを推進する人材をどう確保するかが企業盛衰のカギになり得る。現地マネジメントの人材不足問題は，今後に継続されていくものと思われる。海外活動の比重が加わることを想定する際，本社サイドにおける現地経営者（総経理）の確保・育成にいっそう重点を置かなければならないと考える。同時に，そこでは，本社サイドで計画的に育成の機会・プログラムを設定していくことが必要となろう。中小企業だからその教育コストは高すぎる，という見解が示されるかもしれない。そうした見解は早計ではないだろうか。経営行動は，戦略・方針に基づいて推進されるものであり，その成功を期するわけである。進出のメリットを把握し業績に直結させる

ためには，適任となる経営者（総経理）を形成することが要件である。当該企業にとって，ふさわしい経営者づくりについて，本格的な準備と実行の段階にきていると理解する。

大企業では，現地からの派遣による本社研修を通じてビジネス能力の向上とともに，当該企業の経営理念，経営文化，経営技術，経営知識について十分に理解し吸収していく機会となる。中小企業にとって，当該中小企業がどのように本社の経営意思を伝達することができるかの課題は，独自で行う場合，関係する大企業に加わり行う場合などがある。研修は，常に座学方式であるわけでなく，多様な方法，様式から構成することも必要であろう。

(2) 現地マネジメントの人材不足をどう補強するか

この調査に表示された実態から「生産・品質管理が困難」「現地パートナーとのトラブル」の項目について，改めて検討を加えなければならない。コスト削減のメリットを追求して進出した日系中小企業において，共通する問題が上記2項目であると推察される。

製造・生産部門での体制を整えることの難しさを示したものと受け止めるが，製品における品質レベルが一定基準を満たすことができないという状況。したがって，生産コストの目標値を維持できない場合がしばしば繰り返される。生産・品質管理が困難であるとすれば，経営状況の停滞を招くことになる。また，パートナーとの信頼関係はどうか。両者間の信頼関係の成立によって経営活動は進展していくわけで，そうでない実態とすれば，トラブルの発生することは容易に予想できるところである。日系中小企業にとっては，こうした実態の原因分析を進め，明確に対処していくことが存続・発展につなげていく過程であると受け止める。

5.1.6　直接投資の狙いとこれからの経営視点

日系中小企業にみられる直接投資への動きは，概して堅調であるといえる。中国市場に対する第3の波（2000年代初期）は，日本企業の高い投資意欲を表

示したが，その狙い比重は一様のものではない。

　調査時点（2006年6月）で重要であるとする直接投資の狙いや背景が，経済情勢，経営環境の推移の中で変化してきているが，そうした動きを概観して日系中小企業のもつ経営姿勢の形態を考察する。

　直接投資の狙いとして高い比率を示しているのは，①人件費の低減，②取引関係の維持，③部材調達によるコスト減，④日系の取引企業の拡大，⑤現地市場の開拓，であった。かつての第1波（80年代後半），第2波（90年代半ば）の流れに呼応した中国進出への歩調をうかがうとき，日系中小企業にとっては重点項目「人件費の低減」となって維持していることに注目したい。つまり，人件費の抑制に対する中小企業サイドの強い対策ニーズが読み取れるのである。日系大企業では，「新市場の開拓」に重点移行の動きが台頭しつつある。「部材調達によるコスト減」の高比率も，モノの面における強い取組み姿勢を示している。いかにしてコストダウンを促進し，市場での競争力を確保するかに傾注していることを物語っている。絶えることなく，日系中小企業がコストダウン成果に配慮しながら，経営成長を期しているのであり，「日系の取引先企業の拡大」に直結させようとの意図が推察できる。

　こうした日系中小企業の海外投資（対中国）にはリスクを伴うことは避けられないが，それに踏み切った背景には，どのような国内要因が存在していたのだろうか。3つの主要な点を挙げている。

　第1は，コスト削減の限界。日本国内でのコスト削減による実利確保は難しく，限界に来たとの判断によるものと推察される。原材料などモノの騰勢があり，日こののじょう本国内のヒトの賃金は依然として海外と比べておおむね高い水準を維持している。この状況を打開していく手法の1つが海外進出であり，中国での生産拠点づくりであった。第2には，国内市場の縮小，競争激化が挙げられている。国内での売り上げが停滞したまま，今後への見通しも厳しいなかで，業界における競争，海外からの圧力がいっそう事態の深刻さを予想させる。そうした動きを受け止めて，市場開拓を目指して海外への事業展開の新しい経営基地づくりに踏み切ったと思われる。第3には，人材確保の困難である。経営活動における人材の問題は，組織活動の基盤となる人材形成に最重点を置

くことになる。当該企業にふさわしい人材確保・育成・活用の場面設定をどう体系化させていくかについて，従来の考え方や対策に再検討を進めなければならない。日系中小企業において，乗り越えるべき問題であり，その成否が進出成果に大きく影響してくると思われる。今後の中国市場でのヒトとモノをめぐる市場騰勢は続くものと見なければならない。進出日系企業にとっての経営環境は，厳しさが加わることが予想される。現在までの取り組み努力をさらに前進させていく経営行動が，とりわけ日系中小企業に問われることは必至の情勢となっている。「取引先の維持」や「日系取引先企業との取引拡大」の狙いは，どう推移していくのか。中国現地での企業間競争のなかで，経営戦略を立て直すことも視野に入れておく必要が高まってきた。

(1) 中国からの移転・撤退をめぐる動き

経営状況において厳しさが予想される今後の方向として，日系中小企業のなかに移転・撤退を具体化する段階の企業も出ている。その主な理由として4点が挙げられている（前掲の図表5-5）。

① 現地マネジメント人材不足
② 現地パートナーとのトラブル
③ 生産品質管理が困難
④ 生産コストの上昇

上記の点は，中国現地での経営展開の難しさを物語っている。当面している問題の1つは，現地での調達，現地人材の確保・定着，現地企業との提携など現地を対象場面とする様々な態様である。こうした問題が依然として解決のめどが立たないまま推移してきた事例もある。人材確保が難しい，生産コストも予定を超えている，賃金も騰勢が続いているなどの動きは，進出のデメリットを顕在化させてくる。現状打開としての移転あるいは撤退も視野に入れて取り組む日系中小企業が増えてくるのは避けられないだろう。かもしれない。比重の加わる課題となってくることも予想しなければならないだろう。

これまで経営の海外展開に当たっては，常に進出先における競争力形成の方策設定とその実施効果に重点が置かれてきた。積極的な経営姿勢を海外に向け

ての具体的な経営行動として捉えてきたといえる。国内における活動範囲の限界，人件費の高騰，技術移転に伴う品質管理の保証など，情勢変化に呼応しょうとする経営意思は，大企業，中小企業にまで及んでいたと見る。海外進出のメリットの追求は，長期的展望に立つとの観点から，当面の問題処理，早急な対応行動を取るというニーズに後れをとった事例も見聞された。そうした海外（中国）での動きも，今まで全体像としての活況を維持してきたが，最近の状況は，停滞要素を多くかかえており，進出―現状打開―安定業績の流れをこのまま維持していくのは，相当の困難を伴うものと受け止められる。

(2) 日本本社の事業戦略との関係

調査に表れた移転・撤退状況のなかで「人」「技術」の問題を超えて〈日本本社の事業戦略変更〉が多くないけれども，一定の比率をもっているのは，注目されるところである。情勢の変化は，経営行動の変更を促す場面となる。変化への適応態勢をどう整えるのか。今後本社サイドの判断や意思決定は，必要に応じて修正し転換していく方向を予期させる。

その具体的な動きが，移転あるいは撤退の形態となって進行していく。現状分析の上，将来に向けての進出メリットが期待できないとなれば，移転や撤退によって新しい活路を求めることになるわけで，そうした行動も確たる経営戦略とみなされる。移転や撤退によるデメリットの抑制が明らかとなれば，移転・撤退戦略が重要性を増してくるに違いない。

日系中小企業も，日系大企業に準拠して生・販併行型により成功を収めてきたところもあったが，これからも維持できるか。現地人材の確保，また十注先，販売先の確保が難しいという調査結果には，対応行動の転換を推し進める素因がある。他方，生産コストの上昇は，引き続いて取り組まなくてはならない問題である。生・販併行型を存続させていくためにも，生産コストの再点検の時期にきていると見る。

5.2 地域性による日系中小企業の経営展開の特性

これまで中国における日系中小企業の経営活動について動向実態とその課題を分析して考察してきた。そこで，日系中小企業のうち進出元地域（日本国内）サイドからの現状，活動をめぐる反応という角度から，その状況特性について把握することにする。その検討のベースとなったのは，『中国日系企業の経営行動と北陸地域企業の対応』(2005・2006 金沢星稜大学海外共同研究）である[3]。同研究では，北陸地域（石川・富山・福井）及び新潟県下から中国に進出した中小企業活動を対象にしている。ここでいう地域性の領域的意味は，上記の北陸3県と新潟県において，海外（中国）に進出展開している中小企業を指したものである。

同地域における中国進出の動きは，90年代，00年代へとしだいに活発な展開を見せてきたが，それぞれの時点で行政機関や経済団体，業界などの前向きな対応も進出にあたっての後援態勢となったといえよう。

5.2.1 経営戦略の重点からみた動向的特性

(1) 当面する経営戦略の重点

日系中小企業は，経営戦略の重点をどこに置いているのか。その経営姿勢から特徴的動向をさぐることにしたい。

調査時点では，明らかに中国市場をめぐる外資系，国内系企業の激しい競争の中で，それぞれに重視する戦略比重を示しているが，現在（2006年時点）における実態について着目する。比率の高い項目を挙げてみよう（図表5-6）。

① 生産技術力の強化（60%）
② 販売・サービスの強化（47.5%）
③ コストダウンの促進（42.5%）
④ 生産分野の新技術移転（37.5%）
⑤ 新市場の開拓（32.5%）

コストダウンの促進は，80年代，90年代，さらに21世紀前期（2000年代）へと海外日系企業の最重点戦略として位置付けられてきた。日本企業にとっての競争優位の確立基盤は，いかにしてコストダウンを実行できるかにあったといえよう。そうした姿勢は，連綿と継承されている。同調査においても，高い比率を示している。日系中小企業として「生産技術力の強化」「販売・サービスの強化」に比重が加わっているのは，より強い競争力形成をめざしているものと受け止めることができる。すなわち，機械業種や繊維業種が進出比率の高い北陸地域企業では，〈優れた技術〉〈行き届いたサービス〉を重視して，他の企業，他の業種との違いを鮮明にし，そこに競争力の優位を保持しょうという意思がうかがえる。地域性をこうした意思として反映したものと読み取れる。

生産面での高い技術力，販売面での高い販売・サービス力を重視した経営姿

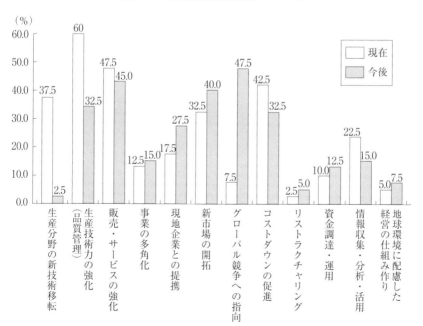

図表5-6　経営戦略重点項目（複数回答）

（出所）「中国日系企業の経営行動と北陸地域企業の対応」（2005・2006年度報告書金沢星稜大学経済研究所（2006年3月）96頁。

勢となっている。品質において優れていることが，これまで市場から強い信頼を得てきた。顧客，取引先，地域などからの信頼に応えることによって，それぞれの日系企業がポジションを維持してきたわけである。日系中小企業も，日系大企業に比肩できるような製品生産，市場販売・サービスを進めていかなければならない。

さらに，こうした高品質を保ち，管理していくには，絶えざる技術高度化への取り組みが必須要件であって，新しい技術移転について中小企業レベルで積極的に推進している状況が裏付けられた。

他面，技術移転をめぐっての問題も，現地・日本本社間で提起される動きは，少なくないけれども，当面は，技術移転によるプラス面を肯定する形となっている。新市場の開拓も，しだいに比率を高めてきている。海外市場を開拓する，海外市場の販売拠点にするなどの対応は，日系中小企業にとって，経営活路を切り開いていくものであって，今後の当該企業力形成のカギとなりうる。

現在の日系中小企業段階としては，地球環境と経営行動の関連，事業の多角化はまだ低い比率となっているが，当面の経営活動において留意しておくべき戦略領域であると推察される。

(2) 今後の経営戦略の重点

経営環境の変動に適応していく経営戦略の設定・実行が，いま一様に要請されている。日系中小企業は，今後の経営戦略の重点をどこに置くのか。高比率項目を挙げてみよう（前掲図表5-6）。

① グローバル競争への指向（47.5％）
② 販売・サービスの強化（47.5％）
③ 新市場の開拓（40％）
④ 生産技術力の強化（35％）
⑤ コストダウンの促進（32.5％）

こうした項目比率からは，日系中小企業の現地市場における販売・サービス活動の強化重点が注目される。同時に，今日の経営時代に呼応して経営展開を図ろうとする企業意思が〈グローバル競争への指向〉となって，クローズアッ

プされた。この指向は，地域性を超える日系中小企業にとって共通の認識となっている。経営を取り巻く環境は，常に変化し，ニーズを多様化させている。当該企業にとって，小規模であることがマイナスでなく，プラスに作用させていく経営展開を準備し実行させていかなければならない。

海外市場としての中国現地で推進する経営行動は，90年代から継続してきた行動様式，戦略指向がこれまでのように通用するのかどうかについて再検討の時期になりつつある。近い将来において成長発展か―，現状維持か―，移転・撤退か―の状況に迫られることも予期して最適対応を図らなければならないと考える。

5.2.2　人事管理の重点からみた動向的特性

人的資源管理において，北陸地域日系中小企業は，当面の重点策（管理者教育，賃金管理，現地人材の登用・活用）から今後の最重点比率として〈現地人材の登用・活用〉を提示している。現地人材の登用・活用不足の深刻さを受け止めて，動き出した姿勢を示したのであろうか。現行運用体制の打開を具体化していかなければならない。打開というのは，大企業はできても中小企業は難しいとする発想は，経営の停滞，競争における敗勢を早めることにつながっていく。反面，賃金管理の比率が低くなったのは，地域性の面からみて関心を呼ぶところである。目標管理の一定比率は，日系大企業とともに日系中小企業としても，管理の歩調を整えているものと推察できる。

（1）　人的資源を高めることへの明確な経営姿勢

人的資源管理領域にかかわる人事管理では，日系中小企業における重視対策として，次のように挙げられている（次頁の図表5-7）。

① 管理者教育（50％）
② 賃金管理（47.5％）
③ 現地人材の登用・活用（42.5％）
④ 目標管理（30％）

⑤　一般職層教育（30％）

　人的資源をいかに高めていくか，の経営姿勢を読み取ることができる。管理者教育は，優れた管理者の活動によって，業務遂行度，遂行成果度を高めていきたいとの意向が表示されている。管理者行動は，職場や組織活動に大きな影響を波及させることになる。したがって，その対象となる管理者層の資質向上と役割認識を習得させる手法を実施している。問題は，現地管理者にどれだけ権限を委譲するかにかかっているが，それぞれの日系企業で整備されているとは言い難い。有能な管理者の輩出は，組織活動を活性化につながる。賃金管理がかなり高い比率となっているのは，経済高度成長による賃金上昇との関連を示すもので，かつての〈安い人件費〉を中国進出の理由とした事情は大きく様変わりした。確実に賃金は上昇基調をとることになると予測される。そこで，現行の賃金制度の見直しや改定措置に取り組む動きとなっているのであろう。

図表5-7　人事管理重点項目（複数回答）

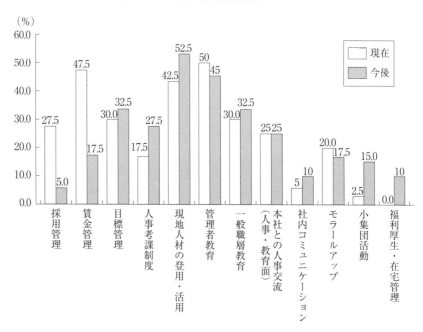

（出所）　前掲・中国日系企業調査，99頁。

同調査に表れた「現地人材の登用・活用」の高比率は，いよいよ日系中小企業において，現地人材に対する問題の緊要性が認識されてきたことを示すものと受け止めたい。現地人材の確保と活用は，日系企業において共通の課題である。〈ヒトの現地化〉をいかに具体化し，経営活動に直結させていくか，現地スタッフ・現地経営者（総経理）と本社（海外部門長）が取り組まなければならない。

さて，目標管理の導入は，日系大企業において広がりをもっている。それぞれに従業員が担当遂行すべき目標を確認し，その達成を目指して各人が取り組む。その目標を達成した場合，処遇に結び付けていく制度である。業務遂行度―遂行度評価によって，目標管理の運用は従業員各人に納得を得られるところが多いとされる。日系中小企業においても，一定の導入比率をもっているのは，制度運用のメリットが理解されていることを示したものと推察される。

(2) 今後の比重項目としての現地人材の登用・活用

現地において，従業員確保，現地人材の採用・活用は今後の重点項目であり，管理者教育も引き続いて重視されている。これに対して，賃金管理の比率が低下している点が目立つ。重点上位項目を挙げてみる（前掲の図表5-7）。

① 現地人材の登用・活用（52.5％）
② 管理者教育（45％）
③ 目標管理（32.5％）
④ 一般職層教育（32.5％）
⑤ 人事考課制度（27.5％）

上記比率からは，人事考課制度の動きに着目する。従業員の職務行動を評価して処遇に結びつける方式として人事考課制度を運用することになるが，遂行度，成果度などを明確に提示することが大切との観点から，大企業に準じて制度導入，運用を進める意図が示されている。小集団活動も，日系大企業で普及しており，日系中小企業にも波及しつつあることが示された。一方，賃金管理比率の低下現象については，今後の賃金上昇が予想されるとき，賃金管理の比重はさらに加わることになろう。また，一定の比率となっている本社との人事

交流は，研修機会を含めて，さらなる機会設定が望まれる。現地人材による本社研修の受講感想には，研修による業務能力の習得と共に当該企業の経営をめぐる制度などへの理解できることに対して，好評であることに着目しておきたい。

5.2.3 現地経営環境の問題点

　経営活動の進展にとって，どのような経営環境となっているかは大きな影響をもつ。経営活動をめぐる環境の要素は，企業内外の状況，情勢を織り込んで成立している。ここでいう現地とは，沿長江（華東地域）を主としたものであり，企業進出にあたって同地域における日系中小企業の集中度の高さがうかがえる。

　2006年6月の時点で，直面する現地経営の問題点として高い比率を表示しているのが，①政府機関との関係（45％），②製品・サービスの生産・品質管理（35％），③原材料・部品の現地調達の困難（30％）となっている（図表5-8）。政府・行政当局機関との間でクローズアップされる問題点は，これまでも常に指摘されてきたところであり，その比重の高さは変わっていないことが同調査においても明らかとなった。今後も引き続いていくものと予想されるだけに，日系企業としては懸念材料を抱えたままの状態といえよう。また，企業内部における生産体制の整備という点では，品質管理の徹底は，企業競争力を確立するうえでも，不可欠である。日系中小企業の経営姿勢を明示するとともに，現地調達をめぐる困難性も大きな問題となっていることがわかる。全体的には，現地調達率のゆるやかな上昇傾向は認められるが，現地日系中小企業にとっては，大企業にみられるような比率は確保できないという状況かもしれない。

　21世紀に入って中国現地では，大企業，中小企業も生産・販売の併行による経営展開になっている。いわゆる"生・販併行型"をどう定着させ成長させていくのか，企業競争力を問われる1つの分岐点をむかえているが，同調査でも，販売競争の激化の現象が高い比率となって表れている。日系中小企業にとって，販売競争の相手は2つの形態をもっており，現地中国系企業，さらには外資系

企業である。こうした企業との間で激烈な販売競争を展開している。日系中小企業のなかで，市場での競争に勝ち残るための対策，経営戦略の設計・実施が急務となっていることに留意しておかなければならない。

他方，新しい世紀を迎えた中国市場の沿海部は，波乱要因を抱えながら，まだ高度成長の歩調を緩めていない。北京オリンピックの後の反動がどのように推移していくのか，予断を許さないが，日系企業の人的資源管理の問題は，大企業，中小企業も共通した側面をもっている。それは，調査に表明された通り，経営環境をめぐる問題点項目として，採用・定着について，従業員教育について，賃金上昇について挙げられており，具体的な改定措置を設定することが必要となってきている。

図表5-8　現地経営環境の問題点（複数回答）

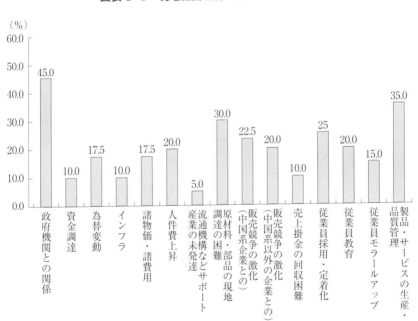

（出所）　前掲・中国日系企業調査，106頁。

（1） 従業員教育としての5Sの重要性への確認

人材を確保するためには，賃金制度は現行のままでいいのか〈能力成果反映に直結した体系づくりへの着手〉。従業員教育としての5S〈整理，整頓，清潔，清掃，しつけ〉の実施で十分か。経営意思と現地スタッフ，従業員を直結する手法〈経営方針・経営情報の全社的伝達の徹底〉を改めて点検することが強く望まれる。

地域性の観点からは，形式化してきた5S教育の重要性を再確認して，経営方式への理解の場として，活用していくことが必要であろう。現地日系中小企業における従業員の仕事意識に直接呼びかける場の設定，そこに地域性のもつ特色を結び付けていくことが望まれる。

現行制度の見直し改善にあたっては，積極的に取り組み，広報していくことが大切となる。そこでは，現地人材の育成・活用も併行して進めていかなければならないと考える。

同調査にみる製造業，非製造業別の問題点の結果は，異なる傾向となっており，北陸地域性と関連をもつものかどうか興味を喚起させる。2つの分野に共通した比率重点は，政府機関との関係，製品・サービスの生産・品質管理にあるものの，非製造業では，総体的に人的資源管理面では，大きな問題浮上には至っていない傾向を示している。一方，製造業では，従業員の採用・定着化，人件費の上昇，従業員教育をめぐっての問題が解消されない状況となっている。特に，従業員のモラールアップにどう取り組むかは，90年代後半から現地日系企業において着実に意識されてきた対策事項である。業務処理能力の向上とともに，業務遂行意欲を高めていくための対策もこれからの比重を増してくるものと推察される。日系中小企業において，従業員の人的資源の問題は，有効な育成・活用の視点から取り組まなくてはならない時期である。

（2） 日系企業活動と中国の独禁法施行への留意

法制の面からは，2008年8月1日より施行さている独占禁止法に留意しなければならない。同法において，どのような行為が違反となるかを示すガイド・ライン（指針）が策定されていない状況から，日本本社サイドで不安視する向

きがある。中国の独禁法については，刑事罰もある日本の独禁法制とは異なり，違法行為に対して，巨額の制裁金を科す欧州連合（EU）タイプである。もし，不当な価格カルテルなどが摘発された場合，巨額の制裁金を支払うことになる。また，同法では，M＆A（企業合併，企業買収）の規制についても不明確である，といわれる[4]。独占禁止法の罰則対象にならないように日系企業は十分な注意が必要である。

5.3　海外日系中小企業にみる海外進出の事業ポイント

　海外進出[5]にあたり，積極的に事業を推進している事例2社（中国進出事例，ベトナム進出事例）を，調査報告書「社団法人中小企業診断協会愛知県支部」より取り上げる。今日わが国の企業にみられる海外進出の動きは，企業規模を越えて加速化していると見ることができる。21世紀に入ると大企業の動向に呼応した形で，その動きは広がりつつある。

　調査[6]によれば，今後（3年後程度）の対応については，「現地市場の開拓・拡大」（52.0％）が最も高い比率を示しており，ついで「コスト低減」（39.3％），さらに「日本への輸出」（25.0％），「国内市場の成熟化・縮小」（24.6％），「第3か国への輸出」（23.4％）と続いて，企業の重視姿勢が示された。現状を打開して海外に活路を求めようとする中小企業の経営意図は，明確なものとなっているといえよう。

《中国を軸に多面的な事業展開する事例》

社　名	ミタク工業株式会社
事業内容	デザイン，設計，CAD（データ制作），各種モデル（クレイ，デザイン，機能等），各種樹脂の加工など製作・販売
進出地	中国（遼寧省），台湾，韓国－合弁会社，タイ－現地法人，インドネシア，中国（上海）で現地企業との技術提携など
創　業	1971年　　　＊従業員60名

同社(愛知県豊川市)は,自社のミッションを「道具を作るための道具(物)づくり」と位置づけ,自動車関連メーカー,医療機器メーカー,事務機器メーカー向けに生産設備や試作品を中心に提供している。海外進出(タイ,中国)に伴う合弁,技術提携など積極的に事業展開を図っている。

▶タイにおける現地企業の現状〈企業名・ゼンタック〉

各種プラスチック部品成形(真空成形)事業では,日本の自動車メーカー向けにオプションパーツを製造しており,日本国内に輸出している製品と,タイの現地法人に納入している製品からなっている。現地の従業員は,日本と比べて離職率が高い。高度な生産技術者としての人材には,コミュニケーション,処遇などで配慮している。

▶中国における現地企業〈企業名・上海ミタク工業〉

事業は,日系現地企業から受注し,日本国内のミタク工業や現地の技術提携先で製品を製造して提供する取引仲介業務を進めている。今後の計画として,数年後には工場を建設して中国国内で独自に製造・販売ができる態勢を整えたいという意向である。同社は,海外進出のポイントに3点を挙げている。

① 日本国内の営業展開にためにも,積極的な海外進出を
② 現地で信頼できる人脈を作る
③ 現地の立場に立った問題解決

ポイントに指摘されたように,問題解決にあたっての現地の立場からの視点は,海外現地活動にとって極めて重要な課題といえる。

《ベトナムに進出して現地人材を確保・活用する事例》

社　名	チヨダ工業株式会社
事業内容	プレス金型の設計・製作及び試作品製作
進出地	ベトナム
創　業	1962年　　　＊従業員80名(国内)

同社(愛知県東郷町)は,創業以来,人間尊重を経営理念とし,地域,社員が一体となり,技術オンリーワンを目指して活動している。金型つくりに関しては,「常に新しい発想で新工法の開発を進め,蓄積された技術力をベースに最

先端技術と最新設備の融和を図り，高品質・低コスト化・短納期を追及している。他社にない独自性のある金型を提供している」との所見を提示している。

▶ベトナムにおける現地企業の現状（企業名・CHIYODA VIETNAM CO.LTD）

金型部品の設計・製造を主とする事業活動である。ベトナムへの進出は，日越投資協定の締結（2003年）を背景にして，現地での人材確保を目指した企業方針のもとに進出機運を盛り上げた。タイミングよくハノイ工業大学の優秀な技術者を紹介され，彼をキーマンとしてベトナムに拠点を持つに至った。人材確保・活用の具体化が進んだわけである。そうした状況に伴い，現地の大学卒業者を日本で1年間の研修（金型設計教育）を実施。研修の後，本国で設計業務に精励している。

現地では，5台のCADを活用して金型部品の設計と外注の業務。製品を日本に納入する事業を推進している。人件費などの総経費は事務所の賃貸料を含めて安いことから，低コスト化に寄与して，経営的にメリットになっている状況である。

ベトナム人の特徴として，親日的であること，勤勉であること，手先が器用であることが挙げられる，と指摘している。

業務活動に当たっては，現地人材の確保・活用が要件となるが，同社は，体系的な研修効果もあって，ふさわしい人材づくりに成功している様子が読み取れる。〈海外進出のポイント〉について，次のように表明している。

① 現地のキーマンをまず見つけること。そのキーマンと徹底的に付き合って，信頼関係を築くことが大切である。
② キーマンと現地のスタッフとのコミュニケーションを図ること。
③ 現地のスタッフの日本語教育を現地の日本語学校あるいは日本へ研修に来させたときに，日本語でコミュニケーションがとれるまでに教育すること。
④ 現地スタッフの立場も理解したうえで，業務計画を立て進行させること。

5.4 海外活動にみる日本の中小企業と活動パターン

日本の中小企業のなかで製造分野の国際展開の動きは、80年代後半以降から目立ってきた。その誘因となったのは、大企業製造による海外生産シフトであった。80年代段階では、中小企業の海外進出は、好調企業に限定されていたが、90年代に入ると国内経済の低迷打開を目指した取引関係の要請に基づく中小企業の海外活動、特に中国、ASEANなどへの進出が広がっていったのである。90年代後半から21世紀初期へかけての動きで、中国への中小企業投資が増えており、2001年12月の中国のWTO加盟がその態勢づくりの要因となった。日本の中小企業において、製造分野の現地法人設立の現象は顕著であった。

概して、中小企業の海外展開については、4つのパターンが指摘されている[7]。

5.4.1 4つの活動パターンと2極化の進行

1つ目は、安価で豊富な労働力や低廉なインフラなど、コストダウンを求めて、東アジア、に海外展開したパターンである。80年代後半以降の円高等による国際競争の低下を受けて繊維、日用品のような労働集約的な産業から動きが始まり、その後、機械系の産業にも広がった。この動きは、中国日系中小企業にも多くみられるところである。

2つ目は、下請け企業が海外展開した親企業から東アジア（特に中国）への進出を促されるケースである。90年代前半前は電気機器の分野で活発であったが、近年は自動車等の分野でも活発化してきている。自動車産業の中国拠点設定、生・販併行型の推進は、中小部品メーカーの進出、現地企業との連携化を進める動きとなって、関連企業の活動展開に影響を与えている。

3つ目は、国内の系列・下請関係が変容する中、自らの判断で、海外展開した日系企業ネットワークとの取引の維持・販路開拓を目的に海外進出するケースである。近年はこの動きが中小企業の海外展開としても、最もメジャーな動

機となりつつある。この場合，明かに従来の国内方式の修正，転換を内容とするもので，海外中小企業の積極的な姿勢と受け止めることができる。国内の系列・下請関係の転換には経営リスクを伴うことが予想されるが，それを乗り越えて新しい経営関係を構築していくところに日系中小企業の活路が拓けてくるのであろう。中国市場においても，進出日系中小企業の成否を問う1つの場面となり得る。

4つ目として，国内マーケットを成熟する中で，現地のマーケットなどグローバル市場への販路拡大を図るために東アジアに進出するケースがある。ここで留意すべきは，東アジアを中心に海外展開した中小企業のうち，90年代後半から現地法人の移転・撤廃が急増しており，2000年に入ってからさらにこの傾向が加速化していることである。一方で，グローバルニッチと呼ばれ，特定分野で世界のマーケットを相手に活躍する中小企業があるなど，グローバル展開を図った中小企業の趨勢は，二極化の様相を呈している。

当面する情勢は，日系中小企業にとって厳しい経営展開場面も少なくない。積極的な行動による販路拡大での成功事例，その反面，地場産業，外資系企業との競争から経営活力を弱体化しているところ，親企業の方針変更などによる影響から移転あるいは撤退を余儀なくされている動きなど，日系中小企業のなかに表出している。日系中小企業にとっても，どこに強みがあるのか，改めて点検しなければならないだろう。

5.4.2　現地化問題への具体的な取組み

経営グローバル化が進行するなかで，21世紀初期を迎えた日本の中小企業は，今後どのような経営針路をとるのであろうか。海外の日系企業がさらに前へ進むのか，一歩後退の局面へ転換するのか，そうした方向に集約されていくことも予想される。しかも，前進か，後退かの経営判断には，経営環境の推移と変動を予測することが前提要件となるだけに，きわめて高度な判定を迫られることになる。2極化の様相を深めながら，企業基盤の拡充は一貫して推進しなければならない課題である。

かつて国内事情の停滞から打開を目指した海外進出（中国日系企業の経営活動）は，これまで維持してきた進出メリットを持続するための条件整備に取りかからなければならない。その対応の１つは，現地化をめぐる問題の解決である。現地化問題は，今日まで引き継がれたままで，当該企業にとっては容易に解決の目途が見えないのが実態であり，抱える内容も多様である。〔現地人材の活用は可能か―，現地経営層との信頼関係は安定しているか―，品質面のレベルアップは確保できるか―，販売活動における支障点は改善されているか―〕などに直面している。生・販併行型の日系大企業の経営行動は，日系中小企業において，どのような影響となるのか着目点となる。

どの製品分野に，どの販売分野に他社と異なる強みを開発していくのか，それぞれの中国日系中小企業が避けされない課題として浮上している。

5.5　経営激動期における経営意思決定の重要性

中国における生・販体制の経営行動は，日系中小企業にとっていよいよ勝ち組か負け組かの岐路に差しかかりつつある。それだけに，これまでの問題対応に要したコスト分析に加えて，減経営の軌道修正や重点策の移行についても，視野に入れなければならない状況といえる。日系中小企業は，現地経営の進展を目指してどのように取り組んできたのか。現状を好転させるための経営軌道策として，実施してきた動きを調査[8]から概観して日系中小企業の方向を探ることにする（図表5-9）。同調査から読み取れる現地経営軌道策には，次の点がクローズアップしてくる。

▶「現地法人の大幅な権限委譲」が強調されており，その認識は，約70％の高比率となっている。現地経営者（総経理）と本社との関係，それに伴う現地経営者への権限をどこまで委譲するのか，その委譲権限の範囲，レベルについて検討・協議をすすめ現行の運用となっているわけである。こうした権限委譲に関する問題でしばしば論議の対象となるのは，現地サイドと本社サイドの信認領域をめぐる乖離であった。今日の状況は，すでに論議の段階ではなく，実

行をいかに有効に進めるかを問う動きとなっている。
　▶「パートナーとの信頼関係の構築」の認識は高く表示されたが，相互信頼のための基盤形成をどうして拡充していくのか。これまでの阻害要因について新たな角度から修正行動をとる必要があると考える。
　▶「現地への積極的な技術移転」にこれまでの支援・交流における実績がう

図表5-9　現地経営軌道策

	評点5	評点4	評点3	評点2	評点1	無回答	平均値	標準偏差
現地経営戦略の明確な立案	26 (19.1)	76 (55.9)	23 (16.9)	6 (4.4)	2 (1.5)	3 (2.2)	3.89	0.82
現地への積極的な技術移転	37 (27.2)	70 (51.5)	22 (16.2)	2 (2.2)	1 (1.5)	4 (2.9)	4.06	0.76
従業員の日本研修	34 (25.0)	49 (36.0)	24 (17.6)	13 (9.6)	12 (8.8)	4 (2.9)	3.61	1.22
現地人管理者の早期育成	29 (21.3)	71 (52.2)	24 (17.6)	7 (5.1)	2 (1.5)	3 (2.2)	3.89	0.86
日本人側と現地従業員の意志疎通	35 (25.7)	73 (53.7)	20 (14.7)	5 (3.7)	2 (1.5)	1 (0.7)	3.99	0.83
競合他社の生産・技術情報の収集	9 (6.6)	44 (32.4)	57 (41.9)	16 (11.8)	6 (4.4)	4 (2.9)	3.25	0.92
高度生産設備の導入	20 (14.7)	54 (39.7)	46 (33.8)	10 (7.4)	2 (1.5)	4 (2.9)	3.61	0.89
高水準の給与	3 (2.2)	24 (17.6)	81 (59.6)	15 (11.0)	9 (6.6)	4 (2.9)	2.98	0.81
パートナーとの信頼関係の構築	44 (32.4)	50 (36.8)	29 (21.3)	4 (2.9)	7 (5.1)	2 (1.5)	3.90	1.06
現地法人への大幅な権限移譲	30 (22.1)	64 (47.1)	31 (22.8)	5 (3.7)	4 (4.1)	2 (1.5)	3.83	0.92

（備考）　1. 評点5：大変力を入れた
　　　　　　　評点4：ある程度力を入れた
　　　　　　　評点3：どちらともいえない
　　　　　　　評点2：やや力不足だった
　　　　　　　評点1：力不足だった
　　　　2. 上段：実数，下段：（　　）：％
　　　　3. 平均値，標準偏差には無回答を含めていない。

（出所）　鷲尾［2003］120頁。

図表5-10　日系中小企業が抱える課題と対応策

	取引面	内務管理面	投資環境面
東北,華東地域に進出した中小企業に共通する事項	●原油高などで原材料費が高騰,納品先に上昇分を価格転嫁できない。 ●完成品企業が部品企業との取引条件にISO9001, ISO14001の取得を課したり,発注側から日本製の原材料指定も ●品質や充実したサービスでローカル企業に対する優位性を確保 ●原調率向上の一方で製品の品質維持のため日系製の部材も調達している。 ●日本以外の欧米などへの輸出も行う。 ●ホームページ（中国語にも対応）を開設し対外的にPR	●現地化のため語学に加え専門性ある中国人幹部を登用（品質,労務管理） ●日本研修で技術力習得と中国に比べ約10倍の賃金などの特典を与えることで定着率向上 ●生産効率向上のため不良品率を下げ,稼働率上げる。 ●ワーカーからの賃上げ要求	●当局対応への配慮重要 ●工場は初期投資の安い標準工場をレンタルする企業が多い。
東北（大連市）に進出した中小企業に特有の事項	●東北地域での工作機販売は,大連だけでは市場が小さいので華東・華南中小企業まで商圏を広げている。ただ,内陸部などのメーカー非拠点地には販売せず。 ●大連では日系企業の集積度が高く,日本各地の企業と取引することで,日本本社の受注量が増加 ●大連では市場変化が激しく安定的受注が困難,多品種の生産体制を確保 ●ASEANなど多地域にも生産拠点がある場合,受注内容によりQDC（品質（Quality），納期（Delibery），原価（Cost））を比較し最適生産地を選定 ●部品企業は,完成品企業へコスト上昇分を納品価格に転嫁できず,逆に値引き要求が強い。	●東北地域では金型技術者が少なく,日中両国企業が好待遇で引き抜き,技術者も好待遇日当てに渡り歩く（上海へも行く）。 ●大連は他地域に比べ日本語ができる人材が多いため,日本語での業務伝達が可能。ワーカーの確保は容易だが,以前に比べ市内での確保が困難,地方での募集,子育て後の女性を採用 ●05年9月に11年ぶりに大連で労働争議があり,争議がなかった企業も影響を受け人件費上昇 ●大連ではスタッフ確保は困難,ワーカー昇進制度で対応 ●公務員の異動で判断が異なるため,曖昧なケースは当初から法令遵守	●上海に比べ電力不足はないが,品質が悪い（不安定）。電力不足もなく中国企業の省エネ意識は薄い。 ●大連の税関は,精密性や簿価より大きさや重量で評価する。 ●05年9月から企業が従業員の暖房費一部負担（開発区は1年延期） ●日系企業の大半は「輸出生産拠点」を形成しているため,地域の産業集積が進んでいない。 ●木材メーカーにとっては生産地が近いので,拠点としての機能を果たしている。

	取引面	内務管理面	投資環境面
華東地域(主に上海市)に進出した中小企業に特有の事項	●華東地域では,中小企業も中国ローカル企業への内販に積極的になっており,東北地域に比べ,債権回収リスクに直面しているケースが多い。金利を負担してでも早期回収を図る,代理店経由の内販といった対応をしている。 ●ローカル企業製の品質もかなり向上しており,それとの競争も起こっている。もっとも日系企業の強みはやはり品質であり,品質管理が重要。ワーカーの品質に対する意識を向上させるなどの対応をしている。	●特に上海では人材のホワイトカラー志向が強く,ワーカーとして確保することが難しくなりつつある。大学や専門学校と提携して,実習生の段階で雇用するといった対応も必要となっている。	●華東地域では依然として電力不足状態が継続,今冬も週3日の休暇といった対応を迫られている。今後の見通しもあいまい。 ●進出条件などの投資環境が進出時と進出後で変わるケースもあり,操業上の負担になったり,当局とトラブルになるケースもある。

(出所)ジェトロ編[2006]201頁。

かがえるわけで，軌道策への有効な活動となっている。これからの方向軌道を作るにあたっては，戦略的な行動は不可欠と位置付けて「現地人管理者の早期育成」「競合他社の生産・技術情報の収集」にいっそう比重を置かなければならないだろう。やはり，現地経営軌道策の推進において基軸となるのは，「現地経営戦略の明確な立案」である[9]。

現段階での日系中小企業が抱える課題と対応策はどうか。それぞれ進出地域によって異なる点が明らかになっている（図表5-10）。地域特性に配慮した取り組み方が，いっそう比重を増している。市場の変化が激しい状況にどう対応していくのか，日系企業がそれぞれ当該企業固有の競争力が問われてくる時期となった。

本章のなかでは，中国日系中小企業の経営行動をめぐる動きについて先行実態調査の分析を通じて，当面の問題，取り組むべき課題，個別企業の成功要因把握などを考察してきた。そこでは，日系中小企業の展開方向についても言及している。日々変動する内外の経営環境において競争力優位に立つ条件として，経営意思決定のもつ比重は極めて高いものと考える[10]。

（注）
1) 服部［2004］8頁において，日本企業の対中国投資3つのブームを言及。中国のWTO加盟による市場経済への影響に注目している。
2) 『海外展開中小企業実態調査』（平成17年3月）（中小企業基盤整備機構）で中国展開企業の課題と今後の展望について集約，実施時期16年9～10月。アンケート調査の回収状況534社。
3) 『中国日系企業の経営行動と北陸地域企業の対応』では，海外共同研究プロジェクト・金沢星稜大学（服部治代表）と海外の研究者（中国・蘇州大学，台湾・東呉大学）の論文を収録。2005・2006年の動向を把握・分析している。
4) 中国の独禁法施行について産経新聞（2008年7月27日）が報道している。
5) 中小製造業の海外進出の動機・目的について調査した結果では，現地市場の開拓・拡大の比率が目立っている。『経済情報』三菱東京UFJ銀行（平成22年11月）。
6) 「中小企業の海外進出に関する調査と事例研究」報告書（社団法人中小企業診断協会愛知県支部）〈平成24年1月〉より事例をピックアップしたもの。同報告書は，海外で活躍している日系中小企業の動向を集約している。
7) 中小企業の国際展開については，4つのパターンを解説。経済産業省編［2006］93-99頁。
8) 鷲尾［2003］2001年11月調査。中国進出の中小企業を対象に実施。
9) ジェトロ編（2006）。同書では，中国における日系企業のリスクマネジメントをめぐ

る問題について多面的に検討・分析している。
10) 本章は,『松蔭大学紀要』(第 12 号)〈2009 年 3 月〉所収論文「中国日系企業の経営戦略と人的資源管理の動向分析」を加筆したものである。

第6章

経営活動における社会的責任(CSR)遂行の姿勢と行動

　企業の社会的責任（CSR：Corporate Social Responsibility）をめぐる実践的展開は，経営活動において重要なポジションを維持している。それぞれの企業において，正面から取り組まれている現状は，今日の経営活動にとって欠かすことのできない遂行要件となっている。こうした動きのなかで，論議の共通認識となっているのは，〈企業は誰のものか〉という視点である。CSR論議の拡がりは，当該国の経済的かつ社会的事情を織り込みながら，なお現在まで継がれてきた。

　経営環境の変化に呼応させながら企業行動の枠組みを形成してきたのは，企業倫理の制定・方針であったと捉えることができる。企業における経営活動の発展過程で，社会的な問題や事件を招いて来たことも肯定せざるを得ない。〈企業倫理〉が強調されるゆえんである。ここでは，CSRの基盤要素となる企業倫理の動向について，先行研究から考察して日米のエクセレント・カンパニーの実践を概観する。それぞれに社会的責任を追及する活動のなかに，ステークホルダー（経営活動をめぐる利害関係者）との関係維持・発展を期そうとする企業姿勢が明確に表明されている。

　とくにステークホルダーとの関係分析では，内部構造としての基軸である〈従業員〉関係に焦点を置いて，従業員活性化をどう図るかについて検討している。他方，これから比重を加えると推察される外部構造としての地域社会，顧客との関係についても言及している。

6.1 企業倫理をめぐる動向推移

企業の社会的責任の一分野を形成する企業倫理をめぐる動向推移について，今日の時点で改めて検討する必要がある。それは，経済的・社会的・経営的環境における今日の変動，とりわけグローバル化の進展に伴う影響の大きさに注目しなければならないと考えるからである。

企業経営をめぐる〈企業倫理的領域〉において派生されたこれまでの問題，事件，事象は多様であった。同時に，社会ニーズとの関係から看過できない形態を露呈させたことも事実である。今日における企業経営のあり方，あるべき経営活動を検証し方向づける社会的要請が高まってきたことに配慮しなければならない段階にきている。

6.1.1 企業倫理の先行研究にみる経営姿勢

企業倫理にかかわる先行研究（日本経営倫理学会）では，日米企業の比較を通じて動向を分析して1998年に発表している[1]。同研究では企業倫理動向について3つの側面から進めている（次頁の図表6-1）。①企業倫理への関心（時期，学会，産業界）②企業倫理問題の特徴的事件（国内，海外），③倫理綱領の策定・倫理委員会・倫理教育（制定の割合，制定の背景，制定の時期，倫理委員会，倫理担当役員，倫理問題のワークショップセミナーの開催，大学・大学院でのコースの開設）について，状況をまとめている。取り組みにあたっての日米比較の面からは，米国の早期による積極的な取組み，他面，ワークショップの開催頻度，大学・大学院でのコース運用といった多彩な取組みが特徴点と見ることができる。

ここでは，先行研究の集約に基づいてわが国における経営倫理の実践を概観する。

CSRに対して80年代における産業界の動きは，まだ米国に比べて鈍く，例えば，倫理委員会の活動，ワークショップの開催などは90年代となっている。

そうした鈍い動きを修正して積極的に動き出したのは、米国で発生した深刻な倫理問題とその影響、また日本企業が直面した海外での倫理問題の浮上などが要因となったと理解される。90年代に入って、日本の産業界の企業倫理への対応も前進した。経団連「企業行動憲章・1991」、日本生産性本部「企業倫理調査・1991」、経済同友会「企業行動規範・1997」などにその動きが認められる。

そこで、わが国企業の企業行動の姿勢を内外に表明した経団連の企業憲章を取り上げよう。

企業は、公正な競争を通じて利潤を追求するという経済的主体であると同時に、広く社会にとって有用な存在であることが求められている。そのため企業は、次の10原則に基づき、国の内外を問わずすべての法律、国際ルール及びその精神を遵守するとともに、社会的良識をもって行動する。

① 社会的に有用な財、サービスを安全性に十分配慮して開発、提供する。
② 公正、透明、自由な競争を行う。また、政治、行政との健全かつ正常な関係を保つ。
③ 株主はもとより、広く社会とのコミュニケーションを行い、企業情報を積極的かつ公正に開示する。
④ 環境問題への取り組みは、企業の存在と活動に必須の要件であることを認識し、自主的、積極的に行動する。
⑤ 「良き企業市民」として、積極的に社会貢献活動を行う。
⑥ 従業員のゆとりと豊かさを実現し、安全で働きやすい環境を確保するとともに、従業員の人格、個性を尊重する。
⑦ 市民社会の秩序や安全に脅威を与える反社会的勢力および団体とは、断固として対決する。
⑧ 海外においては、その文化や慣習を尊重し、現地の発展に貢献する経営を行う。
⑨ 経営トップは、本憲章の精神の実現が自らの役割であることを認識し、率先垂範のうえ、関係者への周知徹底と社内体制の整備を行うとともに、倫理観の涵養に努める。
⑩ 本憲章に反するような事態が発生したときには、経営トップ自らが問題

図表 6-1 企業倫理研究の日米比較

		日 本	アメリカ
企業倫理への関心	時期	1980年代後半（バブル経済期）	1970年代 →「Business Ethics」用語の日常化 1980年代前半→本格的な研究 1980年代後半→1つの学問分野の傾城
	学会	日本経営倫理学会（1993年設立） 経営倫理実験研究センター（産業界が1998年1月設立）	・The Society for Business Ethics ・The Society for Professional Ethics ・The Social Issues in Management Section of Academy of Management ・その他各大学、研究機関での個別研究
	産業界	・経団連が「企業行動憲章」策定1991年 ・日本生産性本部が「企業倫理」に関する第一回実態調査 1991年12月 ・経済同友会が「企業行動規範」アンケート調査 1997年2月 ・日本監査役協会「企業倫理に関するアンケート調査」1997年3月	・Business Round Table ・アメリカ経営者協議会 ・コンファレンス・ボー等による各種の調査や提言 1980年代 ・その他多数の研究機関、大学による調査
企業倫理問題の特徴的事件	国内	・リクルート事件 ・証券・銀行業界の不祥事 ・建設業界の談合や自治体との癒着 ・総会屋への利益供与問題 など	・J&Jの毒入薬物事件 ・ロッキード事件 ・M&Aによる非論理的経営行動 など
	海外	・東芝のココム違反事件 ・昭和電工のL-トリプトファン事件 ・三菱化成のマレーシアにおける環境破壊 ・日本企業の経営行動への多種多様な批判 ・住友商事の銅取引損失に関する事件 など	・エクソンの北極海におけるバルジック号事件 ・ユニオンカーバイト社のインドにおける薬物大量死事件

第6章 経営活動における社会的責任（CSR）遂行の姿勢と行動　143

		30%（生産性本部・小林俊治調査）	85%（左と同じ）
倫理綱領の策定・倫理委員会・倫理教育	制定の割合		
	制定の背景	・経営理念や経営方針をより具体化したもの ・日本の経営の特徴である「以心伝心」のマネジメントの国際的不適応性 ・企業憲章や行動原理の形で策定	・アンチ・トラスト法への対応 ・アメリカの経営の特徴の1つである「マニュアル」による倫理行動基準の明確化 ・Business Conduct Guidelineとして策定
	制定の時期	・1970年代→総合商社 ・1980年代後半→銀行・証券会社 ・1990年代→少数のメーカー	・創業の時期もしくは1980年代の企業倫理問題が本格化した時期
	倫理委員会	・ほんの数社	・1000社中3分の1の企業 （1992年フォーチュンの調査）
	倫理担当役員（常勤の設置）	・少数の会社	・1000社中200社 （同上の調査）
	倫理問題のワークショップセミナーの開催	・企業倫理や経営方針を包含させた形で行っているが、具体的なことは行っていない	・1000社中40%強（同上の調査）
	大学・大学院でのコースの解説	・ほんの少数の大学のみ（数校） ・企業倫理担当の教授（数校）	・ビジネス・スクール（大学院）で必須科目 ・Business Ethics担当の教授

（出所）日本経営倫理学会監修 [1998] 19頁。

解決にあたり，原因究明，再発防止，に努める。また，社会への迅速かつ的確な情報公開を行うとともに，権限と責任を明確にしたうえ，自らを含めて厳正な処分を行う。

6.1.2 「企業憲章」に対する考察

　上記の「企業憲章」項目は，今日の動向推移の中でも基調としての重要性を堅持している。主な内容についての強調点を考察してみよう。

　(1)　有用な財，サービスをめぐる開発・その提供をどう進展させるかは，企業の経営活動を問う1つの形態となる。それぞれの経営活動は，社会にとって有効なものでなければならない。当該企業の存立を問う際の視点として，挙げることができる。

　そうした視点に基づいた行動が等しく求められるところであるが，現実の行動様式には，社会的有用性を改めて，問わなければならない状況にあることも認識しておく必要があろう。したがって，それぞれの企業のあり方を検討するとき，従来からの経営路線を継承していく際には，〈社会的有用性〉の比重をとらえることが重要となってきた。

　(2)　そこで，企業間競争の場面では，つねに公正・透明・自由な展開をすすめて行かなければならない。企業経営における健全な成長・発展は，公正・透明・自由を重要な要素として位置付けられることになる。企業間の競争はときとして，過当競争を招くことにもなるが，どうルールに基づいて適切な企業行動を進めることができるか，企業間レベルだけでなく，国際的展開となってグローバル化体制に対応していかなければならないと考える。

　(3)　企業とそれを取り巻く社会との間には，コミュニケーションの位置づけ，運用体制が大切になる。企業の安定的発展は，長期的視点からも，不可欠の要件である。特に，情報のもつ比重がいっそう高まってきた今日の状況においては，ステークホルダー（企業経営をめぐる利害関係者）への情報発信をどのように行うかは，大きな課題といえよう。

　現行の経営動向，活動実態を広報することによって，企業活動への理解，信

頼を確保しなければならない。そうした際の情報発信は，積極的であること，公正な開示であることが重視される体制をどう定着させているかが問われている。いわゆるステークホルダーとの関係は，〈いかに信頼されうるか〉の基点に立って，追及していかなければならない事態となっている。その有力なパイプに1つが，社会とのコミュニケーションであることに再確認しておく必要があろう。

　(4)　環境問題への関心の高まりとその具体的な取り組み方は，いま共通の場面となっている。グローバル化の進展は経済的領域とともに，環境的領域を包含したものと捉えられている。環境の保全，環境の整備は企業規模を越えて対処すべき課題であり，その効果度，定着度は当該企業の価値を構成する要素となっていることに留意しなければならない。

　(5)　「良き企業市民」となりうるか。わが国企業活動にとっては，新しい視点からの取り組み方となっている。企業活動は，それをベースとする地域，地域社会との関係維持，連携活動の状況についても，内外から関心が寄せられている。積極的に地域活動への参加，あるいは協力・支援などの事例も増えつつある。企業人であると同時に市民としての自覚，連帯感をもつことのメリットはしだいに高まっていると見ることができる。これから量的な面で，質的な面でどうアップして社会的貢献にまで結び付けて行くかが課題と言える。こうした動きは，ビジネス・パーソンにおける活動領域の新しい側面と見ることができる。

　(6)　ゆとりをもつこと，豊さを実感できることは共通のテーマとなっている。いかにして実現させていくか，企業・従業員の追及していくべき領域である。2つの場面（働く環境の確保，人格，個性の尊重）として提示されており，企業サイドからの従業員＝人間への尊重を改めて確認する形態となっている。いうまでもなく，従業員一人ひとりの活動，能力開発・発揮・活用は極めて重要な共通課題となっている。就業の機会，働く場面における企業サイドの体制整備とその実践活動は，人の能力をめぐる効力感の発揮と連動するものであり，今日の人格，個性の尊重に直結している領域である。それぞれに持つ固有の能力を仕事遂行の場で発揮・活用して適正な評価に継続していく仕組みづくりの努

力が十分か。企業サイドで自問する機会を持たなければならないと考える。

(7) 市民社会の秩序と安全は日々の生活において基本となるべきものである。もし脅威を与える勢力・団体があるとすれば，正面から対処し排除するという行動責任を明確にする。現実の対応行動は必ずしも明確でなく，反社会的勢力に圧力を受ける，脅迫を排除できずに問題を大きくして企業責任を果たし得なかった事例も少数とはいえ存在していたことも認めざるを得ない。企業経営者の断固たる姿勢・行動が強く要請されるところである。

(8) グローバル化の進展は，日本企業の海外活動の拡大と呼応してきた。70年だ，80年代からの海外進出，海外直接投資の増大は，確実に海外日系企業の勢力の拡張となって進行してきたといえよう。90年代から21世紀初期に入って多様化しているけれども，その傾向には大きな変化は出ていない。

同「企業憲章」が表明されたのは1991年であって，日本企業の海外進出による一定の成果を確保した時期であったといえる。その時期では，新たな経営時代への企業行動指針としての意義を持っている，と見ることができる。

6.1.3 海外日系企業の現地化問題への対応

海外日系企業における大きな問題として〈現地化〉をめぐる動きが挙げられる。その際に望まれる対応の1つが「現地発展への貢献」である。今日にあってもまた現地貢献への積極的な，かつ実効ある取り組みは不変のテーマである。それぞれに海外日系企業が多面的に取り組んでいる現状について理解しておくことが必要だと考える。

企業行動をめぐって最高意思決定者である経営トップの役割と責任は大きい。国内，海外における経営活動は常に経営の業績度と社会的有用度を求められているわけであり，全社的な活動展開を通じてその期待に応えなければならない。

憲章制定からほぼ20年間を経た。この間の経済・経営動向の変動も激しい時代推移となってきた。90年代のわが国における"失われた10年"経済の厳しい影響は長く尾を引いており，2011年3月の未曾有の東日本地震被災，同年8月の円高問題など深刻な局面を増幅させた。

直面するグローバル時代のなかで，事態打開への切り口をどこに求めるのか確定しないものの，きびしい状況下で，日本企業はそのポジションを明確にして経営位置を確保しなければならない時機を迎えている。

6.2 日米のエクセレント・カンパニーの取組み

ここで，改めて日本経営倫理学会監修による調査結果から日米のエクセレント・カンパニーとして3M，ジョンソン・エンド・ジョンソン（米国）とリコー（日本）の3社を選定し，その実践活動面について着目しよう（次頁の図表6-2）。

6.2.1　3Mにおける企業倫理と人間主義

米国を代表する3M（Minnesota Mining and Manufacturing）では，「企業行動規範マニュアル」に基づいて企業倫理の徹底を図ってきた。特に管理職に対して，企業行動規範遵守の観点から，誓約書に毎年サインを求めている。同社は，80年代，90年代，21世紀初期の今日においても，世界のエクセレント・カンパニーの地位を確固として維持し，イノベーション行動・成果は傑出している。イノベーションの伝統を築くための必要な6通のステップを，次のように掲げている。

① ビジョンを植え付けろ
② 先見の明を奨励せよ
③ 全力投球による目標設定を行え
④ 権限委譲を徹底せよ
⑤ コミュニケーションを拡大せよ
⑥ 表彰により認知せよ

こうしたステップへの着実な態勢は，3Mの企業文化が背景となって支えている。創造・革新への絶えざる取組みは，全社的活力となって企業競争力を形

図表6-2　企業倫理研究の日米比較

会社名	名称	内容	担当部門	徹底方法（委員会・教育・責任者等）	策定時期
3M	Business Conduct Manual「企業行動規範マニュアル」	①独禁法 ②利害の衝突 ③贈答や接待 ④経理・監査 ⑤安全・環境 ⑥政府機関・政治献金など	法務部	・企業行動委員会の設置・管理職は企業行動規範遵守の誓約書に毎年サインが求められる ・研修のバイブルとして常に本マニュアルを参照する	1981年全社的な経営理念・経営目標の三原則（企業家精神の追求，妥協なき正直さと誠実さ，個人のアイデアの尊重）を策定→経営目標と具体的行動を集大成して1993年にBusiness Conduct Manualを作成
ジョンソン&ジョンソン	「我が信条」	〈我が信条〉 ①すべての消費者〜医師，看護婦，患者，母親，父親等〜に対する責任 ②全社員〜世界中で働く男性・女性〜に対する責任 ③地域社会に対する責任 ④株主に対する責任		・全社員が目につく社内のいたるところ，世界中の事業所に各国語に翻訳されて明示 ・トップ・マネジメント層の再確認の場となる「グレード・チャレンジ・ミーティング」 ・2〜3年に1度行われる全世界の社員を対象とした「グレードゥ・サーベイ」	J&Jの二代目社長のRobert Wood Johnsonが1944年に策定→その後4回修正
リコー	ビジネス行動規範	〈ビジネス行動規範〉 1. 基本姿勢 　・健全な企業活動の展開 　・社会との相互理解の増進 　・社会に貢献する活動の支援 　・地球環境の尊重 2. 社員に対する基本的な考え方 　・社員に対する期待 　・基本的人権の尊重 　・個を活かす職場環境の提供 3. 公正な企業活動のための指針 　・独占禁止法の遵守 　・接待，贈答などの取り扱い 4. 企業情報保護のための指針 　・企業秘密の取り扱い 　・インサイダー情報の取り扱い 　・知的財産の取り扱い	人事総務本部	・新入社員教育ではかなりの時間を割いて行動規範の声明 ・全社・グループ会社に配布 ・パソコンに入れて，行動規範をいつでも引き出せるようにしている ・管理職には行動規範の他に，個の内容をより具体的に説明したものを配布	1993年に制定 1997年一部改定・追加

（出所）日本経営倫理学会監修［1998］42-46頁。

成している。CSR の徹底を企業精神に組み入れた企業体制といえる。同社の企業文化の基軸として人間主義が標榜されており,「人間資源の 4 原則」がその精神を明示している。

〈3M の人間資源 4 原則と創造的開発体制〉

3M の社員は,会社の最も貴重な資源である。3M の目標と目的が達成されるのは,第一義的に社員によってである。したがって,3M 経営陣は次のことを行う組織構造と職場風土を提供することが必須であると信ずる。

▶フェアで,挑戦的で,客観的で,協力的な仕事環境のなかで最高のレベルとパフォーマンスを助長することによって,個人の尊厳と価値を尊重する。個人の権利は尊重される。社員間のタイムリーかつオープンなコミュニケーションが促進される。監督者ならびに管理者は,部下のパフォーマンスと成長に責任を持つ。

▶創造的に働くための方向と自由を与えることによって各人のイニシアティブを助長する。リスクティキングとイノベーションは成長の必要条件である。両者とも誠実と相互尊重の環境のなかで助長,促進,指示されるべきものである。

▶適切な配置,オリエンテーション,成長を通じて個人の能力にチャレンジする。成長に対する責任は全社員,監督者,管理者と会社全体で共有される。

▶成長のための機会を均等に与え,優れたパフォーマンスは目的及びその業務内容の基準によって評価され,それに応じて報酬が与えられる。

同社には,「15％ルール」と呼ばれる制度がある。基本的には,〈就業時間の 15％〉を技術者は,自由に使ってもよいというルールである。この自由な時間を日常業務に追われる時間としないで,うまく活用して新製品開発に成功した事例からも,社員の仕事への自律性と責任性,仕事に取り組む際のモチベーションの高さがうかがわれる[2]。

6.2.2　ジョンソン・エンド・ジョンソンの経営信条

ジョンソン・エンド・ジョンソン (Johnson and Johnson) は,業界トップを誇る優良企業として定評がある。同社が「わが信条」として明らかにしている内容は,高い倫理観にもとづいた広範な人,モノ,さらには環境を包含し

て対象にしている。そこには，内外のステークホルダーに対する厳正な企業姿勢を明確に提示している。

我が信条

　我々の第一の責任は，我々の製品およびサービスを使用してくれる医師，看護婦，患者，そして母親，父親をはじめとする，すべての消費者に対するものであると確信する。

- ▶消費者一人ひとりのニーズに応えるにあたり，我々の行うすべての活動は，質的に高い水準のものでなければならない。
- ▶顧客からの注文には，迅速かつ正確に応えなければならない。
- ▶我々の取引先には，適正な利益を挙げる機会を提供しなければならない。

　我々の第二の責任は，全社員―世界中で共に働く男性も女性も―に対するものである。

- ▶社員一人ひとりは個人として尊重され，その尊厳と価値が認められなければならない。
- ▶社員は安心して仕事に従事できなければならない。
- ▶待遇は公正かつ適正でなければならず，働く環境は清潔で，整理整頓され，かつ安全でなければならない。
- ▶社員が家族に対する責任を十分果たすことができるよう配慮しなければならない。
- ▶社員の提案，苦情が自由にできる環境でなければならない。
- ▶能力のある人々には，雇用・能力開発及び昇進の機会が平等に与えられなければならない。
- ▶そしてその行動は公正かつ道義にかなったものでなければならない。

　我々の第三の責任は，我々が生活し，働いている地域社会，さらには全世界の共同社会に対するものである。我々は良き市民として有益な社会事業及び福祉に貢献し，適切な租税を負担しなければならない。

- ▶我々の社会の発展，健康の増進，教育の改善に寄与する活動に参画しなければならない。
- ▶我々が使用する施設をつねに良好な状態に保ち，環境と資源の保護に努めな

> ければならない。
>
> 我々の第四の，そして最後の責任は，会社の株主に対するものである。
> ▶経営は健全な利益を生まなければならない。
> ▶我々は新しい考えを試みなければならない。
> ▶研究開発は継続され，革新的な企画は開発され，失敗は償わなければならない。
> ▶新しい設備を購入し，新しい製品を市場に導入しなければならない。
> ▶逆境の時に備えて蓄積を行わなければならない。
>
> これらすべての原則が実行されて初めて，株主は正当な報酬を享受することができるものと確信する。
>
> ジョンソン・エンド・ジョンソン

6.2.3 リコーグループのCSR憲章と行動規範

　リコーは，ビジネス行動規範の基本姿勢として，4つの点を明らかにしている。それは〈健全な企業活動の展開，社会との相互理解の増進，社会に貢献する活動の支援，地球環境の尊重〉である。4つの展開は，三愛創業者・市村清の提唱した"人を愛し，国を愛し，勤めを愛す"の三愛精神を受け継ぎながら，今日の「CSR憲章」「ビジネス行動規範」に連結している。CSR憲章は，2004年1月1日を期して，新たに〈リコーグループCSR憲章〉を制定した。その際，社会，さらには地球環境との調和を目指したより責任ある企業活動という視点から，リコーは〈リコーグループ行動規範〉を制定した。

　前者のリコーグループCSR憲章では，CSRを果たすために経営活動において，誠実な企業活動，環境との調和，人間尊重，社会との調和を明確にしている。憲章に織り込まれた領域は，三愛精神を活かし今日的な企業責任に応えようとする姿勢が読み取れる。同社グループの行動規範は，次の内容である。

> ## リコーグループ行動規範
>
> 総則
> 「誠実な企業活動」
> 1. お客様の立場に立った商品の提供
> 2. 自由な競争及び公正な取引
> 3. インサイダー取引の禁止
> 4. 企業秘密の管理
> 5. 接待,贈答などの制限
> 6. 公的機関との取引及び政治献金の取り扱い
> 7. 国際的な平和と安全のための厳正な輸出入管理
> 8. 知的財産の保護と活用
> 9. 反社会的行為への関与の禁止
> 10. 会社の利益と対立するような個人の行為の禁止
> 11. 会社資産の保護
> 「環境との調和」
> 12. 地球環境の尊重
> 「人間尊重」
> 13. 基本的人権の尊重
> 「社会との調和」
> 14. 社会貢献活動の実践
> 15. 社会との相互理解

同社では,CSR推進体制としてのCSR委員会は,グループの主要機能部門の代表者と主要関連会社および各関連会社を主管する部門を,すべて参画したグループ全体の管理体制となっている[3]。

6.2.4 エクセレント・カンパニーの経営行動とコー円卓会議の意義

さて,CSRをめぐっての世界的な浸透と広がりにあたって,最も大きな影響を与えたコー会議(1994年)の比重は今日の経営グローバル化進展を見るとき,極めて大きいといわなければならない。同会議では,企業行動の指針が採

図表 6-3　企業行動の指針

原則1	企業の責任：株主のみならずステークホルダー全体に対する責任
原則2	企業の経済的，社会的影響：革新（イノベーション），正義ならびに地球コミュニティ
原則3	企業の行動：法律の文言以上の信頼を大切にする精神
原則4	ルールの尊重
原則5	多角的貿易に対する支持
原則6	環境への配慮
原則7	違法行為等の防止

択された。そのなかで明示された原則は，7つの領域であった（図表6-3）[4]。

ステークホルダーについては，顧客，従業員，オーナー，投資家，仕入れ先，競争相手，地域社会を対象に遵守事項を明記している。本章では，ステークホルダーのうち，人的資源の重要性を論及するという観点から，「従業員」領域に焦点を合わせると，次のような内容構成となっている[5]。

「従業員」＝私たちは従業員一人ひとりの尊厳と従業員の利害を真剣に考慮することの重要性を確信する。そのために，私たちは以下の責任を有する。

① 仕事と報酬を提供し，働く人々の生活条件の改善に資する。
② 一人ひとりの従業員の健康と品格を保つことのできる職場環境を提供する。
③ 従業員とのコミュニケーションにおいては誠実を旨とし，法的及び競争上の制約を受けない限り，情報を公開してそれを共有するよう努める。
④ 従業員の提案やアイデア，要請，不満に耳を傾け，可能な限りそれらを採用する。
⑤ 対立が生じた際には，誠実に交渉を行う。
⑥ 性別，年齢，人種，宗教などに関する差別的行為を防止し，待遇と機会の均等を保障する。
⑦ 能力差のある人々が真に役立つことのできる職場で雇用するよう努める。
⑧ 従業員の職場において防ぎうる傷害や病気から守る。
⑨ 適切で他所でも使用できる技術や知識を従業員が修得するよう奨励し支

援する。
⑩ 企業の決定によってしばしば生じる深刻な失業問題に注意を払い，政府ならびに被雇用者団体，その他関連機関並びに他の企業と協力して混乱を避けるよう対処する。

　こうした従業員に対するCSRの指針内容は，企業と従業員の関係方向性に直結したものであり，今日のCSRにおける従業員の位置付け，尊重すべき遵守事項を明確にした。比重をもつ領域である。いったい今日のCSR推進のなかで，従業員活動（経営場面活動における能力の活性化した状態の維持・発展）をどのように捉え，それぞれの能力活性化を図っていくのか，主要課題となっている。CSRと従業員の関係について，活性化の観点から検討を進めよう。

6.3　CSRの実践と従業員活性化の連動

　それでは，CSRに連動した従業員活性化をどのように推進していくべきか。そこでは，従業員の働く場面，職場生活において，それぞれに能力の開発・発揮・活用を通じて，担当する仕事が顧客，社会とどのように連携しているのかを理解した状態を作っていくことが，まず取り上げなければならない点となる。それを可能にできるのかどうか。従業員の欲求する自己実現への形成機会をどこまで実現できるか。従業員の取り組みにあたって，当該各人のやる気度が重要なポイントとなってくるのは当然である。
　ここでは，5つの観点から従業員活性化戦略を構想したい。

6.3.1　従業員能力の発揮場面づくりとチーム関係の形成

　企業経営の進むべき方向はCSRの遵守のもとに，その実効的発展を図る領域のひとつに労働CSRがある[6]。社会貢献ゾーンに属する従業員をめぐる活性化の課題は重要であって，その能力発揮・活用・処遇の展開は体系的に運用していかなければならない。基調となるのは，労働における自律的な仕事観に

よる人的資源のパワー現出である。

　従業員能力の発揮・成果度は，経営活力の一翼を担う。その際に着目しなければならないのは，従業員の動機づけ，やる気の度合いである。各人が保有能力を仕事遂行にあたって発揮能力へと展開するとき，目標遂行をめざす取り組みは，動機づけ，やる気によって変わることについて，改めて確認する必要がある。したがって，企業サイド，管理者の職場運営において，メンバー従業員の能力発揮の場面，機会をどのように準備し設定していくのか。当該従業員の意向を把握するとともに，能力発揮について個別のチェックを試みることも大切であろう。

　一人ひとりのやる気をどう高めるかは，常にモチベーション問題の共通項であった。そこには，従業員個人とその職場環境，とくに職場メンバーとの関係についての着目度が弱かったのではないかと思われる。仕事遂行をめぐってのメンバーとの関係について，もっと配慮し分析していくことが望まれるところといえる。従業員間での連帯感が仕事遂行への大きな支援作用を促し，仕事の達成感を受け止める要因となるからである。

　「職場における社員同士の社会的関係の質，いわば〈社会的関係資本〉は極めて重要である。それは，連帯感が人としての普遍的な欲求であるからだけではない。他者との協働関係が効率的なパフォーマンス，ひいては仕事でなにかを達成するうえで，決定的に重要だからだ。」[7]
の指摘は，モチベーション問題について個人的領域としてのこれまでの把握に対し，貴重な助言と受け止めることができる。

　従業員一人ひとりは，職場活動における重要な戦力である。重要な戦力としての責任感と遂行充実感をどれだけ享受しているだろうか。チーム力を強化し，メンバーの働きがいのある協働関係を築く上で，職場管理者が対処すべき留意点と考える。

6.3.2　キャリア・アップのための体系的運用の継続

　従業員のキャリア開発を推進して各人のレベル・アップを図ることは，当該

従業員にとって，組織にとって，共通のメリットをもつ。それぞれに高い職務遂行にあたって，高度な能力を発揮した，あるいは難度の高い仕事の問題解決に役立ったという実感は，いっそう能力効力感を高めることになる。同時に，キャリア・アップのプラス面を個人と組織が共有できる場面となるわけである。

こうしたキャリア・アップを意図した制度体系の設定・運用は企業レベルで重点を置いた施策となっているが，今日の人材活用ニーズの観点からみると，再検討の必要を生じていると，いわざるを得ない。今日の人材活用ニーズに1つは，グローバル化進展に適応して問題を先取りし解決に貢献できるレベルを要請している。現行のキャリア開発制度とその運用実態について，チェックし再構築する企業行動が問われていると見るべきであろう。

キャリア・アップの体系的運用の継続とうというテーマには，今日の状況，いまの企業人材ニーズの観点から分析した〈新しい人材活用課題〉が織り込まれたものでなければならない，と考える。かつて人材育成指向に即したキャリア開発は，次のような運用意図をもっていた[8]。

① 複線型（分野別）長期人材育成

人材の育成は，従来見られたような職位優先による，いわゆる単線型ではなく，当該従業員の能力・適性・意思をベースにして，分野別に，いくつかのコースに適応させて運用いく，複線型方式とする。

② 不測事態対応型キャリア・パス

情勢の変化に伴い従来方式では適応できない場合，弾力的にキャリア・パスを運用する。また流動的な配置・異動も必要となる。幅のあるガイド・ラインを設けながら不測事態への対応が急がれる。

③ 多様な教育機会と選択履修制

当該従業員が必要とする教育プログラムを選択履修できるように多様な教育機会の設置が必要である。社内教育と直結させるもの，通信教育講座の受講によるもの，社外セミナーへの参加によるものなどが挙げられる。

④ 個人の希望尊重とチャレンジ制の勧奨

自己申告制度などを活用して，従業員の意向や希望をとらえ，企業ニーズや従業員能力，適性などを織り込んで総合検討して方向づける。従業員自らの構

想に基づき，諸事情を勘案し確認した形態とする。
　⑤　個別キャリア・プランの継続的フォローと修正
　それぞれの個人的事情を織り込んで設計・確認したキャリア・プランを一時的なものとしないで，継続し実施していかなければならない。そのためには，毎年見直しを行い修正してよりふさわしい内容とする。

　上記にみられた従来型のキャリア・アップの運用手法は，現在も新しいニーズも呼応させて人材形成を目指している。その重点課題には，明らかにグローバル経営人材のレベル・アップと活用が位置づけられている。

6.3.3　仕事遂行に対する適正な評価と処遇

　担当する業務の遂行について，活動成果はどうであったかの評価が行われる。評価結果は，それぞれ処遇と連動しており，適正な人事考課の運用に伴い，評価結果⇒処遇⇒モチベーションの関係がその都度新しく展開される。この人事考課による影響はかなり大きいものとなっている。重視すべきことは，評価者としての管理者の評価行動をいかに的確に行うかということ。評価・判定にともない，被考課者（従業員）各人の動きは明らかに反応する。したがって，考課にあたっては，「信頼性」「公正性」「適切性」を堅持していかなければならない。
　「信頼性」：考課する側，考課される側にとって，運用によって〈信頼関係をどう維持し高めて行くか〉共通の課題といえる。評価結果について納得を得て，次の活動へと連動した形態をつくっていくことが望まれる。「公正性」：考課が公平に行われるべきことは当然であるが，現状は果たしてどうであろうか。考課への正しい理解と実施を徹底させることが要件である。考課基準に照応させた評価は，当該企業の経営人材観を反映したものとなっていることに着目しなければならない。優れた人事考課制度の運用は，人材形成活動と直結しているのである。「適切性」：評価の重要を強調する要因として，従業員各人（被考課者）の職務行動（遂行能力，態度・意欲，成果・業績）における的確な把握を

挙げることができる。

　考課にあたっては，その対象となる評定要素，ウェイト，着眼点が適切に構成されているだろうか。考課結果は，処遇（昇給，昇格，昇進），能力開発などに結び付けるわけである。考課結果⇒処遇の関係において，留意すべき点がる。すなわち，考課結果をどう活かすか。管理者（考課者）が従業員（被考課者）の指導面接を通じて，社内人的資源活用のきっかけをつくること。このことが管理者によるメンバーへの期待点の明示がやる気を高めるきっかけになりうる。

6.3.4　担当業務の価値認識と社会的貢献への共感

　仕事というのはハードなものである，という認識は仕事観への多数派といえよう。担当する業務が難しい，問題解決のめどが立たない，目標達成までには支障部分が多すぎるなど，当面する仕事遂行に対する阻害要因は少なくない。それだけに，仕事における〈やりがい〉欲求が強いとも推察できる。

　いかにして従業員のやりがいを高めるか，人的資源管理上の常に直面してきた問題であった。様々の施策，取り組みが行なわれ，打開を図ってきたわけである。その前提として，従業員のもつ仕事への価値観や仕事への欲求も多様であることも理解しておかなければならない。仕事の進捗には積極的に対処し，問題解決にはスピード感をもって進めて行く背景には，仕事へのやりがい感が高い比重をもっていることは広く理解されているところである。

　それでは，〈やりがいを感じる仕事〉とは，どういうものか。ここでは，《仕事に対するモチベーションに関する調査》（野村総合研究所）から検討してみよう[9]。

　同調査は，上場企業の20代，30代の従業員を対象としたものであり，これからの経営活動を担う層のやりがい感として理解される。中堅層（20代，30代）の仕事に対するモチベーション「やりがい」をどのようにとらえているのか，比率の高い10項目を列挙してみよう。

　①報酬の高い仕事，②自分だけにしかできない仕事，③新しいスキルやノウハウが身に付く仕事，④自分の実績として誇れる仕事，⑤お客様から感謝され

る仕事，⑥社会的に意義がある・貢献のし甲斐がある仕事，⑦自ら創意工夫ができる仕事，⑧将来のキャリア形成，⑨目標や成果の明確な仕事，⑩自分の個性を発揮できる仕事，となっている。報酬（賃金）に対する認識の高さはほぼ共通のものと推察される。ついで高比率で提示された項目ゾーンは，〈自分の仕事〉をめぐる成長度，承認度に対する強い欲求，〈自分の仕事と社会とのかかわり〉をめぐる有用度，展開度に対する強い欲求，さらに〈自分の仕事遂行〉をめぐる発揮度，成果度に対する強い欲求，と受け止められる。そうした欲求のベースとなっているのは，自己能力の発揮，他からの自己能力への承認，自己能力の内外への貢献と理解される。そうした従業員能力をめぐる問題への企業姿勢として，次世代の欲求に迎合するのではなく，《働く野性を生み出す経営》を強調している点に注目したい。

6.3.5 従業員能力問題と〈働く野性〉への関心

「働く野性を産み出す経営とは，従業員におもねる経営ではない。働く野性とは，職務に対する情熱であり，成長や卓越性への意欲であり，仕事への集中や没頭をもたらすものである。」[10] したがって，この働く野性経営の指向するものは，表面的な意味での「従業員満足度：ES」とは異なるものと位置づけている。たしかに従業員満足度を高めるための施策として福利厚生面，処遇面，職場環境面などにおいての取組みがこれまで重視されてきた。そうした取り組みの効果も認めなければならないが，そこには従業員に対して〈おもねる〉動きはなかっただろうか。果たして従業員による仕事遂行への情熱や意欲喚起への集中に重点を置いてきただろうか。〈働く野性〉のもつ意味を追求していくことが大切だと考える。

担当業務の価値認識と社会的貢献への共感形成は，連動した意識・行動様式である。仕事遂行の成果が社会に製品あるいはサービスの形態となって登場していくわけである。その際，従業員の仕事観や社会とのつながり（製品づくり，サービス提供など）に伴う働きがいの共感度はどうであったのか。共感度の高い状態となっていたか問うべき点であろう。

他方,CSR から見た人材活性化の意義の観点から,〈社員が生き生きと働く会社〉像について,対応行動を次のように捉える見解がある[11]。

① 雇用の創出
② キャリアモデルの提起
③ 良質な商品,サービス提供
④ 多くの能力開発機会,社外のかかわり
⑤ 地域活性化

こうした5つの対応行動を支えるバックボーンは,〈自らの仕事が社会に役に立っている〉という認識と遂行姿勢である。経営活動の一翼を担う従業員の取り組みは,仕事を通じて社会に繋がっている,社会に有用であるとの認識は,自発的に仕事遂行への責任感を高めることになる。生き生きとした職務遂行の継続が能力開発・向上に連結していくものと推察される。〈人─仕事〉をめぐる関係は,CSR の観点からも極めて重要であるといわなければならない。従業員

図表6-4 CSR からみた人材活性化の意義

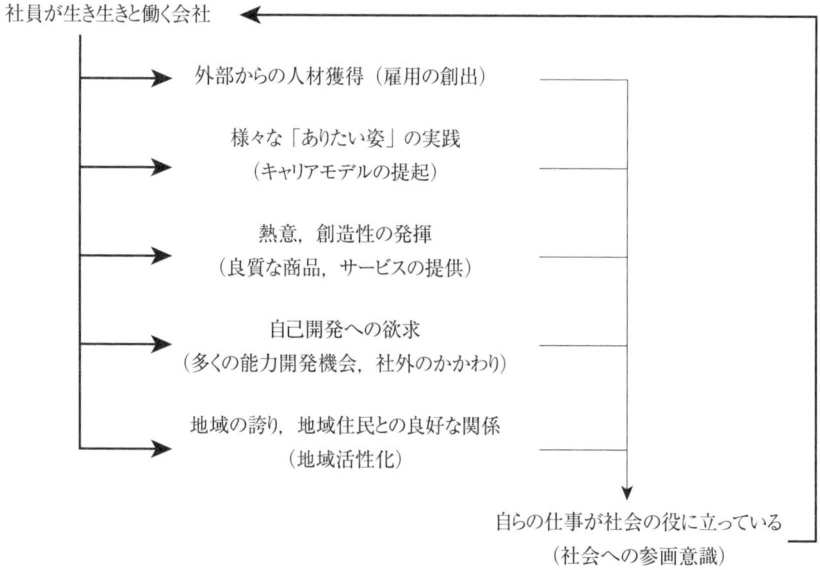

社員が生き生きと働く会社

- 外部からの人材獲得（雇用の創出）
- 様々な「ありたい姿」の実践（キャリアモデルの提起）
- 熱意,創造性の発揮（良質な商品,サービスの提供）
- 自己開発への欲求（多くの能力開発機会,社外のかかわり）
- 地域の誇り,地域住民との良好な関係（地域活性化）

自らの仕事が社会の役に立っている（社会への参画意識）

（出所） 高巌＋日経 CSR プロジェクト編 [2004] 104 頁。

の担当する職場活動が活性化を高めていくことが，確かなCSRの遂行に相応していくものと理解される（図表6-4）。

なお，働く場面における共感形成については，「経営風土として，組織構成員の全員が経営に参画しているという実感をもち，個々人の意思，考え，能力が反映できる共感の風土が醸成される状態」とする見解が表示されている[12]。

6.4 地域社会，顧客との連係醸成と企業文化の関係

それぞれの企業が経営活動の推進にあたっては，海外環境，国内環境の情勢動向をつねに分析し展望して最適行動を図らなければならない。社内基盤を強化しつつ地元環境としての地域社会，また全地域にわたる顧客との関係維持と発展に重点を置いて取り組んできた。CSRからの企業行動において，地域社会との関係，顧客との関係はいっそう重要な領域と認識される。

6.4.1 企業文化（経営文化）の定着度への着目

地域社会との関係では，社会との調和を掲げている。例えば「・'良き企業市民'として積極的に社会的貢献活動を行う。・国または地域の文化や習慣を尊重し，その発展に貢献する経営を行う。広く社会とのコミュニケーションを行い，企業情報を積極的かつ適切・公正に開示する。」具体的には，従業員ボランティアとして，地域の清掃や施設訪問，献血，パソコン教室の開催など，あるいは地元ストアが地場野菜の販売で生産者と顧客を結ぶために，野菜，菓物を直接仕入れて販売など，多様な方法で工夫している。

顧客との関係では，ドラッカーの〈顧客こそ重要である〉との提唱を改めて想起する。企業は顧客に対して，どのように対処し，その満足度に応えようとしているのか。事業活動における顧客最優先を提示したドラッカー論は，現代の経営展開の中で，なお揺るがない力をもつ。「事業とは，市場において，知識という資源を経済価値に転換するプロセスである。事業の目的は，顧客の創造

である。買わないことを選択できる第三者が，喜んで自らの購買力と交換してくれるものを供給することである。そして，完全独占の場合を除き，知識だけが製品に対し，事業の成功と存続の究極の基盤たるリーダーシップの地位を与えてくれる。」[13]

こうした企業の外との関係づくりと並行して従業員活性化の背景となるのは，企業文化（経営文化）のもつ定着度である。企業文化は，それぞれの企業における固有のものであり，成長・発展の中で形成されてきたといえる。一般的に，企業文化は4つの領域側面（理念文化，制度文化，行動文化，形象文化）をもっている，と考えられる[14]。

▶理念側面（企業哲学，経営理念，綱領，経営信条，経営目標，社是，社訓など）

▶制度側面（社内規則，規定，手続き，慣行，儀式，伝統，風土，管理制度など）

▶行動側面（採用・育成・活用，評価・処遇リーダーシップ，メンバーシップ，文化活動，OJT，OFF・JT，自己啓発支援，コミュニケーション，社会・地域連帯活動，スポーツ活動など）

▶形象側面（製品，商品，社旗，社歌，制服，社章，シンボルカラー　ロゴタイプ社屋，工場，売り場など）

6.4.2 海外日系企業における企業文化の方向

企業文化のもつ影響は国内での経営活動にとどまらず，海外日系企業の経営展開にまで波及してきている。日本本社サイドと現地サイドの経営摩擦をめぐる問題の1つに企業文化をどう受け入れ，位置づけていくかが浮上している。両サイドの事情を組み入れた企業文化の構築に取り組まなくてはならない。それぞれの企業文化，企業のもつ価値の一翼を担うものであり，従業員が働くことへの自立的・意欲的な姿勢・行動を形成していくためにも，当該企業文化の定着は今日的な課題となっている。

両サイドのニーズを織り込んで推進する企業文化の方向として，海外日系企

業においては，次の点を挙げることができる。

① 経営理念・目標による活動の展開と遂行計画設定
② 日本型方式の受容分析とプラス受容制度の継続
③ ローカル経営者と本社との信頼関係形成と権限委譲
④ ローカル・本社（日本）の共栄関係構築への具体化

〈経営理念・目標による活動展開と遂行計画設定〉

　企業は，経営活動にあたっての理念・目標を明確にしなければならない。全社的な理念・目標を徹底させることは第一の要件である。とりわけ，海外活動のなかでは，経営理念・目標を経営層から一般従業員層にわたり理解され実行される状況づくりは，困難といえる。それゆえに当該企業の内外に対する姿勢を明らかに定着させていく企業努力は，常に継続されるべきであろう。

　そうした企業姿勢，企業の取組みがしだいに浸透していく地盤づくりとなる。企業のもつ経営理念や遂行目標は，当該企業の社会的価値を表徴する１つであって，CSRの確立と連携したものといえよう。遂行目標がどう設定されたのか。設定に至るプロセスでの取り組み方が計画⇒実行のなかで影響を及ぼしてくる。総意としての遂行計画とその実行を通じて，達成への全社的意思を高めることができるのである。

〈日本型方式の受容分析とプラス受容制度の継続〉

　経営スタイルをどう定着させるか，その発展をどう図っていくかは，当面する課題となっている。海外活動における日系企業の経営方式は，日本での経験・実績をふまえて現地に適応していく形態となる。これまでの海外日系企業の適応事例は，成功場面あり，失敗場面あり，ということで様々であった。それぞれの方式，スタイルの有効度は一様でないところに日本型方式適用の難しさがあるわけで，当該企業にとって試行のなかでどの方式を優先させるか判断することになる。

　これまでの適用実績から見て，海外で受容度が高いスタイルとしては，「経営方針・目標の明示と徹底」「能力レベルに応じた評価・処遇」「技術・品質向上

への参画」などが挙げられる。他方，受容度が相対的に低いスタイルとしては，「配置・異動の実施」「能力レベル・成果がすぐに反映されない賃金，昇格」など。こうした動きのなかで，アジア海外日系企業においては，「全社的品質管理」「品質の重視」が受容度を高めており，優良品をつくることに対する見方が現地で変化してきた様子が読み取れる。技術の高度化を強みとしてきた日本企業にとって，さらに前進を図りたいところである。

海外での生産・販売をめぐる競争力のカギは，依然として〈高技術・高品質〉にあるとすれば，現地活動を通じて，いっそうの〈高技術・高品質〉の促進に取り組まなくてはならない事態といえよう。

〈ローカル経営者・本社間の信頼関係形成と権限委譲〉

海外日系企業の経営場面で浮上しているのは，現地（ローカル）―本社（日本）をめぐる権限委譲の問題。海外進出してから引き続いてきた検討を迫られてきた点である。その前提として，現地事業展開に相応しい経営者が確保できないという本社サイドの声も時折耳にする。どれだけ権限委譲をするのか。委譲することのデメリットに判断比重がかかり過ぎてはいないのか。アジア地域では，日系企業の現地人経営者採用，トップ活動は外資系に比べて低いと言われている。リスクを乗り越えてどう打開していくか，現地人材の確保は，まさに当該海外日系企業の競争力にかかってくるテーマである。

もう1つの面では，日本人派遣経営者への権限委譲も現行修正の角度から検討を要する問題である。いわば本腰を据えて事業発展を進める人材を活用できるのか，本社サイドに問われている。現地―本社間の信頼関係の強化が大切である。

〈ローカル―本社（日本）の共恵関係構築への具体化〉

現地と本社の関係が良好な企業，うまくいっていない企業をタイプとしてみるとき2つに大別される。それぞれに理由，背景があることも確かである。重視すべき観点は，いかにしてプラス面を確保し，発展させうるかということ。経営活動の実態分析（経営における強みと弱み，本社との関係改善の緊急事項，

生産活動あるいは販売活動における戦略徹底と修正点など）に対処しなければならない。そうした取組みのテンポ，タイミングのうえで反省点はなかったか。修正から実効ある場面設定へ転換させていく行動が望まれるところである。

　その際，人的資源管理側面から見た場合，経営活動をめぐる環境（外部環境要因と内部環境要因）を連携していく働きかけが重要となる。企業の「内」「外」に対する主要な課題をとらえ，対処していていかなければならない。しかも外部，内部を構成する要因は，それぞれに影響しあう形態となっている。内から外への対応行動，もしくは外から内への対応行動の結果は，企業姿勢の具現化となって作動していくわけである（次頁の図表6-5）。

　人的資源管理側面における課題の適応は，グローバル化の進展のなかで外部環境，内部環境の両面に影響を広げている。従来型を継続する手法だけでなく，新しい打開場面を見つけ構築することを急がなければならない。外部環境要因においては，〈現地文化への理解と受容度の拡大化〉をどう図っていくかが問われている。

　日本企業の海外活動は，将来に向けて当面する対応行動の比重をさらに増幅させていくことが予想される。とすれば，海外活動の場面での成否いかんが当該企業の経営力を表示することになる。成功を期するための要因の1つに〈現地文化への理解と受容度の拡大化〉が欠かせない。他方，内部環境要因では，〈雇用維持，創出による地域貢献〉がいっそう比重を加えるものと推察される。経済の低迷は，企業における雇用問題を一段と深刻なものとしている。雇用維持は社会ニーズとしての重要度を高めているが，情勢は厳しい局面を越え得られないまま推移している。さらに，企業と地域社会の関係を見るとき，地域貢献としての雇用維持，創出は極めて緊要な課題である。企業サイドにおける内部環境要因としての〈雇用維持，創出による地域貢献〉をどう具体化させていくのか，新たな局面に着目しなければならないところである。

6.4.3　SRIによる企業価値の向上

　このようにCSRをめぐる関連分野は，倫理領域，人的資源領域，社会活動

図表 6-5 労働 CSR の人的資源管理側面における課題

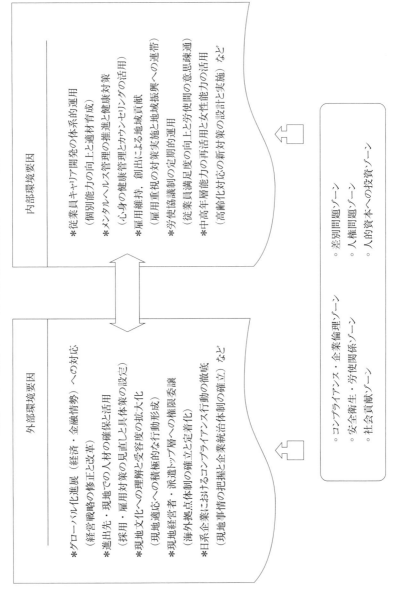

外部環境要因

* グローバル化進展（経済・金融情勢）への対応
  （経営戦略の修正と改革）
* 進出先・現地での人材の確保と活用
  （採用・雇用対策の見直しと具体策の設定）
* 現地文化への理解と受容度の拡大化
  （現地適応への積極的な行動形成）
* 現地経営者・派遣トップ層への権限委譲
  （海外拠点体制の確立と定着化）
* 日系企業におけるコンプライアンス行動の徹底
  （現地事情の把握と企業統治体制の確立）　など

内部環境要因

* 従業員キャリア開発の体系的運用
  （個別能力の向上と適材育成）
* メンタルヘルス管理の推進と健康対策
  （心身の健康管理とカウンセリングの活用）
* 雇用維持、創出による地域貢献
  （雇用重視の対策実施と地域振興への連帯）
* 労使協議制の定期的運用
  （従業員満足度の向上と労使間の意思疎通）
* 中高年層能力の再活用と女性能力の活用
  （高齢化対応の新対策の設計と実施）　など

○ コンプライアンス・企業倫理ゾーン　　○ 差別問題ゾーン
○ 安全衛生・労使関係ゾーン　　　　　　○ 人権問題ゾーン
○ 社会貢献ゾーン　　　　　　　　　　　○ 人的資本への投資ゾーン

（筆者作成）

領域，経済領域など広範である。このなかで，CSR を企業価値の向上とつなげる観点から，社会的責任投資，いわゆる SRI（Socially Responsible Investment）の動きが注目されている。

社会的責任投資の運用にあたっては，企業調査を実施することによって，企業価値の内容を理解することができる。CSR 経営の評価軸として 7 つの点が挙げられる [15]。

① 法令を遵守する
② 説明責任と情報開示を尽くす
③ 顧客に誠実である
④ 人材を育成支援する
⑤ 環境保全を重視する
⑥ グローバル市場に的確に対応する
⑦ 社会活動に積極関与する

7 つの評価軸は，今日の企業が推進していくうえで経営活動において不可欠の要件となるものである。経営活動の内外にわたる展開は，「内」「外」の環境動向に呼応させながら当該企業の価値向上を図っていかなければならない。環境対応にあたっては，積極的に公正性・誠実性を高めて取り組んでいくことがつねに要請されているわけである。したがって，「内」「外」への対応には，ステークホルダーとの関係をいかに安定的に維持・発展させるかという問題に直面することになる。ステークホルダーとの関係度によって企業価値が動くことは当然である。従来の関係度は環境の変化，社会のニーズ，社内の反応などによって一様ではありえない。むしろ流動的であると見る方が妥当であるかもしれない。

現在のグローバル化進展の状況は，多様な場面と機会を創りだす。SRI による企業価値の向上は，企業の社会的責任の遂行に有用となるとすれば，SRI 運用をめぐっての必要性は高まってくることが予想される。

6.5 「共同体の善」の確立

　企業レベルにおける CSR の取り組みは，産業界の強い方針を反映して着実な広がりとなって今日まで推移してきた。CSR 活動をめぐり展開する内部環境，外部環境への対応は，ステークホルダーとの良好な関係維持・発展が今後どのように継続されていくのか，あるいは支障要因を内在させることになるのか，容易に推断できないところもある。

　わが国において積極的な展開をみせた 90 年代の CSR 活動は，〈原則・精神〉を踏まえた企業の意思と受け止めることができる。経済状況の低迷する中で，ステークホルダーの位置づけを確認するとともに，従来型対応の修正や改善を図った企業も少なくない。そうした動きは，グローバル化進展の経営情勢への最適適応としてとらえた事例もあったことに着目しなければならないだろう。かつて，80 年代に見られた世界市場を席捲するかのような日本企業の輝かしい経営活動は，いま展望できる情勢ではない。けれども，甚大な東日本地震被災，原発事故などによる深刻な状況から，どう復興して安定した情勢をつくっていくのか。グローバル市場のなかで一様にわが国の動向推移が注目されている。企業レベルの問題を越えて，国レベルにおける難局打開とその浮上が課題となっていることについて，政府，産業界の明確な方針提示と積極的な行動が要請されていると考える。

　改めて，日本企業の強い競争力を再構築して，戦略的な経営力の発揮を目指さなければならない。CSR の遂行は，その際における重要な軸としての役割を担うものと推察される。とくに日本企業のエクセレント・カンパニーにおいては，これまで推進してきた経営活動のなかで〈共同体の善〉を追求する立場を堅持してきた，と明示する野中見解に注目したい[16]。ここで指摘している〈共同体の善〉とは，人間のもつ民主主義における市民としての側面を指している。

　企業経営における活動価値を社会的貢献度として捉える考え方は，90 年代にみられた経営破綻による深刻な影響が各分野に波及したことに根強く起因している。企業経営と社会の関係は，いっそう緊要性を増してきたといえる。つま

り，経営活動において市民ニーズをどれだけ対応し吸収し得るかについて，改めて認識することの重要性を示唆していると受け止めることができる。

　日本企業の海外市場における展開は，さらに厳しさを加えてきた。その要因の1つにアジア各国や今日の世界経済に影響を広げつつあるBRICSの勢力の台頭，競争力の強化を指摘しなければならない。

　こうした情勢下において，日本企業の独自の動きとして〈共同体の善〉の展開に対して着目していくべきであろうと考える。21世紀10年を経て，厳しい経営環境下で，日本企業は強みとしての〈共同体の善〉をどう拡大してCSRを定着させていくことができるのか。日本企業の経営力の真価が問われる新しい段階に入ったといえる[17]。

(注)
1) 日本経営倫理学会における研究は，倫理綱領研究部会・調査活動を実施して，ケース・スタディによる倫理綱領の日米企業比較を行っている。の本経営倫理学会の研究成果は，日本経営倫理学会監修［1998］にまとめられている。
2) ガントリング，賀川［1999］238-240頁。同社の積極的な研究開発と未来市場への適応について，米国1500社の重役が3Mを第1位の企業と評価している。
3) 日本規格協会編［2004］リコーグループのCSR活動が集約されている。
4) スイスのコーで1986年，日米欧の経営者による第1回円卓会議が開催された。1994年には，グローバル企業の行動指針として，「コー円卓会議・企業の行動指針」が採択された。
5) 日本規格協会編［2004］233頁。
6) 服部「日本企業における社会的責任（CSR）の展開と人的資源管理側面」『松蔭大学紀要』第14号，2011年（35～40頁）そこでは，労働CSRの構成として，コンプライアンス・企業倫理ゾーン，安全衛生・労使関係ゾーン，社会貢献ゾーン，差別問題ゾーン，人的資本への投資ゾーンからなる。
7) Sirota, et. al.（邦訳［2006］293頁）。同書は，ウォートン経営戦略シリーズで，副題〈企業競争力を決定するモチベーションの3要素〉で職場の社会関係の質を強調している点が注目される。
8) 服部［1994］155-158頁。同書では，経営構造転換期の「人」をめぐる問題として，21世紀に向けた人材形成と有効活用について論及している。
9) 野村総合研究所［2008］19頁。同書は，サブタイトル：はたらく〈野性〉を引き出す組織デザイン―として，24の事例を織り込み，NRIが提唱するモチベーション再生を論述している。
10) 野村総合研究所［2008］，23頁。
11) 高［2004］104頁。
12) ヒューマック研究室［1994］19頁。同研究室は，代表理事として梶原豊（高千穂商科大学教授），服部治（金沢星稜大学教授），木谷光宏（明治大学教授）を中心に海外，

   　国内で活動運営。
13)　Drucker（邦訳［2007］）126-127 頁。
14)　企業文化における 4 つの領域については，梅澤［2003］26 頁を参考にして筆者が構想したもの。
15)　足達・金井［2004］132 頁。
16)　野中・遠藤［2011］43-45 頁。同書の中で野中郁次郎は，アメリカのロバート・B・ライシュの著書『暴走する資本主義』から引用して「人間には 2 面性がある。一つは資本　主義にもとづく投資家，消費者としての側面，もう 1 つは民主主義における市民としての側面」があると解説。〈共同体の善〉は後者を指すもので，日本では多くのエクセレント・カンパニーは，〈共同体の善〉に呼応してきたと示唆する。
17)　本章は，『松蔭大学紀要』（第 15 号）〈2012 年 3 月〉所収論文「企業の社会的責任（CSR）をめぐる行動姿勢と実践活動の分析」を加筆したものである。

第7章
日本企業における社会的責任(CSR)遂行と人的資源管理の連関

　企業経営をめぐる激動の時代的推移は，21世紀初期段階において，なお加速的な現象を継続させている。そうした動きの下で経営環境の変動は様々な形で現行の経営方式の変革を迫ってきている。企業は，この情勢にどう対応していくのか。多くの関心を集めてその実施・運用に取り組んでいるが，その領域の1つが社会的責任（CSR:Corporate Social Responsibility）である。

　CSRとは，一般的には「企業が市民，地域及び社会を利するような形で経済上，環境上，社会上の問題に取り組む場合のバランスのとれたアプローチ」と定義される[1]。

　企業が持続可能な発展を遂げていくためには，経済価値のみではなく企業活動に関連したステークホルダー（企業活動をめぐる利害関係者）との良好な関係を考慮して，〈経済的〉〈環境的〉〈社会的〉の3側面がバランスをもった経営を目指すべきである，との考え方に立脚している。

　企業経営をめぐる激動の時代的推移は21世紀初期段階において，なお加速的な現象を継続させている。そうした動きの下で経営環境の変動は，様々の形で現行の経営方式の変革を迫ってきている。企業は，この情勢にどう対応していくのか。多様な戦略の下に実施・運用に取り組んでいるが，その領域の1つが社会的責任（CSR）である。

　本章では，社会的責任活動への取組み，わが国における経済団体のCSR提言，CSRの労働分野領域における遂行動向，CSRの今日的な意義と管理者の役割行動，CSRに対する労働組合サイドの反応，労働CSRの人的資源管理側面の課題について，それぞれに今日の視点から社会的責任と人的資源管理の連

関性を考察している。

7.1 社会的責任（CSR）活動への取組み

現在，CSRの拡がりは国，地域を超えて進行している。このように企業経営をめぐるCSRについての世界的な基準といわれるものは，1994年のコー円卓会議（CRT：Caux Round Table）による企業行動指針であった[2]。以来，CRTは世界各地で開催されており，2003年はコーで，2004年は日本で，2005年はワルシャワで実施されている。こうした動きをアメリカやECはどう受け止めていたか。

アメリカでは，政府の直接的な関与が少なく，多様な投資運用機関による年金基金やSRI（社会的責任投資）ファンドなどの民間レベルの蓄積に支えられているのが特徴的な動きである。他方，EUでは，CSRに関する提言として「グリーンペーパー366」を2001年7月に発表して世界的な議論を喚起した。同ペーパーは，社会，環境に関する配慮を企業活動及びステークホルダーとの相互の関係のなかに，自主的に統合していく概念としてCSRを明示している[3]。

ここでは，CSRをめぐる動向について，わが国における展開推移に着目しながら実態を概観し，経営者の取り組み，それに対する労働組合の反応を分析する。特にCSRの遂行領域の1つを形成する人的資源管理との関係について，CSR労働の観点から検証しようとの意図をもっている。マネジメントの発展・成長を維持しグローバル時代の企業としての存在価値を創り高めていくことは，企業にとって共通の経営命題といえる。その遂行に当たっては，つねに人的資源の有効活用度が問われており，CSRの展開において基軸となる人的資源側面との連動関係について論及することは重要なことと考える。

7.2 わが国における経済団体の CSR 提言

　企業の社会的責任の主体的位置にある企業レベル，その経済団体機構の取り組みはどのような動きとなっているのか。欧米の動きに呼応して，わが国の経済界の動きも積極的な対応行動を示していると捉えることができる。

　日本経済団体連合会（日本経団連）では，企業に求められるのは自己責任原則であるとの観点に立って，日本経済の発展，経済構造の改革の推進と並行してそれぞれの企業が社会的責任の問題とその遂行にあたって積極的に取り組むよう喚起してきた。そうした動向は1970年代の初期から今日の2010年代に及んでいる。主な動きを見ると，1973年5月に〈企業の社会的責任〉について提言。1989年2月には，企業倫理に関する中間報告を発表している。1991年9月に制定した「経団連企業行動憲章」は，10原則からなる[4]。

① 社会的に有用な製品・サービスを安全性や個人情報・顧客情報の保護に十分配慮して開発，提供し，消費者・顧客の満足と信頼を獲得する。
② 公正，透明，自由な競争ならびに適正な取引を行う。また，政治，行政との健全かつ正常な関係を保つ。
③ 株主はもとより，広く社会とのコミュニケーションを行い，企業情報を積極的かつ公平に開示する。
④ 従業員の多様性，人格，個性を尊重するとともに，安全で働きやすい環境を確保し，ゆとりと豊かさを実現する。
⑤ 環境問題への取り組みは，人類の共通の課題であり，企業の存在と活動に必須の要件であることを認識し，自主的，積極的に行動する。
⑥ 「よき企業市民」として，積極的に社会的貢献を行う。
⑦ 市民社会の秩序や安全に脅威を与える反社会的勢力および団体とは断固として対決する。
⑧ 国際的な事業活動においては，国際ルールや現地の法律の遵守は，もとより，現地の文化や慣習を尊重し，その発展に貢献する経営を行う。
⑨ に植え，社内には徹底するとともに，グループ企業や取引先に周知させ

る。また，社内外の声を常時把握し，実効ある社内体制の整備を行うとともに，企業倫理の徹底を図る。
⑩ 本憲章に反するような事態が派生した時は，経営トップに自らが問題解決に当たる姿勢を内外に明らかにし，原因究明，再発防止に努める。また，社会への迅速かつ的確な情報の公開と説明責任を遂行し，権限と責任を明確にし，権限と責任を明確にしたうえ，自らを含めて厳正な処分を行う。

90年代の積極的な調査実施，提言などの行動は，どう後に影響を与えたか。2002年10月に，企業行動憲章の改定と社会的な関心の高まりの中で，〈企業不祥事防止への取組み強化について〉を発表した。2002年9月には，奥田碩会長名で全会員企業代表者に企業倫理の徹底を呼びかけた。併行して4つの点についても，会員企業の自主的，積極的な取組みを要請している。
① 企業倫理・企業行動強化のための社内体制の整備・運用に関する要請
② 新規入会時における企業行動憲章遵守の確認
③ 各社の不祥事防止策確立の支援
④ 不祥事を起こした会員企業に対する日本経団連の措置の明確化・厳格化

他方，関連団体である海外事業活動関連協議会（CBCC：Council for Better Corporate Citizenship）では，主に海外における日系企業の社会的責任への取り組みを促進する活動を展開してきた。このCBCC（1989年設立）は，対米投資関連協議会（CBIUS：Council for Better Investment in the US, 1988年設立）の精神を継承して，日系企業の海外の経営活動推進にあたって，〈より良い企業市民〉となることを支援するよう働きかけている。その具体的な活動は，「より良い企業市民となるための提言」(1990年)，「アジアにおける日系企業のコミュニティ・リレーションについての提言」(2001年)を取りまとめている。

1990提言では，主に3つの点（①現地駐在員は1年の1%に当たる90時間をボランティア活動に充てること，②現地にニーズに合った寄付の実施，③現地の抱える社会問題への理解とその解決への協力）を挙げている。2001提言で

は，主に6つの点が明示された。
　① 出先の文化・社会の理解促進
　② コミュニティ・リレーションズ活動方針の明確化
　③ 地域の自立へとつながるコミュニティ・リレーションズ活動の推進
　④ コミュニティ・リレーションズ活動の広報
　⑤ NGOとの対話・連携の促進
　⑥ 現地化の推進
　こうした海外日系企業の取組みは，海外活動の広がりの中で定着しつつあるとみる。同時に，当面している重要課題としての現地化をめぐる理解・認識と対応成果は，今後へつながる大きな問題であることも再確認しなければならないところである。
　日本経団連の《企業の社会的責任》の実践に向けた姿勢は，一貫している。「すべての企業や個人が高い倫理観の下で自由に想像力を発揮できる経済社会の構築に全力を挙げて取り組んできた」。さらに2004年に企業行動憲章及び企業行動憲章の手引を改訂して，時代ニーズに呼応する意思と行動の在り方を明確にした。その意思と行動を支える基盤的指針となるのは，「CSRは，単なる社会貢献にための寄付やイベントなどのスポンサーになることではなく，企業の利害関係者に対し，一層の配慮をしながら経営を行うことである。それは，社会をより豊かにするように努めることであり，ひいては企業の生産性を高め，利益を上げることにつながる」という強い認識であると推察できる。
　「経営労働政策委員会報告」（2005年版）のなかで，CSRの行動にあたって，人材側面について，従業員の多様性，人格，個性を尊重するとともに，安全で働きやすい職場の確保が求められると言及している点は，今日のCSRをめぐる検証と人的資源管理側面の観点から，極めて重要な着眼と理解したい。
　他方，経済同友会では，2000年12月に「21世紀宣言」を発表。企業の姿勢として〈自らの信念とそれに向けた企業の積極的なイニシアチブを発揮すべきである〉と提唱し，それを市場の進化というコンセプトで表現した。2003年の第15回『企業白書』（小林陽太郎代表幹事）では，CSRをネガティブにとらえるのではなく，企業の競争力強化とより良い社会の実現という，企業と社会の

相乗発展として位置付けている。また実践に踏み出すためのツールとして新しい〈企業価値基準〉を提唱している。

この〈企業価値基準〉は，経営者自身による「現状評価」と「目標設定」によって，CSRの取組みを具体的に推進しようという試みのもとに作成されたもので，市場，環境，人間，社会の4つの分野からなる。「企業の社会的責任」，それを担保する「コーポレート・ガバナンス」について評価項目を設定している。画一的な評価ではなく，ベスト・プラクティスを発掘・評価することを主な狙いとしている。

『2006自己評価レポート』（日本企業のCSR：進歩と展望）では，着実に進展したCSR体制づくりとして会員調査に基づく結果を集約している。実態からは，さらに意識と行動面に積極的な取組みが期待されるところである。2003年時調査と比べて，大幅な改善が見られたのは人的資源管理の領域で女性管理者が増加した点である。女性管理者が増加している企業では，育児支援についても，体制が整備されつつあることが把握された。

東京商工会議所では，企業活動をめぐる社会情勢を踏まえて企業行動規範特別委員会（2002年9月）に設置。同年12月に「企業行動規範の実践」を取りまとめて発表。そのなかで，①経営者の倫理観の重要性，②不祥事の発生を予防する社内体制の整備，③法の不知による違法行為を防ぐための教育，④規範順守意識の徹底と実行などを強調している。このように経済界のCSRへの取組みは多面にわたっている。なお，CSRと経営プロセス・内部統制プロセスの関連については，コーポレート・ガバナンス，リスク・マネジメント，コンプライアンスを軸にした位置づけとなっている（図表7-1）。

7.3 注目されるCSRの労働分野領域における遂行

ここで，関心を高めてきたCSRの労働分野の内容とその遂行にあたって，展開をどう進めていくかが注目点となる。いわゆる労働CSRにおける形態として，ネガティブ・インパクト（Negative Impact）とポジティブ・インパクト

第 7 章 日本企業における社会的責任（CSR）遂行と人的資源管理の連関　177

図表 7-1　CSR と経営プロセス・内部統制の関連図

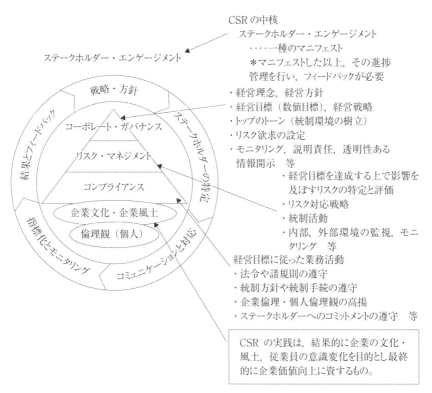

（出所）　中央青山監査法人編［2004］35 頁。

(Positive Impact) がある。前者の〈守り：社会への重大なマイナス影響を与える場合〉に対して，後者は，〈攻め：社会へのニーズ呼応，プラス影響を与える場合〉といわれる。

　日本における企業の社会的責任の問題は，近年では，企業の不祥事や環境問題への消極的対応としてクローズアップしてきた。そうした動きへの反応は一様に高いものとなり，経済社会のなかの企業の役割，位置づけを再認識させるという機会を現出したといえよう。ただ報道機関の一部には，ネガティブ・インパクトに対する関心優先の手法報道のあったことも否定できない。社会的影響の大きさを考慮するとき，過大のネガティブ・インパクトは，公正性開示の

原則を損なうものといわざるを得ない。同時に，企業にとっては，常に経営活動における社会的責任を自覚し，その認識を行動に表示していく経営姿勢が要請されているのであって，これからはポジティブ・インパクトの表明にも積極的に取り組んでいく必要があるといえる。

7.3.1 労働 CSR にみる 2 つのインパクト

概して，労働 CSR におけるネガティブ・インパクトでは，コンプライアンス，基本的人権の尊重，安全で衛生的な職場環境の整備の分野とされる。他方，ポジティブ・インパクトでは，人的資本への投資，社会貢献分野とされる[5]。

▶コンプライアンス・企業倫理ゾーン

　○労働・社会保険関係法令の遵守　○グループ会社，取引先のコンプライアンス・チェック　○従業員・役員のコンプライアンス行動徹底　○従業員非（反）社会的行動の抑止　○労働搾取の撲滅

▶安全衛生・労使間関係ゾーン

　○健全で良好な労使関係の構築　○安全で健康的な職場環境の確立　○サービス残業の禁止　○長時間労働，過労死問題への対応　○不当解雇の禁止

▶社会貢献ゾーン

　○従業員による地域・社会貢献のサポート　○雇用の維持，創出による地域・社会貢献

　○従業員エンプロイアビリティの獲得，向上

▶差別問題ゾーン

　○差別のない職場づくり　○男女差別（雇用機会均等）　○同和問題　○年齢差別　○人種差別・国籍による差別　○身体障害者差別　○学歴差別　○非正社員差別

▶人権問題ゾーン

　○職場における人権の尊重　○セクシャルハラスメント　○パワーハラスメント　○従業員のプライバシーの保護　○児童労働の禁止　○グループ

企業，取引先における人権問題のチェック　○海外における人権，労働環境への配慮
▶人的資本への投資ゾーン
　○人材開発への積極的投資　○企業利益の従業員への還元　○従業員家族に対する配慮

　労働CSRでは，関係法令を遵守して快適な職場環境をつくるとともに，社会的貢献の点から人的資源の有効活用を促している。厳正な推進によって，従前に比べて良好な点，改善された環境など具体化していくことが求められる。ポジティブ・インパクトとしては，企業活動面，社会貢献面でさらに成果となって積極的に展開し継続していくことが望まれるところである。

　こうした労働CSRにおける分野活動は，他の分野に比べると取組みが遅れている面もある。厚生労働省の研究会では労働CSR推進の提言を行っており，次の点を指摘している（2004年6月）。
① 多様な人材が能力を発揮できる環境整備（人材育成，女性の登用，健康確保対策など）
② 海外進出先の従業員に対する責任ある行動
③ 人権への配慮

　同研究会で指摘された動きの中で，〈多様な人材の能力発揮の環境整備〉は経営活動を通じて，どれだけ実効性を確保できたのであろうか。現状の検討に当たっては，最近の企業が取り組みつつある能力発揮の環境動向に着目する。

7.3.2　現状でのCSRへの関心と具体的運用

　上記にみるように，労働CSRの関心が広がるなかで，人事・労務部門の受け止め方，反応はどうであろうか。ここでは，「労働に関するCSRについての人事の取り組み状況調査」（産労総合研究所，トーマツコンサルティング共同実施）から重点的に現状把握する[6]。

　同調査によると，CSRの取組み状況では，全体的傾向として動きつつあるが

その歩調は一様ではなく，企業規模による比率格差は目立っている。従業員数500人以上のところでは極めて多く取り組んでいるのに対し，500人以下では70％近い比率であって，ほとんど取り組んでいないのが24％台。これからの課題の1つといえる（図表7-2）。

500人以上の企業では，CSRへの関心と具体的運用の度合いが，わが国におけるCSRの進展と実効性に大きな影響を与えることになろう。

社内における具体的な施策状況では，「経営トップが自ら方針を語るなど」「通報窓口，苦情対応部署の設置など，社内のチェック体制を構築」「担当部著または専任担当者を設置」がそれぞれの対象企業の半数を超える積極性を見せている。併行してCRSの社内徹底を図る観点からCSRに関する基準や指針などを作成しているところも一定比率を持っており，全社的な理解と取り組みの基盤づくりを形成している。

また，比率は高くないけれども，「従業員の目標に組み込んでいる」動きもみられ，CSRに対する社内各層の認識の広がりと日常活動における実施の定着が期待される。具体的な施策に見る規模別の相違点では，「CSR報告：サスティビリティ・レポートなどの作成」が目立つ。全体像では，製造業の方が非製造業より取り組む積極度は高いといえる。

わが国の人材活用施策のうちで，女性能力育成と活用は大きな課題となって継続してきた。現有の人材力を高めて組織力の強化を図っていくためには，女性能力を有効活用は不可欠の要件である。女性が活躍できる社会の条件について，日本政府主催の「国際シンポジュウム・2015」参加したリング・ヒル氏（ハーバード・ビジネス・スクール教授）は，女性の活躍を実現するうえで重要なこととして，次のような見解を表明している。「多くの女性を登用しても，能力を発揮する環境がなければ意味がない。女性たちが経験を通じて学習し，成長できるような仕事を与え，有用な人脈にアクセスできるところに配置することが重要だろう」[7] と女性が成長できる環境の重要性を指摘している。CSR労働の人的活用側面の重視すべき点を着実に受け止めて，その実施運用に踏み切ることができるのか問われる段階になったといえよう。今日まで引き続いてきた女性の管理職登用は，当該企業の人材開発政策の一環として位置付けられる

図表 7-2　CSR と経営プロセス・内部統制の関連図

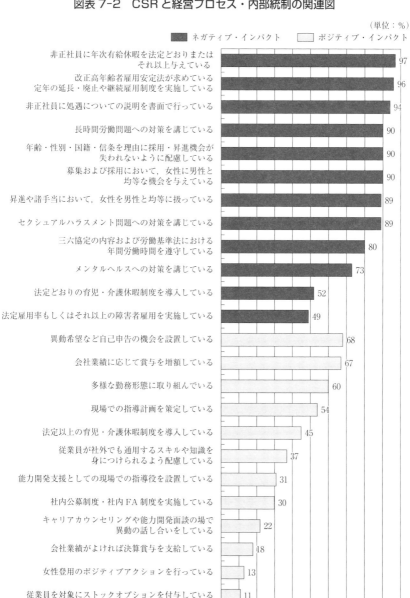

(資料)　『人事労務』(2006・10・15) No.1001 (産労総合研究所), 21 頁。

べき分岐点である。

7.3.3　社内コミュニケーションの場づくりの定着

さて，会社意思・方針をいかに従業員に伝達して理解を得るか（上意→下意）。従業員意思・意向を会社にどう伝達して確認しているか（下意→上意）。コミュニケーションの比重はきわめて高い。その具体的な対策は，どう進められているか。

調査対象企業の全体像からは，「労使協議制」「社内報の活用」「自己申告制度の活用」が共通して広く運用されており，比率上位に挙げられる。最高比率を示しているのは，製造業の「労使協議制を設けている」（74.7％），500人以上の「社内報を活用している」（74.2％）である。

労使協議制や労使職場懇談会は，企業内労使関係を基盤とするわが国の特徴的運用を軸としたもので，コミュニケーションの場づくりとして広く理解され，定着している。経営側（会社側）と従業員側（労働組合側）の問題協議の接点はそれぞれの企業段階で，有効度に違いはあるものの，すでに定着した形態となっている。会社の方針や対策について必要に応じ，事前に協議する機会を持ち，方針内容や対策内容について理解したうえで具体化されることになる。

7.3.4　労働CSRにおける4つの領域

上記調査結果（産労総合研究所，トーマツコンサルティング共同実施）によるネガティブ・インパクトとポジティブ・インパクトの取り組み状況は，大きな傾向として前者は総体的に積極的な動きとなっているのに対し，後者の取り組みは消極的であると理解される。

労働CSRの分野では，わが国の遅れていた事項，領域が浮き彫りにされたことになるが，そうした観点からは，これからのポジティブ・インパクトに対し，どのように重点を置いて実施・運用していくかが大きな課題といえる。労働CSRにおけるポジティブ・インパクトの主なものは，「シュアリング・プラ

ン：企業活動の成果を従業員と分かち合う仕組み」,「ファミリー・フレンドリー：仕事と育児,介護が両立できるさまざまな制度」,「アファーマティブ・アクション：職場におけるマイノリティ・グループに対する機会確保の施策」,「エンプロイ・アビリティ：従業員の能力向上」の4つの領域がある。下記の同調査結果についての言及は筆者によるもの[8]。

　4つの領域はこれまでわが国の企業が取り組んできたところであるが,全社的課題として位置づけ促進して行く体制づくりの角度からは,一層の積極性的展開が望まれる。それぞれの対策運用が連携して従業員の活動成果,職場生活の環境づくり,能力向上・発揮の場面の共存・共恵関係を構築していかなければならない。特に中小企業にとっては,多くの職場でこれまでにない新しい雇用対策の取組みとなる。その際の経験,コストなどにともなう問題を乗り越えて,新しい潮流に呼応していくことが要請される。

　労働CSRのポジティブ・インパクトにおける取組みの将来方向は,調査結果からみて必ずしも悲観的でなく,前進する可能性があると推察する。そうした可能性を検討するとき,「職場での指導計画の策定」「従業員の社外でのスキルや知識の習得」「能力開発支援としての指導役設置」「面接の場における異動の話し合い」の事項範囲については,現状より高い比率になっていくものと予想される。

① 職場の指導計画の策定
　現在,職場指導手法としてOJTが位置づけられ運用されている。日常業務の遂行にあたっての従業員本人─直属管理者の関係は,重要な影響を持つ。両者の関係度合いがOJTの効果を向上させる,もしくは減退させることに直結するからである。それぞれ企業が一様に重視する職場指導手法であるが,所定の計画に基づいた指導方式を実施しているかどうかは明確でない。場合によっては,職場の長に委任したままの指導方式となっているところも少なくないと推察される。
　したがって,現状実態を検討し改善を図らなければならないわけで,指導計画として明示し実施していくための具体化に取り組むならば,職場指導の効果

も高めることが可能となる。

② 従業員の社外でのスキルや知識の習得

わが国における能力開発としての自己啓発（従業員サイド），自己啓発制度にもとづく従業員への支援体制（企業サイド）を運用している。能力開発体系の重点施策となっており，従業員の自己啓発は，社内，社外とその機会を広げ能力向上に取り組んでいる。社外におけるスキルや知識の習得は，企業サイドも勧奨し支援のための施策を進めている。従業員の自己啓発への意欲，それを奨励する企業の支援制度は，わが国の企業内教育の特徴の1つを形成している。従業員自らにとってプラスとなること，同時に企業にとって能力活用を通じてプラスを確保することができることから，その比率はさらに高まるものと思われる。

③ 能力開発支援としての指導役設置

業務遂行における指導・育成は，OJTを軸とする。そうした指導体制を補完して強化するために「指導役」を設置する方法は，従業員能力の向上視点から望ましい動きといえよう。現在の職場の高齢化進行に伴うキャリアのある人，ベテランといわれる人たちのスキルや知識をどう伝承させていくか，人材活用問題に1つである。こうした指導役が設置され実施される職場，企業が増えていくことは従業員，後輩が現場でのスキル，知識を習得し，当該企業が伝承していくべきものを連結していくうえで有効といわなければならない。大切なスキル，知識の伝承について，さらに重視した体制をつくっていくことが重要であろう。

④ 面談の場における異動の話し合い

カウンセリングや能力開発について話し合う面接の機会が異動をめぐって話し合う場となっている。異動の実施意図は，主に①従業員本人の能力開発を図ること，②従業員本人の仕事と適性の関係機会をつくること，③職場人員の事情により要員調整を図ること，が挙げられる。その運用のベースに流れる考え方は，多能化をめぐる人材づくりである。面接の場では，従業員能力を向上させるための角度から，その1つの手法として異動意見交流となるわけで，その機会は増えていくことが予想される。

7.3.5 管理者行動と社会的責任遂行の全社的体制

　社会的責任の遂行は，全社的認識と実践の場において推進されることを要件とする。事業活動の中で派生する問題（不正行為，反社会的行為など）は予期しない事態となって，当該企業は対処することになる。経営者，管理者，従業員に至る各層が当面する事態に対処し，打開・解決の方途を探らなければならないわけで，リスク状態が一挙に浮上してくる。

　ここで，企業倫理に基づく管理者，従業員の意識と行動がどう対応していくのか，大きな分岐点となり，当該企業の事業展開・存続にとって主要なカギを握っているといえよう。日常の仕事遂行において提起される問題対処や改善実施を貫く仕事哲学（仕事観）に仕事の正しい遂行態度，社会（顧客など）に対して，製品・サービスの提供者としての責任姿勢が形成されているかについて検証しなければならない。

　企業の社会的責任の遂行が管理者の日常業務のなかで的確な判断をベースにして推進されるためには，今日的課題としての遂行責任の認識をどれだけ体得しているかがポイントになる。それを支える基盤には，従業員へのCSR労働に対する理解と取り組みが欠かせない。新たに問題が発生したとき，どう反応するか。経営者の責任だけにとどまらない。管理者，従業員も問題の内容によっては，その対象となる。

　CSR労働の遂行場面で管理者のもつ領域の大きさは，さらに広がりを見せるものと推察される。それは，管理者の適切なリーダーシップの行使が派生する問題に向けての対処の的確さ，迅速さによって，打開・解決する要因となるからである。部門活動における管理者のリーダーシップの発揮範囲は，社会的責任の遂行という場面を織り込みながら展開していくことになるだろう。

7.4 エクセレント企業（トヨタ）の推進するCSR戦略

7.4.1 トヨタにおけるCSRの取組みとグローバル戦略

〈21世紀も成長できる持続的企業となる〉の目標のもとに，トヨタ自動車（以下，トヨタと呼称）は，積極的なCSR活動をグローバル戦略として運用・展開している。同社は，かつて社会的責任について，次のように提示し企業姿勢を明らかにした[9]。

「企業が国際社会の中で長期にわたって安定成長を持続していくためには，社会や人々から尊敬され信頼される存在にならなければなりません。それには，事業活動によって経済の発展に貢献するだけでなく，良き市民として社会の調和ある成長を果たしていく必要があります。トヨタでは，こうした側面から経営や企業行動の在り方のチェックを目的とする機能として，社内に社会貢献活動委員会やトヨタ環境委員などを設置しています」（TOYATAマニュアルレポート2004）。

このレポートに表明されたトヨタの認識は，企業活動をめぐる周囲の動きに絶えず着目し〈尊敬と信頼〉がそこに存在しているかどうか，強い経営意思の姿勢がうかがえる。事業はその活動を通じて，経済発展に連動させていくことは望まれるところであって，経済発展が経営基盤の拡充を促していく。

トヨタは貢献の内容を〈社会の調和ある成長〉と活動連結させた捉え方を推進する。従業員は〈良き企業市民〉として存在と活動，その間における社会との調和をどう図るか，バランスある関係づくりが重要であることを全社的に徹底している。経済的側面と同時に社会的側面への理解と実践活動を重視している。トヨタの新しい社員像の形成は，CSRの取組みと呼応させて浸透を図っている。こうした運用・実践の動きは，トヨタ・グループに波及していくことは当然といわなければならない。大きなうねりとなってトヨタ，そのグループのCSRの展開は，さらに積極的なグループ体制へと進んでいるといえる。

7.4.2 ［トヨタウエイ2001］にみる2つの視点

　トヨタの企業文化を物語る［トヨタウエイ2001］は，トヨタの基本理念をグローバルな企業活動になかで実現するための行動原則である。それぞれの担当する業務遂行において，2つの経営視点を堅持し，つねに追及していく行動を一貫させて前進していくという仕事形態である。2つの経営視点とは，［連続の改善］（Continuous Improvement）と［相互の責任］（Respect for People）である。前者では，挑戦（夢の実現に向けてビジョンを掲げ，勇気と想像力をもって挑戦する），KAIZEN（常に進化，革新を追求し絶え間なく改善に取り組む），GENCHI GENBUTSU（現地現物で本質を見極め，すばやく合意，決断し全力で実施）を軸として取り組む。後者では，尊重（他を尊重し誠実に相互理解に努め，お互いに責任を果たす），チームワーク（人材を育成し，個の力を集結する）を軸として取り組む。

　トヨタの全従業員が2つの経営視点をもって日々の仕事の中で，〈考え，実践し，チェックし，改善する〉形を具体化していく手法の背景には，困難な問題を解決していこうとする高いビジョンの存在がある。そこでは職場のメンバーと共有する経営価値観のもとに，業務遂行に当たって責任を果たすという仕事態度を重視している。従業員がそれぞれに取り組む改善のための絶えざる行動と仕事への責任感の堅持は，着実にトヨタ企業文化の基盤を拡充させる要因となったに違いない。

　その点では，［トヨタウエイ2001］は，21世紀初期の時点で世界へ向けた経営行動姿勢の明確な表示ともいえよう。〈最高の製品を創るために全社能力を結集させる〉過程に織り込まれたヒト・モノ・カネの機能とともに，社会的ニーズに応える経営展開は，トヨタのCSRの表明と理解できる。トヨタは2009年に米国で発生したクレーム問題などその対応に追われ経営活動に大きな衝撃を受けた。そうした問題を正面から受け止めて対処し解決を図らなければならないわけで，その局面は今のところ終止したわけではない。グローバル時代において，トヨタは当面する問題にどう対処し乗り越えていくのか。21世紀におけるエクセレント・カンパニーとしてその経営行動は世界から注目されている。

7.4.3 ステークホルダーとの関係の明確化

トヨタは，[2010年グローバルビジョン]のポイントを提示している。

[2010年グローバルビジョン]

◇基本テーマ
Innovation into the Future
―豊かな社会づくりに情熱をかけて
　創業以来の精神である「モノ作り，車づくりを通して社会に貢献する」ということの意味をいまいちど噛みしめ，強い情熱と高い志をもって「豊かな新世紀社会を実現する」ために邁進する。
〈将来に向けた4つのInnovation〉
―21世紀前半にわれわれが期待する社会に姿と目指すべき企業像―
Ⅰ．[再生社会・循環型社会の到来]に向けて
Ⅱ．「ITS社会・ユビキタスネットワーク社会の到来」
Ⅲ．「地球規模でのモーターリゼーションの進展」に向けて
Ⅳ．成熟した人間社会の到来
　〈パラダイムチェンジ〉
　1．技術開発・商品開発
　　(1) R&D体制に刷新と革新的な生産技術開発
　　(2) 商品づくりの体制刷新
　2．マネジメント
　　(1) グローバル経営体制の刷新
　　(2) グループ体制の刷新
　　(3) 多様な人材のチームワーク
　3．収益構造
　　(1) グローバルにリスクヘッジの効いたバランスある構造へ刷新
　　(2) あらゆるステークホルダーを重視した経営及び資本効率重視経営

[2010年グローバルビジョン]は，まさに創業時から継承されてきた，いわばトヨタ精神の再確認とこれからの新しい時代に対する行動基準を提唱したもの，と受け止めることができる。自動車を創ることによって，社会に貢献する

第7章　日本企業における社会的責任（CSR）遂行と人的資源管理の連関　189

という経営理念は今日のCSRに符合するものである。

　トヨタの経営活動は，CSR戦略となってグローバル時代の企業ポジションを位置づけ，経営基盤のさらなる拡充を図っている。〈トヨタのCSR戦略〉は，ステークホルダーと関係を強化した展開となっている。21世紀でも成長できる持続的企業となるために，ステークホルダーから尊敬される企業となることを強調している。そのためには，ステークホルダーとの対話，コミュニケーションがさらに円滑に，多くの機会をもつことが予想される。トヨタのステークホルダーに対する位置づけは明確である。第1が顧客，第2が従業員，第3が地域社会，第4が株主である。

　顧客最優先の考え方は，製造・販売両分野において不変のものとして継続されてきた。「顧客ニーズに応える」「顧客の欲するものを提供する」という経営姿勢は一貫して伝承されている。そうした経営姿勢は，従業員層から経営層までの共通認識となって歴史を創ってきたが，今日においてますます貴重なものといわなければならない。2007年時，自動車売上高の推移にみる上昇傾向は，世界にトップに地位を近づけた情勢であった。

　従業員との関係はどうか。労使関係を通じておおよそ安定した関係を維持してきている。雇用を重視する経営は，トヨタの人的資源管理側面の特徴に1つといえる。雇用安定による利点は2つの場面でとらえることができる。1つには，従業員サイドからは経済的安定によるバランスのとれた生活設計・維持。モチベーションのプラス要因ともなりうる。もう1つは，企業サイドからは，現有の従業員能力を有効活用する機会設定と実施に直結させること。

　ステークホルダーとしての地域社会との関係は，これまでも広く実践されてきたところである。トヨタの活動拠点となる地域の人たちとの交流，地域への貢献活動は，いっそう重要になってきている。また，株主との関係維持・強化も比重を加えているのは言うまでもない。

7.4.4　グローバル戦略のもとにCSRビジョンの推進

　さて，グローバル経営時代において企業はどのように海外活動の中で，CSR

戦略を進めようとしているのか。トヨタは，グローバル戦略のもとに〈CSRビジョン〉〈現地戦略〉を推進している。海外日系企業にとっての新しい課題として定着させていかなければならない点である。トヨタは，現地戦略として6つの戦略点（現地生産，現地雇用，現地調達，現地ブランド化，現地社会文化の尊重と融合，市民権の獲得）を提示している（図表7-3）。

　進出した現地における経営活動，そこでのCSR視点からのビジネス現地戦略はトップから一般従業員に至る全社員を対象にして取り組まなければならない。どのように戦略遂行と実効度を高めてゆくのか。そのキーポイントの1つは，企業文化をどう形成・定着していくかにある，と考える。

　トヨタは，グローバル戦略のもとに積極的なCSRを推進している。その姿勢・行動は当面する問題の解決にあたって，果敢に対処し揺るがない経営理念を継承させようとしている。世界のトップ企業として卓越性を現在，将来にわたってどう維持・発展させていくのか，内外から注目されるゆえんである。これまで取り組んできたステークホルダーとの関係を良好に維持していくという

図表7-3　CSRと経営プロセス・内部統制の関連図

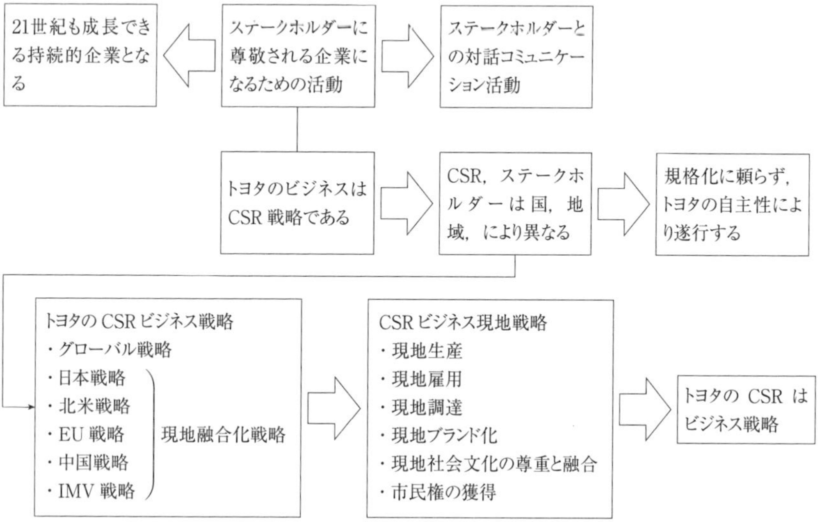

```
┌──────────┐      ┌──────────┐      ┌──────────┐
│21世紀も成長でき│ ←── │ステークホル  │ ──→ │ステークホルダーと│
│る持続的企業と  │      │ダーに尊敬さ  │      │の対話コミュニケー│
│なる            │      │れる企業にな  │      │ション活動        │
└──────────┘      │るための活動  │      └──────────┘
                        └─────┬────┘
                              │
                              ↓
              ┌──────────┐      ┌──────────┐      ┌──────────┐
              │トヨタのビジネスは│ ──→ │CSR，ステークホ│ ──→ │規格化に頼らず，│
              │CSR戦略である    │      │ルダーは国，地│      │トヨタの自主性によ│
              │                │      │域，により異なる│      │り遂行する      │
              └──────────┘      └──────────┘      └──────────┘

  ┌────────────────┐      ┌────────────────┐      
  │トヨタのCSRビジネス戦略 │      │CSRビジネス現地戦略    │      
  │・グローバル戦略        │      │・現地生産             │      ┌──────────┐
  │・日本戦略              │ ──→ │・現地雇用             │ ──→ │トヨタのCSRは  │
  │・北米戦略  現地融合化戦略│      │・現地調達             │      │ビジネス戦略    │
  │・EU戦略                │      │・現地ブランド化       │      └──────────┘
  │・中国戦略              │      │・現地社会文化の尊重と融合│
  │・IMV戦略               │      │・市民権の獲得         │
  └────────────────┘      └────────────────┘
```

（出所）　佐久間［2006a］255頁。

命題は不変のものでなければならない。その過程においてトヨタのエクセレント・カンパニーの力量を創り出していく経営行動を期待したいところである。

7.5 CSRに対する労働組合サイドの反応

7.5.1 労働組合が取り組む社会的責任（経済高度成長期と経済低迷期での対応）

　それでは，経営者団体の社会的責任の取組みに対して労働組合側はどのような観点に立って対応してきたのか。70年代半ばには，労働組合の社会的責任として提示されている。『企業の社会的責任と労使の役割』（日本生産性本部, 1974年）として発表された内容は，企業ならびに労使の社会的責任を果たす具体的政策と方途について提起したものであるが，本章では労働組合における社会的責任の言及部分を取り上げることにしたい。

　70年代前半のわが国の高度経済成長期のなかで，企業の社会的責任という観点からの関心の高まりと他方，労働組合の果たすべき社会的責任はなにか，の問題提起もクローズアップしてきた時代状況であった。労働組合の今後果たしていくべき社会的責任として，3つの点を挙げている。第1点は，企業責任の遂行をチェックし監視するような形で企業の社会的責任を分担すること。第2点は，労働組合員に対する責任及び組合員以外の労働者及び勤労者に対する社会的責任を遂行すること。第3点は，労働組合が政策形成に参加し，また独自に地域社会で福祉活動や美化活動を行うこと。国際平和を維持することも労働組合の社会的責任での遂行といえること。

　労働組合の社会的責任の遂行視点は，①企業に対するもの，②労働者にかかわるもの，③労働組合としての責任，の3つにおいており内容を次のように集約している[10]。

① 企業の社会的責任の分担
　　a) 労組の監視的機能の発揮

b)　企業の社会的責任の促進
②　労組の福祉向上に対する責任
　　a)　労働組合員に対する責任
　　b)　非労働組合員に対する責任
③　労組自体による狭義の社会的責任
　　a)　中央・地方政府の政策形成への参加
　　b)　労組の自発的福祉・環境活動の推進
　　c)　労組の国際平和への責任

　その後，80年代，90年代を経て21世紀初期を迎えることになった。この間の政治的・経済的情勢は，企業の社会的責任の問題を多角的に拡大して，企業・地域・国・世界に共通の遵守領域を定着させてきたといえる。

　企業が推進する現行の社会的責任，その関連行動に対して労働組合の反応，見解は注目されるところである。今日のCRSに対する反応や見解は多様であると同時に，それぞれの責任遂行度への関心も極めて高くなってきている。それは，21世紀にける企業行動の果たすべき課題の重大性を明示したものと受け止めなければならないだろう。いうまでもなく，責任遂行は社内体制を基盤に社外（地域レベル，国レベル，海外レベル）に広く波及しており，企業の活動とその影響範囲は人々の生活に直結した位置にあることも確認しておく時代状況となった。

7.5.2　労働組合からみたCSRへの反応とその分析

　ここで《労働CSR》調査（稲上毅・連合総合生活開発研究所）から労働組合側からみた企業の社会的責任行動の反応，見解に基づいて状況分析を試みたい。同調査では，〈法令遵守〉〈環境保全〉〈社会に向けた情報開示〉〈労働の質的改善〉〈その他〉を対象領域として各項目を問いかけ回答を得ている。企業（会社）が取り組んでいる項目比率の高い内容（50％以上）を挙げてみよう[11]。

・社員の健康・メンタルヘルスの管理と改善（74.9％）
・法令遵守のための社員教育（74.7％）

・65歳に向けた雇用延長（74.7％）

・地域温暖化ガスの数値目標に基づく削減（57.3％）

・不正行為防止のための内部通報システムの構築（55.7％）

・育児介護休業の取得促進（54.1％）

・実労働時間の短縮（52.5％）

・グリーン調達（50.2％）

　法令遵守の徹底を図るために企業の積極的な働きかけ，また従業員の心身の管理に重点を置く企業の取組みが高い比率となって表明されたものと理解される。かつて発生した一連の不祥事，ミス行為はトップから一般従業員にいたる全社的な社会的責任に対する認識と行動によって減退，抑止することは可能であるとの観点に立って，対処していかねばならない。50％を超える実施項目の動きは企業の取り組んでいる実態を示しており，傾向をうかがうことができる（次頁の図表7-4）。

　〈法令遵守領域〉では，取り込み状況について客観的な外部評価比率のアップが望まれるところといえる。〈環境保全領域〉では，全般的に積極的な企業行動を示している。情報開示領域では，今後どのように開示比率を高めていくかが課題となる。女性能力の活力化の成否が企業の職場活力に影響を持つのは当然である。女性の能力発揮，活躍の場面設定を計画的に運用していけるかが問われており，有効活用のための施策を具体化していくことが要請されている。〈労働の質領域〉で注目したいのは，65歳に向けた雇用延長と子会社・関連会社やサプライチェーンにおけるILOの遵守。65歳雇用は，高齢化進行の中で高齢者能力の再開発・活用政策とともに，さらに積極的に推進していくべき領域であると考える。

　また，海外日系企業の活動比重が高まることを予想すれば，海外日系企業の現地従業員，本社派遣の管理・経営者に対する処遇や労働の質の向上は不可欠の取り組みとして運用していかなければならない。現状にみる消極的な企業対応は早急に改善を図ることが必要であろう。〈その他〉領域では，ボランティア活動への支援や地域清掃，緑化など地域社会との連帯関係が一定の比率を持っているのは，これまでの活動の定着を示したものと受け止める。この比率をさ

図表 7-4　会社の社会的責任についての組合の見解

（会社の社会的責任関連行動についての貴組合の見解）
Q4　次の項目について，(A) 会社は取り組んでいますか。(B) 貴組合は，これらの項目について労使協議会や労使委員会等で発言していますか。また，(C) それらのことを会社が果たすべき企業の社会的責任であるとお考えですか。

分類	項目	(A) 各項目ごとに会社が取り組んでいるものに○印をしてください	(B) 貴組合は左記の項目について労使協議会等で発言していますか 1 はい	2 いいえ	NA	(C) 左記の項目は会社が果たすべき社会的責任とお考えですか（当てはまるものに○印）
法令遵守	1. 不正行為防止のための内部通報システムの構築	55.7%	40.9%	43.0%	16.1%	61.8%
	2. 法令遵守のための社員教育	74.7%	66.1%	24.0%	9.9%	85.1%
	3. 社内の法令遵守体制に関する専門家による外部評価	19.5%	9.5%	64.2%	26.3%	37.1%
環境保全	1. 地球温暖化ガスの数値目標に基づく削減	57.3%	26.3%	56.1%	17.6%	70.8%
	2. グリーン調達・購入	50.2%	14.2%	64.2%	21.7%	54.5%
	3. 環境負荷の小さい商品の開発・製造	48.2%	19.4%	57.0%	23.7%	53.9%
社会に向けた情報開示	1. 会社（わが社）の法令違反例と今後の対応策についての情報開示	34.1%	33.5%	44.8%	21.7%	52.2%
	2. 「環境・社会報告書」「サスティナビリティレポート」の開示	31.0%	10.8%	62.2%	27.1%	37.8%
	3. 女性管理職の数・比率の外部開示	10.4%	10.6%	62.5%	26.9%	19.2%
	4. 障害者雇用率の外部開示	25.6%	18.8%	56.1%	25.1%	36.6%
	5. 育児介護支援策の外部開示	27.8%	31.0%	45.5%	23.5%	36.9%
	6. 有給休暇取得率の外部開示	20.6%	32.8%	44.1%	23.1%	31.0%
労働の質改善	1. 女性管理職の登用促進	24.0%	24.7%	48.2%	27.1%	32.8%
	2. 育児介護休業の取得促進	54.1%	71.9%	13.8%	14.3%	64.9%
	3. 実質労働時間の短縮	52.5%	81.9%	6.3%	11.8%	66.8%
	4. 正社員と短時間勤務者との均等待遇の促進	14.5%	28.1%	45.2%	26.7%	36.6%
	5. 子会社・関連会社やサプライチェーンにおけるILO「中核的労働基準」の遵守（海外を含む）	14.3%	13.6%	54.7%	31.7%	26.3%
	6. 社員の健康・メンタルヘルスの管理と改善	74.9%	85.3%	4.7%	10.0%	77.6%
	7. 障害者雇用の充実	38.5%	26.7%	47.3%	26.0%	53.8%
	8. 65歳にむけた雇用延長	74.7%	86.4%	5.2%	8.4%	78.5%
その他	1. 株主資本利益率（ROE）の向上	45.9%	19.4%	55.2%	25.4%	30.1%
	2. 大規模災害・疾病等に対する経済的支援	35.1%	34.8%	41.2%	24.0%	51.4%
	3. 社員のボランティア活動への支援拡充	27.6%	41.4%	37.3%	21.3%	55.4%
	4. 地域清掃・緑化など地域社会への貢献	47.1%	38.0%	40.5%	21.5%	62.4%

（出所）稲上・連合総合生活開発研究所編 [2007] 283頁。

7.5.3　労使協議会における労働組合の発言度

　では，現行の企業が進める CSR に対して労働組合サイドはどのように受け止めているのか。同調査による労使協議会等の発言の状況から概観したい。
　4つの項目領域に示された主な動きは次の通りである。
　法令遵守領域では，法令遵守のための社員教育について積極的に発言している一方，社内の法令遵守制度に関する専門家による外部評価については，あまり発言していない様子がうかがわれる。社外からの評価を受けることに対しては，法令遵守体制が整っていないことによるものだろうか。
　環境保全領域で見られる労働組合の反応は，発言度からみてまだまだ低いとの認識が推察される。このゾーンでは，全般的に発言比率が低い。社会に向けた情報開示の面からは，他の項目に比べて回答率が低いことも動向的特徴といえる。発言肯定の比較的高い項目としては，これから情報開示（育児介護支援等の外部開示，有給休暇取得の外部開示）について，一定の発言比率をもっている。情報公開の観点から発言していないとする者が約半数であるのに対し，発言している比率の約30%（育児・介護・有給休暇取得率）を示している。
　労働の質改善領域については，労働サイドからは社員の健康，メンタルヘルスの管理と改善及び65歳に向けた雇用延長は，労働組合の重点を置くところであって，積極的な発言となっている。ほとんどの労働組合で発言している状況が確認された。また，障害者雇用についての発言機会を増やしていくことが望まれる。その他領域では，社員のボランティア活動支援，地域社会への貢献に対して発言では，肯定，否定の比率は接近しており，今後さらに積極的な発言が必要となってくるのではないか。

7.5.4　会社遂行 CSR に対する労働組合の見解

　〈法令遵守〉に関する社員教育については，労働組合サイドの強い認識が読み

取れる。社員教育を通じて，法令遵守の重要性を理解し呼応できる行動に結び付けていく，との考え方が浸透していることが推察される。地球温暖化ガス数値目標に基づく削減について，労働組合も肯定的である。労働組合も地球温暖化進行に警戒感をもっており，そうした心情が比率に示された。また，〈社会に向けた情報開示〉のなかでは，会社の法令違反例と今後の対応策の開示について重視していく姿勢を表示している。

〈労働の質改善〉で労働組合がとらえたCSRの高い比重は，どの項目であったか。調査結果においては，「65歳に向けた雇用延長」「社員の健康，メンタルヘルス」が80％近い比率を示している。さしずめ，この2つの項目について注目したい。2つの項目に共通するものは，社員の健康と維持，高齢化時代への適応であると考える。

さて，65歳への雇用延長の動きは21世紀初期に入ってわずかに前進を見せたが，その後の動きは景気後退，業績低迷の情勢により足踏み状態となっている。すでに65歳定年へ向けて厚生労働省の勧奨表示はあるけれども，定年延長に伴うコストも業績面に与える負担影響は軽視できないところ。労使間で65歳への計画的延長措置をどう図ることができるか，について具体化していくべき時期が到来しつつある。雇用延長の実現は，労使双方にとってプラスになる状態をつくっていくことが前提要件である。

65歳への雇用延長は，高齢社会での生活基盤の充実に繋がるものであり，そうした生活を支える大きな要素は心身の健康である。経済面，健康面の安定の重要性は労働者，労働組合にとって共通の認識であって，同調査においても浮彫りされたと理解される。

〈その他〉では，労働組合が認識するCSRとして，地域社会への貢献，ボランティア活動への支援拡充について強い意思がうかがえる。この調査では，大規模災害・疾病等に対する経済的支援も安定した比率であることにも着目したい。会社，企業の社外に向けた経済面，行動面について理解を示している。

7.6 労働CSRの人的資源管理側面をめぐる課題

　今日のCSRについての動向推移を概観するなかで，実態をめぐる企業サイドとそれに対する労働組合サイドの反応を検討してきた。グローバル化の進展とともに，CSRの世界的関心とその遂行実効度が問われる段階にきている。本章で意図した労働CSRの動きは，CSRの一分野ということになるが，全体動向と常に連動しながら位置づけをもっている。

　結びとしては，当面する労働CSRの人的資源管理側面について，私見による〈内的環境要因〉と〈外的環境要因〉の2つの観点からとらえ，21初期段階での日本企業の取り組むべき重点課題について言及することとしたい[12]。

　労働CSRの遂行にとって，必須のゾーンとなる6つの領域における取組みをそれぞれ日本企業はどう対処していくべきか。企業活動をめぐる労働CSRの観点から，内部環境要因と外部環境要因の内容について検討し推進方向を提示してみよう（166頁の図表6-5を参照）。

　労働CSRを構成する内部環境要因と外部環境要因の対策・運用については，①現状分析（当面の対策・運用の問題点など）②改善法の確認（CSR労働の観点から修正，改善点の整理）③実施の具体的活動（改善策の実施と運用チェック）の対応が必要となる。そうした改善の取組み過程のあと，望ましい方向課題へ向けて修正あるいは設定の動きを連結させるように配慮すべきであろう。

　内部環境としては，現有の従業員を対象にして分析・確認することになる。個人の能力開発・育成・活用の推進は規模を超えた共通の重点課題である。人材育成を図る企業での積極的な能力開発体系化とその運用はわが国の社内教育の特色であって，多彩な教育プログラムが実施される。メンタルヘルス管理もいっそう比重を加えなければならない状況になりつつある。

　また，雇用の維持拡大に伴う地域貢献の働きかけも重要である。労使協議制の有効な開催運営によって，雇用の維持と地域貢献を結び付けた具体的な構想化が期待される。

　労働組合サイドも柔軟な発想で雇用問題と地域貢献問題に取り組まなくては

ならない状況となっている。労働組合のメンバーを構成する従業員の〈仕事の満足感〉も主要な課題といえる。現在の仕事との関係，組織活動における仕事意欲などについて労使双方が関心を払うべき時にあると考える。高齢化進行の動きは，依然として着実なペースで進んでおり，中高年層の再活用と女性能力の活用は，企業にとって具体化を進めなければならない緊急課題である。同時に労働組合の検討事項ともなりうる。現状を見ると，消極的であるといわざるをえない。この層の活用度が人的資源の有効比重に影響してくることは必至と見る。

　外部環境要因としては，激しいグローバル化に企業はどう対応しているか，の観点が前提となる。わが国にとって国際的な経済情勢は円高をはじめ，極めて厳しい状況にある。こうした情勢下において海外日系企業はそれぞれに対処し，企業の位置を確保しなければならない局面にある。海外日系企業の経営行動で常に指摘されてきた点は，〈現地化〉をめぐる問題であった。海外事業の成否は，現地化の成否に直結しているといっても過言ではない。それだけに現地化問題の難しさが推察されるわけで，労働CSRの領域として動向に注目していくことが必要である。

　外部環境要因における有効化を高めるうえで2つの点がキーポイントと考える。1つは，海外拠点体制の確立と定着化の面から「現地経営者・派遣トップ層への権限委譲」。もう1つは，「現地文化への理解と受容度の拡大化」。

　海外日系企業，特にアジア地域における経営行動では，現地経営者への権限委譲による具体的な実践推移が関心を高めているが，本社側の権限委譲の動きが依然として遅れている。現地活動を展開する上でまず現地の文化を受容していく対応が強く求められている。海外日系企業にとって，企業統治体制の確立とともに労働CSRの観点から大きな課題といえよう。労働CSRは，企業の社会的責任の遂行に当たって基軸となる〈人的資源〉として，さらに比重を拡大させていかなければならない[13]。

(注)
1) 中央青山監査法人[2004] 6頁。ステールホルダーとは，経営活動をめぐる利害関係者として，顧客，取引先，株主，従業員，地域，政府・自治体などを指している。

2) 中央青山監査法人［2004］14 頁。コー円卓会議では行動基準として，CSR に関する国際基準の項目を設定している。項目「説明責任，ビジネス行為，地域社会への関与，コーポレート・ガバナンス，環境，人権，市場・一般消費者，労働・従業員」。
3) 久保田［2006］167 頁。
4) 経済団体の CSR の取組みについては，高ほか［2003］（第 5 章）による。
5) 労働 CSR の内容については，寺崎［2005］，第 2 部 chapter1 を参考。
6) 「労働に関する CSR についての人事の取り組み状況調査」は，『人事実務』産労総合研究所（No.1001）2006 年 10 月誌上。同調査は，167 社の回答を得て CSR の取り組み実態を多面的に集約している。労働 CSR に取り組むわが国の状況を把握する上で有効であり，調査による企業サイドの関心を喚起した意義に着目する。
7) 『日本経済新聞』（2015 年 9 月 11 日）。リング・ヒル氏は，GE，三菱商事など世界的企業のコンサルタントとして活躍している。
8) 『人事実務』（No.1001）2006 年 10 月，20 頁。
9) 佐久間［2006a］81 頁。トヨタの経営理念，歴史を解説し，グローバル時代の CSR 戦略を分析・集約している。トヨタの開発した経営手法と遂行精神は国際的領域にわたっているが，その基流としての日本的経営の卓越性を伝播した実績は，エクセレント・カンパニーの社会的責任の実現遂行といえよう。
10) 日本生産性本部労使協議制常任委員会編［1974］29 頁。企業の社会的責任の問題がしだいに浮上してきた時期に，労使の役割として提言した意義は大きい。
11) 稲上毅・連合総合生活開発研究所編［2007］は，労働組合へのアンケート調査（2005 年 11 月）を集約・分析したもの。労働組合の CSR に対する反応，見解の表明したものとして注目される。
12) 労働 CSR の基軸となる人的資源管理分野の観点から〈内的側面〉と〈外的側面〉を位置づけ考察した。2 つの側面のバランスを図りながら，企業の経営行動を推進していくことが重要である。
13) 本章は，『松蔭大学紀要』（第 14 号）〈2011 年 3 月〉所収論文「日本企業における社会的責任（CSR）の展開と人的資源管理側面」を加筆したものである。

第8章

海外日系企業の推進する社会貢献活動

　企業経営をめぐるグローバル化進展への最適対応は，経営活動における緊要課題となって継承されてきた。21世紀の10余年を経た今日，企業体制の確立は環境の厳しい推移のなかで苦慮しているといえる。いわゆる想定外の情勢は国内でも，海外でも表出された。そうした情勢の活動側面で注目されているのが，企業の〈社会貢献活動〉といえよう。社会貢献活動は日本企業において80年代のなかで前向きに取り組んできた分野である。企業のもつ社会的責任の一環としての位置付けは，ほぼ定着したと見ることができる。

　本章では，今日の企業における社会貢献活動について，経営者団体（日本経団連）の対応姿勢・行動に着目して海外場面（海外の米国日系企業，中国日系企業，タイ日系企業）と国内場面（国内企業，一般生活者の視点）から検討し考察することを試みている。

　社会貢献とは何か。その行動を支える基盤となるのは，社会的問題についての自主的な意思に基づく理念といえよう。ここでは，「社会貢献とは，自発的に社会の課題に取り組み，直接の対価を求めることなく，資源や専門能力を投入し，その解決に貢献すること」との観点に立っている[1]。経営活動による社会貢献活動の実施・展開にあたっては，それぞれにふさわしい行動規範を伴うわけである。

　企業活動に寄せられる様々なニーズに応え，社会的存在としての位置と信頼を確保しなければならない。〈モノを作る〉〈モノをサービスする〉活動を通じて，社会にとって有用な存在となっているか，の問いかけは，企業にとって共通の課題といえる。海外日系企業においても，社会貢献活動への取り組みは，

積極性を加えつつあると見ることができる。

8.1 CSR時代の社会貢献活動の動向

8.1.1 活動推移からみた特徴点

　企業における社会貢献活動の歴史的推移は，激動期を経て進んできた。すでに1950年代から行われているが，時代状況，社会動向の変化などによって貢献活動に対する見方，評価の比重も変化があるものと受け止めることができる。90年代から21世紀のかけての社会貢献の重点比重が変動していることも認めざるを得ない。CSR（企業の社会的責任）の潮流のもとに進められてきた変化の形態を調査（日本経済団体連合会）から分析したい。

　同調査では，日本国内における1990年度から2005年度の社会貢献活動に対する企業側の姿勢や認識を表明している。国内事情を織り込んだ企業の社会貢献活動を見ることによって，海外日系企業との重点の置き方に違いがあるのか推察する。その結果から推移特徴を3つの点から検討する。

　第1の特徴点は，極めて高い比率で「社会的責任の一環として」の認識が普及していること。企業における社会貢献活動に対する考え方は，企業が果たすべき社会的責任の一翼として推進している，との見解に立つ。企業の社会的評価の重要性と位置づけは着実に広がりを見せてきたが，その視点から「社会的責任の一環として」社会貢献活動をとらえている。

　企業のもつ社会的責任の比重は，いっそう重みを加えつつある。それだけに，現代の社会活動としての企業経営，企業経営の波及する影響度を推察するとき，当該企業の社会的評価に対する姿勢・行動は，企業価値要因と連動していることも理解しておかなければならないだろう。こうした社会的責任への認識は90年度から継続して80%台の安定した回答比率を維持している。したがって，多くの企業は，社会的責任の一環として社会貢献活動を位置づけているといえる。

現在進められている社会貢献活動の形態は多岐にわたる。

第2の特徴点は，21世紀に入って社会貢献活動の範囲が増えたこと。例えば，21世紀での調査項目には新しい動きも加わっている。「経営理念の具体化の一方策」「社会とのコミュニケーション」は，安定した比重を持っている。一方で，90年代に表示された比率の変化をみると，「コーポレートブランド向上の一方策」「社風の形成を促すための一方策」は90年代の初期に比べて減少している。企業における社会貢献に対する認識や社会ニーズへの対応といった観点によるものかもしれない。

現代の社会活動のなかで，企業活動は重要な領域と責任を持っている。その影響力の強さは，社会に対して生活基盤となる一人ひとりの営みに向けられるわけであり，そこでは，いかに有用な存在となりうるか，価値を提示できるかが問われているといえる。今日における企業の姿勢・行動としての2つの領域（社会的責任の一環として，地域社会への貢献）は，海外日系企業の社会貢献活動と呼応したものと受け止めることができる。海外で活動する日系企業は，経営行動としての社会的責任をいかに果たしうるかことができるか。同時に，進出の現地地域社会において，どのような貢献を行うのか。現在と将来へ向けた海外日系企業の社会貢献活動もグローバル化の進展のなかで，注目される場面となった。

海外での日系企業としての位置を堅持しながら，地域社会との共生の意思をどのように具体的な行動として表明できるかが重要な側面を持つと考える。例えば，〈現地での企業市民としての活動するための配慮点〉（国際交流基金調査）では，本章で取り上げた米国，中国，タイの重点活動領域において「企業倫理の確立や法令遵守」が共通して最重点の比率となっている。現代社会における社会的責任の遂行を確認したものであって，守るべき要件の第1といわなければならない。「顧客対応の充実」を通じて，地域社会からの信頼を高める，ニーズへの積極的な適応という配慮を示している。「省資源，省エネ，環境保護への取り組み」も近年いっそうの重要度を加えてきた。

日本企業にとっては，これまで実行面で欧米企業に比べて積極的に取り組んできたとは言い難い分野もあったけれども，環境保全・保護の世界的な潮流の

なかで重点課題となってきた。海外活動で一定の経済的影響力を持つ日本企業としての責任遂行は，内外から注視されていることを自覚しなければならないだろう。

ここで検討する企業の社会貢献活動は，現時点における動向推移から見て，CSR（企業の社会的責任）をめぐる活動の一環としての傾向を強めてきている。果たして，企業段階では，社会貢献をどのように捉えているのか。日本経団連社会貢献推進委員会調査から企業の認識する内容について概観し検討しよう（図表8-1）。

〈社会貢献活動〉として推移傾向を見るとき，その主流となっているのが，「社会的責任の一環として」「地域社会への貢献」である。企業活動と社会をめぐる関係のありようが問われている中で，その〈社会貢献活動〉の比重はいっそう重要なものとなるだろう。それは，企業活動のもつ影響の大きさとともに，社会的な価値の高まりを想定するものと考えられる。

企業活動の本拠地としての地域社会にどう対応し，その活動価値を定着させ

図表8-1 社会貢献活動に対する企業回答の変化

(単位：%)

	90年度	93年度	96年度	99年度	02年度	2005年度	
社会的責任の一環として	88.0	85.9	84.4	84.3	85.5	86.1	385社
地域社会への貢献	—	—	—	—	72.2	75.2	336社
経営理念の具現化の一方策	—	—	—	—	—	36.9	165社
社会とのコミュニケーション	—	27.1	30.8	21.9	43.2	30.9	138社
コーポレートブランド向上の一方策	56.4	38.9	40.1	35.5	19.2	13.2	59社
利益の一部の社会還元	46.6	36.6	38.9	47.2	30.8	12.5	56社
社会への投資	—	—	—	—	7.1	5.1	23社
会社の社会的感度を高める一方策	—	—	—	—	7.4	4.3	19社
社風の形成を促すための一方策	23.7	24.6	23.3	21.0	10.1	2.7	12社
会社の競争力向上の一方策	—	—	—	—	2.4	1.1	5社
新規事業開発の種	2.5	2.6	1.9	1.9	2.1	1.1	5社
優秀な人材確保・維持の一方策	1.7	0.8	0.0	0.3	1.2	0.9	4社
リスクマネジメントの一方策	0.8	1.3	0.5	0.6	1.8	0.4	2社
その他	4.5	3.1	3.3	2.8	2.1	1.3	6社

（出所）日本経済団体連合会社会貢献推進委員会・1%クラブ「2005年度調査結果」2006年。

ていくのか，課題の1つの側面といえよう。当該企業の事業展開が当該地域の発展，当該市民の生活に積極的に参加しプラス現象となって直結していくことが期待されるところである。

8.1.2 社会貢献活動とCSRの関係

　日本経団連の［中間報告・2007］では，CSRへの関心の高まりが社会貢献活動に与える影響として，次のように解説している[1]。

（1）　社会貢献活動に反映すべきCSRの視点

「社会貢献活動実績調査」で，CSRへの関心の高まりが自社の社会貢献活動に影響を与えていると回答した企業は，297社（2004年度実績回答企業の65％）と高い比率になっている。活動に反映している主なCSRの視点について，優先順位の高いものを3つ以内で選んでもらったところ，「企業価値・コーポレートブランドの向上」が最も多く，219社（影響があると回答した297社の78.5％）にのぼっている。「ステークホルダーへの説明責任の向上」は149社（同50.2％），「活動の実効性や社会へのインパクトの向上」は112社（同37.7％）の順となった。

　特に，社会貢献活動は，企業の資源を社会に拠出することから情報開示は急速に進んだ。「広く一般向けに開示している」と回答した企業は，1993年度には3割だったが，直近の調査では7割に達している。インターネット上での情報提供，CSR報告書等への記載も進んでおり，ステークホルダーに説明しやすい活動へとシフトしていき，取り残される分野が出るのではないかという懸念も指摘されている。

（2）　企業グループ全体としての社会貢献活動の推進

　企業活動のグローバル化の進展やCSRの背景を踏まえると，国内だけでなく海外も含めた企業グループ全体として，いかに社会貢献活動を推進するか，ということが課題となっている。「社会貢献活動実績調査」で，社会貢献活動の

グローバルな推進態勢について聞いたところ，回答企業の半数近くから「各国・地域，グループ会社（連結対象）が独自に活動している」との回答があった。一方，世界共通のテーマやプログラムの設定，グループ本社主催の活動の創出などの動きも報告されている。

また，各社がどの程度，企業グループ全体の活動状況を把握しているか調べたところ，242社（回答企業435社の55.6%）が調査を実施している，もしくは調査準備中と回答している。一方で，推進体制や情報収集・共有の仕組みの構築だけでなく，グループ全体にわたる基本的考え方や方針，定義や範囲の明確化などの課題が指摘されている。

連結ベースの決算が進むなか，今後，グループ全体の一貫性，統一感を確保しながら，それぞれの地域社会が抱える課題にいかに取り組むかという挑戦に直面している。

同報告では，新たな価値創造への貢献として，改めて〈企業価値〉と〈社会的評価〉に言及している。

「企業の社会貢献活動では，これまでも〈企業価値〉や〈社会的価値〉の創造が意識されてきた。〈企業価値〉という面では，社会貢献活動を通じて会社が能動的に社会とかかわることにより，会社に社会性と活力を注入する。それが結果的に，多様な価値観を尊重する社風や創造的な社内文化を醸成することにつながる。各社の実務担当者は，このような認識のもと，企業とは異なる価値観や原理で活動するNPOとの対話や協働を重ね，従業員が積極的，自発的にNPOにかかわることを支援してきた。また，〈社会的価値〉という面でも，会社の活動が社会的課題の解決に寄与し，よりよい社会づくりに貢献したい，という思いをもって活動してきている。

今後は，この2つの価値を同時に高める相乗効果のある活動が求められる。すなわち，各社が経営理念に照らし合わせて，活動領域や事業活動を展開する地域で優先的な課題を選び，これまで蓄積してきた人材，技術，設備，ノウハウ，情報などが役立つ分野で革新的な社会貢献活動を立ち上げることがますます必要になる。その際には，社会問題に精通したNPOとの連携が鍵になる。なぜなら，NPOには，企業とは異なる着眼点や発想，現場感覚，専

門性などを有しているからである。企業とNPOという異質な組織が、それぞれの資源や特性を持ちより、対等な立場で協働することは、課題解決の速度と効果を高めることにもつながる。」

その事例として、「災害被災地支援に関して、国内では災害ボランティア活動支援プロジェクト会議、海外では、ジャパニーズ・プラットフォームなど、企業とNPOが連携する枠組みが構築されており、現地ニーズを踏まえた効果的な支援活動の企画・実施や活動の透明性向上に繋がっている。」と指摘している。

8.1.3 「企業行動憲章」と海外日系企業の行動姿勢

日本経団連の『企業行動憲章』(2003年10月) は、企業活動のもつ社会的使命を再確認するという意義を持っている。企業活動における企業統治への内外の要請に応えるものと受け止めることができる。この場合、2つの点において解明しておくべき側面について、確認しておくことが必要といえよう。

1つは、企業統治の問題は、それぞれの企業の活動場面における現状でのステークホルダー（経営をめぐる利害関係者）との関係でとらえるべきであるということ。2つには、企業経営に対する社会的信頼の安定的な確保をどう持続していくかということ。企業統治について、事態に対する正しい認識と判断ができる全社的な企業体質を形成していくことが課題であると考える。こうした2つの点は、今日の企業活動としての社会的貢献活動と呼応させていく際のベースとなるものである。

『企業行動憲章』では、今日の情勢下における海外日系企業の行動規範として、実行様式を集約している。その内容から〈姿勢・行動・本社との関係〉について抜粋してみよう。実行様式の狙いとするところは、〈海外においては、その文化や慣習を尊重し、現地の発展に貢献する経営を行う〉ことを強調している。

▶基本的な心構え・姿勢

　グローバル化・ボーダーレス化した国際社会において、日本企業の経営の

グローバル化を積極的に進め，世界の経済・社会の発展に積極的に貢献することが大切である。そのために，各企業は，世界共通の企業理念と経営方針を確立し，国際ルールや現地の習慣及び文化を尊重しつつ，現地の発展に貢献する経営を行う。

① 経営の現地化の促進

現地社会に溶け込み，信頼される企業となるため，経営の現地化を積極的に進める。特に，従業員のみならず役員，トップについても，平等な機会を提供するとともに，人材育成に力を入れ，現地社会からの人材登用を積極的に推進する。

② 良き企業市民としての活動

現地社会を深く理解し，地域からの信頼を得，しっかりと根を下ろすために，「良き企業市民」として，様々な文化・社会貢献活動を展開する。また本社は，現地の日系企業やその従業員による活動を積極的に支援する。

③ 経営理念・行動規範をグローバルに反映させるシステムの構築

国際ルールの遵守や現地の慣習・文化の尊重のみでなく，企業行動憲章に基づいた企業の経営理念や行動規範を，自社の海外オペレーションにも確実に反映させるよう努める。そのための経営システムをグローバルに構築する。

▶具体的アクション・プランの例

① 経営の現地化を促進する

日系企業の経営の現地化を進めるため，現地社会の人材を積極的に登用し，必要な教育，研修を十分に行う。

　　i　現地従業員を現地企業マネジメントに積極的に登用する。
　　ii　国籍を越えた 'Right Person for the Right Position' を進める。
　　iii　教育，研修を実施する。
　　・現地従業員を対象とした教育および業務研修の実施
　　・現地サイド主導のマネジメント・セミナーの実施
　　・現地従業員，日本人駐在員を区別しない研修機会の提供

② 海外駐在員の教育研修の拡充する。

　　i　現地社会の文化，慣習の尊重と現地社会への適応を念頭に置いて，

海外に派遣する駐在員を選考し，その家族も含めた教育，研修及び情報提供を行う。
  - ii 異文化対応，言語習得，現地の慣習理解等に最大の関心を払った研修を行う。
  - iii 赴任する駐在員は，日本企業を代表するとの自覚を持ち，それにふさわしい現地社会についての知識と理解を身につけるよう心がける。
- ③ 本社と現地企業との間のコミュニケーション・システムを確立する。
- ④ 現地企業との相互協力関係を緊密化する。
  - i 部品の現地調達の拡大
  - ii 現地企業とのアライアンス，提携の強化
  - iii 現地商工会議所などの地域経済団体への積極的協力，参加

▶「良き企業市民」となるための行動
- ① 現地社会事情を理解し，現地の文化や慣習に十分配慮した事業活動を行う。
  - i 現地社会の一員として現地の抱える社会問題（マイノリティ，教育，犯罪，貧困等）に十分配慮し，かつ適切に対応する。
  - ii 商工会議所等の地域の経済団体，コミュニティ，政府，州，市町村の活動に積極的に参加する。
  - iii 現地教育機関への支援，ビジネス・インターンの実施，奨学金付与などを通じて現地の人材育成に貢献する。
  - iv 寄付，ボランティア活動などの社会貢献活動を積極的に行う。
- ② 現地のニーズに合った寄付を実施する。
  - i 現地企業側に寄付検討委員会を設置し，寄付に関する手続黄の整備や透明性の向上に努める。
  - ii 本社側も，現地における寄付の重要性を理解し，現地の判断を最大限に尊重するとともに，必要に応じて資金面などで支援を行う。
- ③ ボランティア活動を推進する。
  - i 現地の駐在員は，率先してボランティア活動の必要性を十分認識し，現地での活動を奨励する。

ⅱ 現地企業従業員によるボランティア活動を推進する。

▶本社のグローバル化

① グローバル化社会において本社は，各地の現地企業における事業が国際ルールや現地の慣習・文化を尊重したものとなっているかどうかを常にチェックできるようなシステムを構築し，指導する。

② 同時に，企業行動憲章に基づいた行動が海外でも行われるよう，本社の経営理念や行動規範が現地の事業に的確に反映できるシステムを構築し，指導する。

ⅰ トップによる経営方針を，文書，会議，研修等を通じて伝達する。
ⅱ 国籍不問の多様なキャリア・パスによる国際的な人材育成に努める。
ⅲ グローバルな規模で，人材の適材適所を実現する。
Ⅳ 本社でのグローバル・マネジメント研修を実施する。
（内容：本社の経営トップが直接に経営方針を説明するとともに，国際的な人的ネットワーク作りを推進する等）

8.2 海外日系企業の現地化問題とその取組み

さて，海外における日本企業の活動は，80年代，90年代を経て21世紀に入った今日，内外の激しい経済，経営情勢の推移のなかで，いかにして情勢変化に対する適応体制を整え，強い競争力を構築するかにあった。その課題は現在も続いている。社会貢献活動の側面からも，「経営の現地化の促進」「〈良き企業市民〉となるための行動」「本社のグローバル化」は相互に影響を保ちつつ前進を図らなければならない点となっている。

現地化をめぐる問題は，常に存在し主要な比重を占めている。特に，生産・製造分野においては，進出に伴う部品調達をどう効率的に進めるか共通の問題であった。そこには，人の問題，技術の問題が日系企業サイド，現地企業サイドに存在していた。事態がうまく運ぶか，そうでないのか，当該日系企業の社会貢献度を図ることにも直結していたといえよう。そうした動きを概観すると

き，進出成果の確保のために多様な工夫と積極的な対応が展開されたが，負の部分（現地展開の失敗）もあったことも認めざるを得ない。

現地生産での大きな問題点となったのは，部品の現地調達をめぐるものであった。例えば，精密機械分野が直面した問題点は以下の3点あった。

① 現地部品の調達が困難で，無理をして現地部品を使用すると結果的にコストが高くなること。
② 生産工程で日本の熟練度に代わる生産性向上のためのシステムが必要となること。
③ 生産数量が少なく，量産効果が発揮されないこと。

現地の下請・系列企業においてそれぞれにレベルアップが要件となるが，長期にわたる育成・援助指導を伴うことになる。それでは，なぜうまくいかなかったのか，失敗事例から修正して「人の問題」「技術の問題」を解決していくことも，海外日系企業の取り組むべき社会貢献と捉えることができる。

ここで，調査（国際交流基金CSR連携事業）結果によると，米国，中国，

図表8-2　米国，中国，タイにおける日系企業の社会貢献活動の分野（高順位）

米国	中国	タイ
① 地域社会活動	① 災害支援	① 教育・スポーツ
② 教育・スポーツ	② 地域社会活動	② 地域社会活動
③ 芸術・文化	③ 環境	③ 環境
④ 国際交流・協力	④ 教育・スポーツ	④ 災害支援
⑤ 環境	⑤ 国際交流・協力	⑤ 医療・社会福祉
⑥ 医療・社会福祉	⑥ 人道支援	⑥ 学術研究
地元で活躍するNPO，NGOに対する支援（社員参加型）が高い比率となっている	災害支援については，四川大地震（2008年5月）へ支援比率が目立つ	教育・スポーツ分野では，物品支援，奨学金支援等と並行して社員ボランティアが多い

（出所）　国際交流基金CSR連携事業報告書より筆者作成。

タイにおける日系企業の社会貢献活動分野について，それぞれの地域，比重度に相違があることが分かる。最重点比率は，米国：地域社会活動，中国：災害支援，タイ：教育・スポーツであった（前頁の図表8-2）。

8.3 米国日系企業と米国企業の社会貢献にみる特徴

注目したい点の1つとして，米国日系企業の社会貢献活動の展開で，それぞれに有用な役割を果たしていることが，うかがわれる。こうした活動の貢献度は現地で，どのような特徴的な動向となっているのか，関心を呼ぶところである。同調査のなかから，日系企業と米国における活動展開の相違点をピックアップしてみよう（図表8-3）。

8.3.1 戦略的な米国企業の社会貢献

米国企業は社会貢献活動については，より戦略的であり，しばしば意識的に市場における差別化のための社会貢献活動を利用する。米国企業にみられる積極的な貢献活動は，日系企業に比べて活動の戦略性を強く提示している。

具体的な動きとして，従業員による特別なボランティア事業，製品の寄付，広報と宣伝を連携させている。社会への働きかけが〈目に見える形で繰り広げられている〉状況をつくっている。積極的な活動の領域は，従業員から経営者まで全社的な広がりにわたっている。「米国の最高経営責任者は，日系企業と比較して，社会貢献活動により積極的に関与し，より強いリーダーシップを発揮している。」さて，どんな違いを見せていたのだろうか。

コミュニケーションの分野では，日系企業は消極的であるのに対して，米国企業は極めて積極的である。社会貢献活動について，日系企業の外部への広報，伝達等の形態が異なっている。その背景には，社会貢献活動に対する考え方，行動にあり方に認識の相違のあることが推察される。日系企業においては，現行の活動方法の再検討とともに，活動のさらなる強化していかなければならな

図表8-3　日系企業と米国企業に見る社会貢献活動の現状

	日系企業	米国企業
焦点・関心	設立以来ほとんど変わっていない。このため事業対象分野において、長期にわたる関係構築と強力な目標達成が可能となる。	焦点が頻繁に変わる。
経営陣の参加	経営者の人事異動がプログラム理解と発展の妨げとなっている。	経営者の人事異動はもちろんあるが、社会貢献活動は、企業文化により深く組み込まれており、経営陣の変化にそれほど左右されない。
コミュニケーション	経営者は、自社の社会貢献活動について外部に話したがらないように見える。	経営者は、会社のブランド戦略の一環として、コミュニティ活動について積極的に語っている。
資金調達	いくつかの例外を除き、企業財団の設立以来、出資金の増額はない。 毎年資金援助もわずかか、もしくは全くない。	大規模な基本財産を持つか、コストセンターとして毎年資金を得る「使い切り型（Pass Through）」財団があり、企業の年間予算サイクルのなかで出資金に定期的な増額がある。
組織運営	財団運営費の負担方法は多様である。財団がすべての経費や給与を負担する場合もあれば、最低限の経費のみ負担、あるいは全く負担しない場合もある。	納税申告の手数料などは別として、概して親会社が財団の給与や経費などの運営費に支払いを担っている。
従業員によるボランティア活動	一社を除き、勤務時間中の有給ボランティア活動は奨励されない。	勤務時間中の有給ボランティア活動は、一般的な慣行である。
製品提供型社会貢献活動	現物寄付はほとんど組織されておらず、考慮もされていない。社会貢献活動における主要分野になっていない。	金融以外の「実物」セクターの企業では、企業寄付のなかでも最も成長が著しい分野、マーケットにおけるブランド・ロイヤリティを確立し、同時に非営利団体が必要とする物品を提供する。 よい機会とみなされている。

（出所）「米国における日系企業の社会貢献活動に関する調査報告書」22-23頁より筆者作成。

いだろう。今後の主要な課題といえる。

もう1つの側面〈製品提供型社会貢献活動〉では，現物寄付がほとんど運用されていない日系企業に対して，米国企業による製品提供型活動は最も成長している分野となっている。日系企業にとっては，製品提供型活動は極めて低い比重とみなされている。アメリカ企業におけるマーケットでのブランド・ロイヤリティの確立，運用は社会貢献活動で安定した成果となっている。日本製品への信頼を高め，製品への安心感を広げていく意思として，製品提供型運用は重要であると考える。

8.3.2 中国日系企業の社会貢献の現状

国際交流基金による「中国における日系企業社会貢献活動調査」(2010年)は，中国日本紹介の協力のもとに実施された（回答388社）。調査結果から〈現地独自のCSR方針，具体的な内容，形態〉について状況を分析する。この調査による関心事としては，本社とは別に〈現地で独自にCSRを策定している〉企業が約半数の比率を示した点である。独自で推進している日系企業の中で，高比率となっている項目は，「環境に関する方針」「雇用に関する方針」「地域に関する方針」であった。

実施した日系企業にとっては，社会貢献活動としてやるべきことと理解し，取り組んできたものと推察される。具体的に，どのように進めてきたのか。重要な項目として挙げられたのは，次の項目（上位5項目）であった。

① 採用や人材育成における年齢，性別，障害の有無，民族による差別の撤廃
② リサイクル
③ 有害物規制
④ エンプロィアビリティ（労働者が持つ雇用されるにふさわしい能力）の向上
⑤ ワーク・ライフ・バランス（労働者の仕事と生活のバランス）の改善

中国日系企業の労働者確保や人材管理は，経営活動のベースとなるもので，

懸命に取り組んでいる現状である。採用における公正性を維持する姿勢は，大切な点となっており，中国特有の問題の1つが多民族による構成という面である。約52民族からなる中国の事情からは，民族間の差別をなくする取組みは人事面の主要な課題となっている。採用間における姿勢として，民族による差別撤廃は重要時と受け止めなければならない。

リサイクルや有害物規制は，著しい経済成長の下で派生してきた問題であって，日系企業としても安定した経済成長の持続，成長によるプラス面を享受していくために意義を持つものといえる。雇用する労働者の就業能力の向上やバランスのある状態づくりを重視することによって，現地従業員の有効活用を図ろうとする日系企業の行動が読み取れる。職場活動を活性化していくうえからも注目される点である（図表8-4）。

今後の取組みに当たっては，社会貢献活動に対して，検討中は約40％，実施

図表8-4 中国日系企業の社会貢献活動（主要企業）

会 社 名	社会貢献活動
○ 東芝	＊東芝カップ 中国師範大学師範専門大学生教学技能創新コンテスト ＊教育支援：希望工程小学校建設支援，大学奨学金供与 ＊四川大地震復興支援
○ 三井物産	＊冠講座「北京大学三井創新論壇」 ＊学生交流「走近日企・感受日本」
○ キヤノン	＊Earth Hour（地球消灯1時間） ＊キヤノン緑援使者2009 ＊植樹活動 ＊「影像・希望の光」プログラム ＊［チャン族］文化保存プログラム ＊四川地震後の人道支援活動
○ みずほコーポレート銀行（中国）	＊みずほ奨励基金 ＊みずほ基金 ＊環境配慮型金融普及に関する啓蒙活動
○ パスコ	＊四川大地震復興支援 ＊政府系機関との共同研究 ＊血吸虫撲滅計画

（出所）「中国における日系企業の社会貢献活動に関する調査報告書」（国際交流基金CSR連携事業）より著者作成。

計画は約 6%，後の半数は行う計画はないと表示している。これからの取組みの進行が課題となる。

8.4 タイにおける日系企業の社会貢献

8.4.1 タイ自動車産業の堅調な発展

　タイ工業省工業経済事務局のレポートのよると，2012年の工業トレンドについて，2つの情勢を提示。世界経済の不確実性の深まりと大洪水によるマイナス影響を受けるなかで，タイ経済の方向を分析している。

　「第1に，2012年のタイ経済は多くの工業分野の生産回復，道路・ビル・住宅改修需要，被害を受けた機械・機器の代替機械・機器や交換部品の発注が牽引力となるだろう。第2に，米国，EU経済の不確実性が増している。これまでに米国やEUといった主要国の経済は脆弱化し，予想以上の世界経済の鈍化を招いている。」[2] 2011年12月に発表されたレポートはタイ国工業省の見解を表明したもので，タイにおける自動車生産で約9割を占めるとみなされる日系自動車にとって，自動車産業への見解は注目された。自動車産業についてレポートは，次のように集約している。

　「11年1～10月期の自動車生産台数は，133万4677台で，前年同期比1.13%減少した。1年通年では，生産台数は150万台程度，164万5304台だった前年に比べて，8.83%減少すると予測されている。うち，乗用車，1トン・ピックアップ・トラック，商業車の生産が順に37%，62%,1%を占めた。11年初めの東日本大震災の影響を受け，被災地に生産拠点があるマイクロコンピュータチップ，エレクトロニクス部品などが不足し，タイ国内の自動車生産工場が減産を行ったことから生産台数が減少した。

　また11年末には，国内の多くの地域で洪水が発生し，自動車組み立て工場が直接的な影響を受けた。アユタヤのロジャナ工業団地に立地するホンダは，

11年10月4日から生産を中止しており，復旧するのは12年　第2四半期頃になる見通しとなっている。また多くの自動車部品生産工場も同様に被災し，自動車生産工場に部品を納品することができず，自動車生産工場では部品が不足した。しかしながら，はじめて車を購入する人への物品税還付政策，新モデルの投入によるマーケティング促進など，国内市場を支援する要因もあった。

　12年の自動車工業は，生産台数が前年より増加して200万台程度になるものと予測されている。国内販売やアジアの主要国向けに輸出される新車や国内で生産を始める新型車の生産への投資が存在するからである。また国内の多くの地域で発生した洪水のあと，初めての新車スキームによる後押しもある。しかしながら，依然として，消費者の購入意思決定に影響を及ぼしかねない金利，石油価格の変動といったリスクがある。」

　レポートは，2011年から2012年への情勢を概観しながら，基調としてのタイ経済の堅実な前進を肯定している形となった。大洪水による経済へのマイナス影響は避けられなかったが，回復テンポを維持しており，タイ国内の産業動向に大きな影響力を持つ自動車工業では，前年より生産台数を増やしている。タイ日系企業のなかで，自動車分野の動向は常に注目されている。それには，2012年に勃発した中国での尖閣島領土問題によって日系企業が深刻な局面に追い込まれたこと，中国での生産，販売動向の低迷が誘因となっているという背景がある。中国市場での日系企業による減産，販売の減少は，いきおい米国やアジアにおける生産，販売動向を直撃している。タイにおける日系自動車工業の好調は，中国の動向推移と比べて着目しなければならないところである。

　そこで，タイ日系企業の社会貢献活動面では，「教育・スポーツ」分野が最も高い比率となっているが，今後の貢献分野を予測するとき，「医療，社会福祉」が比率を高めてくるものと推察される。自動車工業を軸とした経済の発展を持続させていく要因として，それを支える労働力，遅れている生活レベルでの向上を目指さなければならない。そうした観点からすれば，労働力としての従業員関係，広く地域住民の健康対策，生活レベルの向上を図ることが社会的要請となってくる。そうした社会的要請にどう応えるか。タイ日系企業の貢献活動として着実な取り組みが期待されよう。同時に，そうした企業サイドからの働

きかけは環境分野に対しても，向けられることが予想される。環境の整備，保全は身近な問題となって浮上しつつある。タイ経済の着実な成長は，従来の形態を少しずつ変えながら，新しい形態を創っていく可能性がある。

8.4.2 タイにおける重要課題としての〈人材育成〉

　タイの自動車工業に関しては，技術移転による効果が緩やかながら表出している。最も広いすそ野を持つといわれる自動車産業の発展は，タイ経済の成長に欠かすことのできない基盤である。日系企業による技術移転や自動車技術研修は，タイの自動車技術の向上に直結して効果を挙げた。日系企業が主管して開催した自動車技術研修は自動車製作，部品管理のレベルアップに寄与したことを関係者からうかがっている。タイで製作された自動車台数では日系企業が最大の比率を維持している。かつてしばしば浮上していた製作上のトラブルが確実に減少していることも，自動車技術の向上への日系企業による貢献実績といえよう。

　技術レベルの進化と定着は，タイ経済と現地・ローカル企業の経営力の進展にもつながっている。ここで，タイにおける〈日系企業とローカル企業の経営課題と両国のギャップ〉をもとに分析・検討する[3]。調査対象となった2009年時の状況認識と現在（2012年）の間に情勢の変化推移はあったものの，大局としての観点から検討する。それは流動する経営環境下におけるタイ日系企業，タイローカル企業の推進重点政策は，従前の政策強化を提示していることによる。調査結果に基づいて表示された内容を分析し検討したいと考える（図表8-5）。

　タイ進出に積極的な経営行動を見せてきた日系企業は，自動車，機械製作などに加えてサービス分野活動にも活発な展開となっている。活性化へ向けたタイ日系企業の取組みは，着実な設備投資とともに拡大路線を歩んでいる。その際の重要な課題はなにか。現地タイ企業とともに最重点として挙げられているのは，「人材の育成」であった。

　人材育成重視は，企業における経営競争力を高めるための要件としての捉え

図表 8-5　日系・タイローカル企業の重要課題ランキング（上位 5 項目）

順位	日系企業	スコア	タイ企業	スコア
1	人材の育成	203	人材の育成	83
2	品質管理の徹底	165	即戦力の管理者獲得	70
3	生産性・コストダウンの追求	127	資金繰り	70
4	販売網の拡大	118	品質管理の徹底	63
5	技術開発力の強化	117	商品企画力の強化	57

ることができる。日系企業，タイ企業にとって共通の重要課題であるとの表明は，経営活動の上で重要な意味をもつものといわなければならないだろう。人材の育成によって，組織内部の力を強化することが可能となる。組織内部の力の結集は当該企業の経営力となって形成されることを考えるならば，経営力のベースとしての各人の人材度，すなわち経営活動における組織成果度が大きな成長要因といえる。現状の経営力をさらに強化し成長を図るためには，人材の確保，人材の育成を強調する姿勢は極めて妥当な経営意思とみなされる。

　日系企業では，ついで「品質管理の徹底」を重視している。製品が市場に出て評価される。高い評価を得るためには，製品への信頼確保がカギを握っている。海外市場での製品に対する評価や反応度は，製品の販売に大きな影響を与えることになる。したがって，〈いい製品〉を確保しつつ，さらに高度なモノづくりをどう継承していくか，つねに問われているところである。〈いい製品〉を確保する条件の1つに，品質管理の現状，どのように運営されているかが照準となる。「品質管理の徹底」は，これからも追求されるべき課題であろう。「生産性とコストダウンの追求」は，日本企業が一貫して取り組んできたテーマである[4]。

　日本企業が国内，海外経営場面において主要な経営戦略の1つが「生産性，コストダウンの追求」であった。タイ日系企業の重要課題であることは，理解できる。コストダウンによるメリット追求は，今日における海外市場でのコスト高の不利を挽回しようとする必死の立て直し政策と連動させている。アジアはじめアフリカなど世界の新興経済国との市場競争のなかで，コストダウンの成否は競争力を直撃することにつながるものといえよう。

「販売網の拡大」は，現地でのタイ市場で販売を伸ばすことができるのか。タイ経済の堅実な成長は市場としての有望性を高めているわけで，タイ日系企業の期待も大きいものと予想される。「販売網の拡大」のかなり高い比率が期待感を示している。進出企業にとって，進出現地の経済成長の推移は予測しておかなければならない。タイ経済の発展は，日系企業の経営展開，ビジネス環境として注視を要するところである。

「技術開発力の強化」も高位比率を示している。絶えざる技術開発力は良品提供，市場からの信頼維持の基盤となっている。仮に，技術開発力が低下したとなれば，一挙に経営競争力の一角を弱体化させることになり，それは一角に留まらず全体のダメージに繋がっていくことは避けなければならない。優れた経営視線は，つねに技術開発の現状と将来に注がれていることを確認したい。タイ日系企業の重要課題であるとの認識は，今後の経営展開にとってプラスに作用するものと思われる。

8.4.3　人材管理における運用の問題

他方，タイ企業の動きはどうか。最も高い比率として挙げた「人材の育成」は，企業発展の要件であって，激動の経営環境への適応姿勢を示すものといえる。経営成長を維持し，さらに引き上げていく際のキーポイントは，［人材の確保・育成・活用・評価処遇］にかかっている。つまり，人材をめぐる課題への対応と実践である。タイ企業における人材育成のニーズは緩やかな経済成長とともに，比重を加えてきた。内外の経営環境の変化がこれまでに比べて激しくなってきたこと，加えて，それぞれの経営場面で変化のスピードが速くなってきたことが強く認識されてきたことによる。現状を維持し，成長の波に乗っていくには，いかにして人材を育成していくかにかかっている。そこでは，育成計画，育成管理の運用問題が残されていると考える。

こうした現状を打開していくには，「即戦力の管理者獲得」が上位比率になっていると理解される。

〈職場メンバーの能力を育成する→メンバー能力の有効発揮によって職場能力

を高める→職場能力の向上により職場成果・業績のアップに結び付ける。〉

　管理者の力量は，担当業務の促進，成果向上に直結するものである。したがって，有能な管理者，即戦力のある管理者が求められるわけだが，そのニーズは日系企業においても変わることはない。タイ企業にとって即戦力となる管理者の確保は，職場能力高めていくために構成メンバーの各人の能力を育成していかなければならない。そうした場面をつくっていく管理者が求められていることが明らかにされた。いかにして即戦力のある管理者を確保することができるか。それぞれの企業段階で新しい手法を織り込んで検討し，踏み切っていくことが要請される時期になったわけである。

　「資金繰り」も「即戦力の管理者獲得」と同率の高い比率である。経営財務のニーズは，全社的な観点から担当業務を遂行する形となる。適切な業務遂行が求められているわけで，経理部門からの課題として提示された。

　「品質管理の徹底」については，タイ製品の国内，海外販売においても基本要件である。

　優れた品質管理による良品づくりへの経営姿勢はいっそう強固なものになりつつある。品質管理は製品を検証・分析して提供するわけで，市場に出るまでの信頼に応える作業ともいえる。市場からの評価や信頼をいっそう高めていくための努力が企業に望まれるわけで，タイ企業製品の伸びは取組みの成果とつながっているものと推察される。同時に市場での反応のよろしくない場合は修正して提供できる機会づくりの必要になってくる。「品質管理の徹底」は，市場での反応を引き上げていくことに結び付けるようにしたいものである。

　「商品企画力の強化」は，これからのいっそう比重を増す課題となる。新しい商品をいかにタイムリーに提供できるか。市場のニーズに応える努力は企業に課せられており，成否の結果は，それぞれに大きな影響を与えることになる。従来に比べて「商品企画力」の強化ができたとする場面を多く創っていくことが大切となろう。タイ企業にとって新しく切り開いていくべき課題領域といえよう。

8.4.4　日系企業とタイ企業の戦略にみる比重

　調査時点（2009年）での事業課題として挙げられているのは，［日系：経済不況への対応］，［タイ：売上高の増加］であって，5点尺度によるポイントは極めて高い。日本企業サイドによる経営姿勢には，日本国内における90年代から21世紀初期に至る長期の経済低迷，激動の経営環境から浮上のきっかけを見出す動きの現われと受け止める。着実な成長路線が期待されるタイ市場での積極的な働きかけがうかがわれる。タイ企業は成長を維持しつつ，さらに拡大を図ろうとする意図を明らかにして売上高の増加を重点に置いていた，と推察される。

　日系企業とタイ企業の戦略上の最重点課題には，差異が認められる。［日系：競合他社に対する価格競争力］であり，他方の［タイ：競合他社に対する製品差別化］である。この課題からクローズアップされてくるのは，激しい企業間競争であり，いかにして競合他社から優位性を確保するかということ。日系企業は〈価格競争力〉に置いているのに対し，タイ企業は〈製品の差別化〉に戦略上の課題を置いている。

　重要課題の第3位の比率を示した〈生産性，コストダウン〉に企業としての重視姿勢が示された。コストダウン政策の徹底と継続によって，価格ダウンの効果を挙げなければならない場面に直面していることが推察される。日系企業の共通の重要課題である。

　タイ企業では，製品による競合他社との違いを明らかにすることを最重点に取り組んでいる。差別化はグローバル化進行における強い優位性を提示するものである，と広く認識されている。製品の差別化で効果が出ない場合には，事態が現状維持から，やがて経営競争力の弱体化を招くことになる。タイ企業における課題対応の進展度は，国内だけでなく，海外活動にも波及していくことになるだろう。

　「人材育成と管理」（人材の育成），「財務管理」（資金繰り），「生産」（品質管理の徹底）については，日系企業，タイ企業友重要認識はほぼ共通領域といえる。「製品開発」での日系企業の「技術開発力の強化」は，さらに高度なものを

開発していかなければならない。日本企業の課題を例証しており，タイ企業の〈商品企画力の強化〉とそれぞれに担当する経営行動の重視路線を示したものとなっている。

さて，調査結果では，重要課題としての「人材の育成」については共通領域であったことが注目される。現在から将来にわたる日系企業，タイ企業の経営活動は人材育成面に実績を挙げて推進されることが望まれる。経営活動としての「人」づくり，「モノ」づくりの成果は，それぞれに市場で，地域で，企業での発展に結び付けることによって，確かな社会貢献活動の一翼を担うことになる。グローバル化の進展の波のなかで，経営活動における人的資源の有効度をどう高めていくのか，比重を加えて大きな課題になってくるものと思われる（図表8-6）[5]。

図表8-6　日系企業とタイローカル企業の経営機能別重要課題

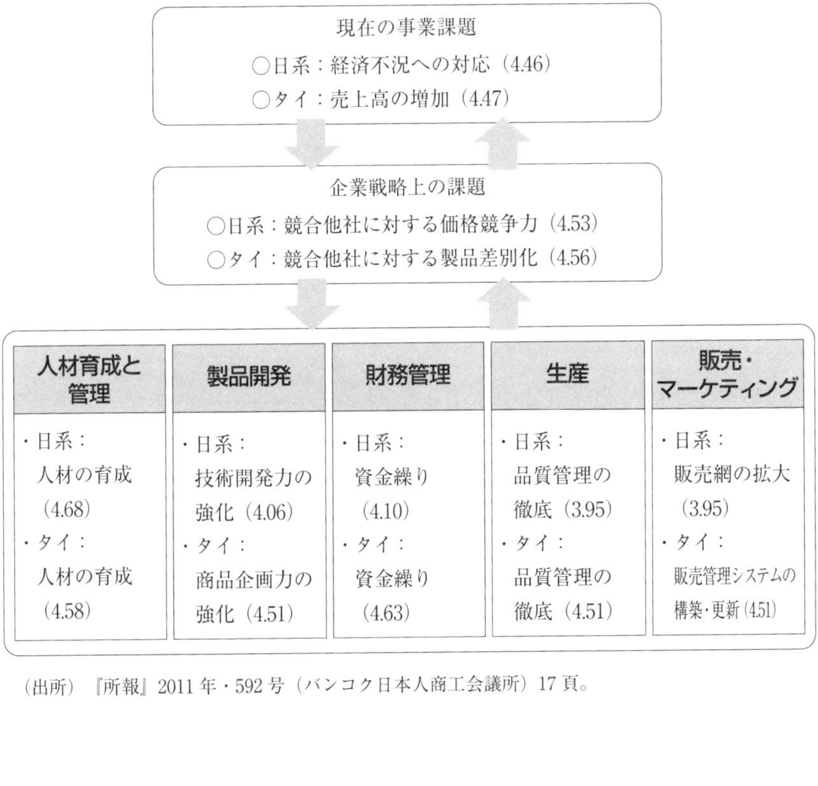

現在の事業課題
○日系：経済不況への対応（4.46）
○タイ：売上高の増加（4.47）

企業戦略上の課題
○日系：競合他社に対する価格競争力（4.53）
○タイ：競合他社に対する製品差別化（4.56）

人材育成と管理	製品開発	財務管理	生産	販売・マーケティング
・日系：人材の育成（4.68）・タイ：人材の育成（4.58）	・日系：技術開発力の強化（4.06）・タイ：商品企画力の強化（4.51）	・日系：資金繰り（4.10）・タイ：資金繰り（4.63）	・日系：品質管理の徹底（3.95）・タイ：品質管理の徹底（4.51）	・日系：販売網の拡大（3.95）・タイ：販売管理システムの構築・更新（4.51）

（出所）『所報』2011年・592号（バンコク日本人商工会議所）17頁。

8.5 人材形成による貢献活動の体系化

　これまで主として21世紀に入ってからの企業の社会貢献活動を概観して，動向に対する分析を進めてきた。その対象としての企業の姿勢・行動（日本経団連）について，考察してきた。日本経団連の見解は，それぞれの企業が国内で，海外で推進する際の基準軸としての影響を持つものといえる。本章では，経営激動期における海外日系企業の社会貢献活動への取組みについて，調査結果に着目しながら検討してきた。日本企業の経営行動に極めて強い関係をもつ米国，中国，タイにおける日系企業の活動現状，対応活動の特徴点にも検討対象に織り込んで状況，背景などについても言及している。

　海外日系企業の社会貢献活動への内外の評価については，高い関心を持って受け止めなければならない。米国，中国，タイにおける日系企業の社会貢献活動の実施・運用には，共通の重視姿勢が打ち出された。〈企業倫理の確立や法令順守〉を堅持していく行動理念は，21世紀のグローバル経営活動において，極めて重要な比重を持つものと考える。今後それぞれ進出現地活動で現地先のニーズにどう応えていけるのか。日系企業側のトップ・マネジメントの社会貢献活動に対する認識や理解度によって，社会貢献活動の展開は異なる側面も見られるかもしれないが，強い経営判断に期待したいところである。現地状況に応じたふさわしい貢献活動を構築していくことができるのか。

　同時に，多様な活動展開の中で，「人」をめぐるニーズの開発とその対応行動こそ，継続して推進していくことが緊要な課題といえる。海外日系企業にとって，〈人材育成〉による現地への貢献活動の体系化を急がなければならない[6]。

(注)
1) 表明された見解は，「CSR時代の社会貢献活動」16頁（日本経団連）平成21年による。
2) 2011年12月に発表されたレポートは，タイ国工業省の見解を表明したもので，タイ経済の動向をみるうえで重要である。日系企業の進出と同国最大のシェアをもつ日系自動車産業の動きは，高い関心を呼んでいる。
3) 『所報』2011年8月号・592号（バンコク日本人商工会議所）のなかで，藤岡資正氏・

チュラロンコン大学サシン経営大学院エグゼクティブダイレクーが同大学と日本能率協会タイランドによる経営調査を発表。同調査，有効回答 138 社，日系 89 社，タイ 49 社，2009 年 7 月実施。タイ日系企業の経営動向を集約・分析している。
4) 筆者が海外共同研究プロジェクト（1999-2006 年度）で取り組んできた中国日系企業の経営調査において，日系企業の経営戦略の重点にコストダウンが挙げられている。日本企業にとっては，90 年代，21 世紀初期にわたる長期課題であった。
5) 同調査結果は，NTT レゾナント株式会社，ポータル事業本部リサーチグループ，株式会社三菱総合研究所リサーチ事業推進室の調査による。
（図表 8-6 に示された「日系・タイローカル企業の主要課題ランキング」のスコアは 5 点尺度を用いており，1 点「まったく重要ではない」，5 点「とても重要」とした。各セクションの経営課題のなかで優先順位を把握するために，最も重要な課題に際しては，「3 点」，2 番目に重要な課題に「2 点」，そして 3 番目に重要な課題に「1 点」を割り当てている。）
6) 本章は，『松蔭大学紀要』（第 16 号）〈2013 年 3 月〉所収論文「海外日系企業における社会貢献の現状分析」を加筆したものである。

主要参考文献

足達英一郎・金井司［2004］「企業の社会的責任とその評価軸」『CSR 経営と SRI』金融財政事情研究会。
市村真一編著［1998］『中国から見た日本的経営』東洋経済新報社。
一般財団法人海外投融資情報財団監修，寺本義也・廣田泰夫・高井透［2013］『日系企業の現地法人マネジメント』中央経済社。
伊丹敬之［2002］『日本コーポレートガバナンス』日本経済新聞社。
伊丹敬之［2013］『日本型ビジネスモデルの中国展開』有斐閣。
稲上毅・連合総合生活開発研究所編［2007］『労働 CSR』NTT 出版。
伊吹英子［2005］『CSR 経営戦略』東洋経済新報社。
岩内亮一・門脇厚司・安部悦生・陣内靖彦［1998］『海外日系企業と人的資源』同友舘出版。
上山邦雄・日本多国籍企業研究グループ［2005］『巨大化する中国経済と日系ハイブリット工場』実業之日本社。
梅澤　正［2003］『組織文化　経営文化　企業文化』同文舘出版。
梅澤　正［1990］『人が見える企業文化』講談社。
海老名誠・伊藤信悟・馬成三［2000］『WTO 加盟で中国経済が変わる』東洋経済新報社
大木博巳編著［2008］『東アジア国際分業の拡大と日本』ジェトロ。
岡本康雄編［1997］『日系企業 IN 東アジア』有斐閣。
岡本義行編［1998］『日本企業の技術移転』日本経済評論社。
海外投融資情報財団調査部編［2011］『東南アジア進出企業の人財育成事例，現地化及び労務管理』。
片岡信之・三島倫八編著［1997］『アジア日系企業における異文化コミュニケーション』文眞堂。
梶原豊・大矢息生・服部治編［2001］『情報社会の人と労働』学文社。
梶田幸雄・菊池正俊・田漢哲［2011］『中国企業の日本企業 M＆A』蒼蒼社。
金沢星稜大学海外共同研究プロジェクト編［2001］『海外日系企業の経営行動・報告書』。
金沢星稜大学海外共同研究プロジェクト編［2003］『中国の日系企業行動と江南地域の経済発展・報告書』。
金沢星稜大学海外共同研究プロジェクト編［2005］『中国日系企業をめぐる動向と北陸地域企業の中国進出の現状・報告書』。
金沢星稜大学・海外共同研究プロジェクト編［2007］『中国日系企業の行動と北陸地域の対応・報告書』。
金沢星稜大学 ORC 北東アジア交流研究プロジェクト編［2006］『東アジアの交流と地域諸相』思文閣出版。
関西経済同友会編［2001］『企業革新とコーポレート・ガバナンス』実務出版社。

川島　哲［2011］『アジアの地域連携戦略』晃洋書房。
ガントリング，E・賀川洋［1999］『3M・未来を拓くイノベーション』講談社。
菊池敏夫・平田光弘・厚東偉介編著［2008］『企業の責任・統治・再生』文眞堂。
木村福成・丸屋豊二郎・石川幸一編著［2002］『東アジア国際分業と中国』ジェトロ。
企業活力研究所［2013］『企業におけるグローバル人材の育成確保のあり方に関する調査研究報告書』。
久保田政一共著［2006］『企業の社会的責任』日本規格協会。
倉井武夫・梶原豊編［2001］『21世紀の経営パラダイム』同友館。
経済産業省［2006］『グローバル経済戦略』ぎょうせい。
経済協力開発機構［2004］『企業の社会的責任』技術経済研究所。
経済産業省編［2006］『グローバル経済戦略』ぎょうせい。
経営学史学会編［2005］『ガバナンスと政策』文眞堂。
経済産業省産業人材参事官室［2007］『グローバル人材マネジメント（報告書）』。
古賀克己［2008］『続ニイハオ大連—交流10年の歩み』NPO法人日本海国際交流センター。
小林英夫［1992］『東南アジアの日系企業』日本評論社。
小林守・佐井強［2004］『中国ビジネス』PHP研究所。
国際交流基金［2008］『タイにおける日系企業の社会貢献活動』。
国際交流基金［2010］『中国における日系企業の社会貢献活動』。
国際交流基金［2010］『米国における日系企業の社会貢献活動』。
財団法人経済広報センター［2012］『企業のグローバル化に対する人材育成に関する意識調査報告書』1月。
佐久間健［2006a］『トヨタのCSR戦略』生産性出版。
佐久間健［2006b］『キヤノンのCSR戦略』生産性出版。
佐竹隆幸編著［2014］『現代中小企業の海外事業展開』ミネルヴァ書房。
鮫島敬治・日本経済研究センター編［2002］『中国の世紀　日本の戦略』日本経済新聞社。
鮫島敬治・日本経済研究センター編［2003］『中国リスク高成長の落とし穴』日本経済新聞社。
産業経済省産業人材政策室編［2009］『産業人材育成委員会報告書』。
産業労働総合研究所［2006］「労働に関するCSRについての人事の取り組み状況調査」『人事実務』No.1001,10月。
重松開三郎［2012］『マスク屋60年』産業能率大学出版部。
品川正治・牛尾治朗編著［2000］『日本企業のコーポレートガバナンスを問う』商事法務。
白井三秀［2006］『国際人的資源管理の比較分析』有斐閣。
ジェトロ編［2004］『中国市場に挑む日系企業』ジェトロ。
ジェトロ編［2005］『中国進出企業の人材活用と人事戦略』ジェトロ。
ジェトロ編［2006］『中国ビジネスのリスクマネジメント』ジェトロ。
鈴木岩行・谷内篤博編著［2010］『インドネシアとベトナムにおける人材育成の研究』八千代出版。
鈴木洋太郎［2015］『日本企業のアジア・バリューチエン戦略』新評論。
鈴木康司［2005］『人材マネジメント』日本経済新聞社。
関満博・範建亭編著［2004］『現地化する中国進出日本企業』新評論。
関口操・武内成編著［1997］『指導するアジア企業の経営革新』税務経理協会。

高巖・日経 CSR プロジェクト編『CSR』日本経済新聞社。
大和総研編 [1993]『飛躍するアジア経済とビジネス』東洋経済新報社。
高原彦二郎・陳軼編著 [2011]『中国進出企業の労務リスクマネジメント』日本経済新聞出版社。
高巖・辻義信・Scott T.Davis・瀬尾隆史・久保田政一 [2003]『企業の社会的責任』日本規格協会。
高巖・日経 CSR プロジェクト編 [2004]『CSR』日本経済新聞社。
高橋俊介 [2004]「社員が働きがいをもてる会社とは」, 高巖＋日経 CSR プロジェクト編『CSR』日本経済新聞社。
中央青山監査法人 [2004]『CSR 実践ガイド』中央経済社。
陳晋 [2014]『アジア経営論』ミネルヴァ書房。
津田眞澂 [1996]『日本の経営文化』ミネルヴァ書房。
寺本義也・坂井種次編著 [2002]『日本企業のコーポレートガバナンス』生産性出版。
寺本義也・廣田泰夫・高井透著 [2013]『日系企業の現地マネジメント』中央経済社。
寺崎文勝 [2005]『CSR 経営入門』同文舘出版。
富田光彦 [1997]「日本型経営システムの受容性」, 市村真一編著『中国から見た日本的経営』東洋経済新聞社。
中島恭一・田广林監修・富山国際大学東アジア交流研究会編 [2012]『東アジア地域の歴史文化と現代社会』桂書房。
中垣　昇 [2004]『日本企業の東アジア戦略』文眞堂。
中川涼司・高久保豊編著 [2009]『東アジアの企業経営』ミネルヴァ書房。
日本生産性本部編 [1974]『企業の社会的責任と労使の役割』日本生産性本部。
日本生産性本部労使協議制常任委員会編 [1974]『労使関係白書・企業の社会的責任と労使の役割』日本生産性本部。
日本規格協会編 [2004]『企業最前線』日本規格協会。
日本経営学会編 [2004]『グローバリゼーションと現代企業経営』千倉書房。
日本経営学会編 [2007]『新時代の企業行動』千倉書房。
日本経済研究センター編 [2005]『大解説中国経済』日本経済新聞社。
日本経営倫理学会監修・高橋浩夫編著 [1998]『企業倫理綱領の制度と実践』産能大学出版部。
日本貿易振興機構 [2006]『中国ビジネスのリスクマネジメント』ジェトロ。
野中郁次郎・遠藤功 [2001]『日本企業にいま大切なこと』PHP 研究所。
野村総合研究所 [2008]『モチベーション企業の研究』東洋経済新報社。
野村総合研究所編 [2006]『2010 年　日本の経営』東洋経済新報社。
野村総合研究所編 [2008]『2015 年の日本』東洋経済新報社。
服部　治 [1994]『能力戦略システム』マネジメント社。
服部　治 [2004]「中国日系企業の経営行動と地域戦略の展開」『経営行動研究年報』（経営行動研究学会）第 1 号。
服部　治 [2005]『現代経営行動論』晃洋書房。
服部　治 [2014]「日本企業の技術・技能の伝承は進化しているか」（巻頭言）『人事実務の Q&A』一般社団法人日本労務研究会。
服部治・谷内篤博編著 [2000]『人的資源管理要論』晃洋書房。
ヒューマック研究室 [1994]『管理者の進路設計プログラム』評言社。

福谷正信編著［2008］『日・中・韓企業の技術経営比較』中央経済社。
深尾光洋・森田泰子［2001］『企業ガバナンス構造の国際比較』日本経済新聞社。
藤岡賀正・ポンパニッチ・関智宏編著［2012］『タイビジネスと日本企業』同友館。
古田秋太郎［2004］『中国における日系企業の経営現地化』税務経理協会。
ヘイコンサルティンググループ編［2007］『グローバル人事』日本経団連。
北東アジア交流研究プロジェクト・藤井一二編［2008］『東アジアの交流と地域展開』思文閣出版。
真家陽一［2004］『中国市場に挑む日系企業』ジェトロ。
真家陽一編著［2012］『中国経済の実像ゆくえ』ジェトロ。
真家陽一編著［2014］『中国改革の失火と日本企業の事業展開』ジェトロ。
丸川智雄［2007］『現代中国の産業』中央経済社。
望月衞・梶原豊・服部治編著［2001］『現代経営学総論』白桃書房。
山本隆弘［2006］「グループレベルでのローカルコア人材の育成・登用と中国における人材マネジメント」『Business Research』No.990。
安室憲一・関西生産性本部日中経済貿易センター連合大阪編［1999］『中国の労使関係と現地経営』白桃書房。
安室憲一［2003］『中国企業の競争力』日本経済新聞社。
吉原英樹［1992］『日本企業の国際経営』同文舘出版。
鷲尾紀吉［2003］『中小企業の中国投資行動』同友館。
蘇州大学商学院編『2005 海峡両岸及東亜地区財経興商学研討会論文集』所収「服部治・中国日系企業の経営行動にみる展開特性」［2005］蘇州大学商学院。
東呉大学出版部編『2006 海峡両岸及東亜地区財経興商学研討会論文集』所収「服部治・日本企業における人材育成の推進」東呉大学商学部。
Drucker, P. F. [1964], *Managing for Results*.（上田惇生訳［2007］『創造する経営者（ドラッカー名著集6）』ダイヤモンド社。）
Schein, E. H. [1999], *The Corporate Culture Survial Guide*.（金井寿宏監訳／尾川丈一・片山佳代子訳［2007］『企業文化』白桃書房。）
Sirota, D., L. A. Mischkind and M. I. Meltzer [2006], *The Enthusiastic Employee: How Companies Profit by Giving Workers What They want*.（スカイコンサルティング訳［2006］『熱狂する社員』英治出版。）
FINANCIAL TIMES MASTERING MANAGEMENT [1997], *Human Resource Management*.（ウォートンスクール ロンドン・ビジネススクール IMD（杉村雅人・森正人訳）［1999］『組織行動と人的資源管理』ダイヤモンド社。）

索　引

【あ行】

アジア・オセアニア地域 ……………… 55
アジア地域 ……………………………… 51

EU ……………………………………… 127
移転・撤退 …………………………… 116, 117
異文化コミュニケーション …………… 96
異文化理解 ……………………………… 38
インターンシップ ……………… 14, 19, 45
インド経済 ……………………………… 81

win winの関係 ………………………… 59
"失われた10年"経済 ………………… 146

エクセレント・カンパニー …… 139, 147, 168
NPO …………………………………… 206
M&A …………………………………… 8, 127
沿長江（華東地域）…………………… 124

欧州連合 ……………………………… 127
OJT ……………………………………… 54, 95
オセアニア ……………………………… 51
OFF・JT ………………………………… 54, 95

【か行】

海外研修生の採用 ……………………… 29
海外事業活動関連協議会 …………… 174
海外直接投資 ………………………… 146
海外投資（対中国）…………………… 115
海外日系企業 …………………………… 77
　　──の経営行動 …………………… 13
海外日系中小企業 ……………………… 22
外国人人材 …………………… 20, 22, 33, 46
　　女性の── ………………………… 21
KAIZEN ……………………………… 187
外的報酬 ………………………………… 35
外部環境要因 ………………………… 165
価格競争 ………………………………… 79
価格競争力 …………………………… 222
〈確保─育成─活用─評価・処遇〉サイクル … 5
環境保全領域 ………………………… 193
関係先ネットワーク構築 ……………… 54
カントリーリスク ……………………… 79

管理職層 ………………………………… 4
企業価値 ……………………………… 206
企業価値・コーポレートブランドの向上 … 205
企業価値基準 ………………………… 176
企業合併 ……………………………… 127
企業間競争の展開 ……………………… 67
企業競争力 ……………………………… 28
企業憲章 ……………………………… 146
企業行動規範 ………………………… 141
企業行動憲章 ………………………… 141, 207
企業統治 ………………………………… 94
企業内労使関係 ……………………… 182
企業ネットワーク ……………………… 64
企業の市場価値 ………………………… 48
企業の社会的責任 …………………… 202
企業買収 ……………………………… 127
企業文化 ……………………………… 162
企業文化度 ……………………………… 97
企業別組合 ……………………………… 84
企業倫理 ……………………………… 147, 185
技術移転 ……………………… 9, 10, 110, 120
技術オンリーワン …………………… 128
技術開発力の強化 ………………… 33, 220
技術提携 ………………………………… 54
技術力 …………………………………… 79
キャリア開発 …………………………… 41
キャリア開発制度 …………………… 156
QCサークル …………………………… 84, 86
競合相手の台頭 ………………………… 56
業績貢献度の発揮度 …………………… 67
競争相手の競争力 ……………………… 63
競争力優位 …………………………… 136
共同体の善 …………………………… 168, 169
業務推進能力 …………………………… 4

グリーンペーパー366 ………………… 172
グローバル・ビジネスの活動 ………… 14
グローバル・マネジメント研修 …… 210
グローバル化 …………………………… 8
グローバル化進展 …………………… 29, 30
グローバル化体制 …………………… 144
グローバル競争 ……………………… 120
　　──への指向 …………………… 120

グローバル経営 ……………………… 31, 40
グローバル経営人材 …………………… 157
グローバル事業の経営〈第3段階〉……… 5
グローバル時代 ………………………… 28
グローバル人材 …… 3, 9, 11, 19, 24, 27, 41, 43, 44
グローバル人材政策・運用 …………… 27
グローバル人事管理 …………………… 89
グローバル人事マネジメント ………… 92
グローバルニッチ ……………………… 131
グローバルリーダーの育成 …………… 6

経営活動価値観 ………………………… 94
経営技術 ………………………………… 114
経営現地化の問題点 …………………… 74
経営コミュニケーション ……………… 21
経営情報の徹底・共有 ………………… 5
経営職層 ………………………………… 4
経営知識 ………………………………… 114
経営の現地化の促進 …………………… 210
経営文化 …………………… 83, 94, 96, 114
経営文化領域 …………………………… 101
経営理念 ………………………………… 114
経済同友会 ……………………………… 175
権限委譲 ………………………………… 164
原材料・部品の現地調達 ……………… 59
研修 ……………………………………… 54
研修・育成の強化 ……………………… 74
現地企業との競争 ……………………… 72
現地技能・技術 ………………………… 9
現地経営環境 …………………………… 112
現地経営軌道策 ………………………… 136
現地経営者 ……………………………… 101
　　──への権限委譲 ………………… 198
GENCHI GENBUTSU …………………… 187
現地サイド ………………………… 94, 98, 100
現地従業員 ……………………………… 93
現地人材
　　──の確保・活用 ………………… 129
　　──の採用・活動 ………………… 123
　　──の登用 ………………………… 74
　　──の登用・活用 ………………… 121
　　──の能力・意欲 ………………… 53
現地人的資源 …………………………… 9
現地人の採用 …………………………… 32
現地調達 ………………………………… 124
現地定着と現地拠点づくり〈第2段階〉……… 5
現地での外資系企業との競争 ………… 72
現地での日系企業との競争 …………… 72
現地日系企業 …………………………… 78

現地の人材確保・活用 ………………… 54
現地の人的資源 ………………………… 41
現地文化に対する理解 ………………… 74
現地文化理解能力 ……………………… 5
現地─本社間の信頼関係 ……………… 74
現地マネジメント ……………………… 113

コア育成 ………………………………… 93
コア人材 ………………………………… 93
高技術・高品質 ……………… 5, 110, 164
コー会議 ………………………………… 152
コーポレート・ガバナンス …………… 176
5S ………………………………………… 126
顧客対応の充実 ………………………… 203
顧客ニーズ ……………………………… 79
国際シンポジューム・2015 …………… 180
国際ビジネス場面 ……………………… 13
国際要員管理 …………………………… 95
個人別育成計画 ………………………… 91
コストダウン対策 ……………………… 61
コストダウンの促進 …………………… 120
コストダウンの追求 …………………… 33
コミュニケーション能力 …………… 5, 10
雇用の安定・能力開発 ………………… 5

【さ行】

在アジア日系企業 ……………………… 63
在中国日系企業 ………………………… 68
三愛精神 ………………………………… 151
産学官の連携 …………………… 3, 16, 24

CSR ……………………… 139, 152, 171, 202
CSR 活動 ………………………………… 168
CSR 戦略 ………………………………… 189
G7 …………………………………… 3, 51
CBCC …………………………………… 174
事業再構築 ……………………………… 51
事業縮小もしくは移転・撤退 ………… 69
事業展開〈第1段階〉…………………… 5
自己啓発支援 …………………………… 95
視線型（分野別）長期人材育成 ……… 156
社会貢献活動 ……………………… 43, 201
　　製品提供型── …………………… 214
　　タイ日系企業の── ……………… 217
　　米国日系企業の── ……………… 212
社会的責任 ………………… 94, 139, 171
　　──の遂行 ………………………… 48
社会的責任投資 ………………………… 167
社会的評価 ……………………………… 206

ジャストイン・タイム ……………………… 84
従業員の質 ……………………………………… 55
従業員の賃金上昇 …………………… 55, 56, 59
省資源,省エネ,環境保護への取り組み …… 203
商品企画力の強化 …………………………… 221
情報開示 ……………………………………… 195
職場外訓練 …………………………………… 84
職場コミュニケーション …………………… 37
職場指導 ……………………………………… 54
職場内訓練 …………………………………… 84
女性能力の活用 ……………………………… 198
女性の外国人人材 …………………………… 21
ジョンソン・エンド・ジョンソン ………… 147
新規顧客の開拓 ……………………………… 55
新興経済国 …………………………………… 15
人材確保・育成・活用 ……………………… 46
人材活性化 …………………………………… 160
人材導入 ……………………………………… 4
人材の育成 ………………………………… 33, 223
人材マネジメント ………………………… 4, 33
人事考課制度 ………………………………… 36
新市場の開拓 ………………………………… 120
人的能力 ……………………………………… 4

ステークホルダー ………………… 139, 144, 153
3M ……………………………………………… 147

生産・販売併行型 …………… 8, 105, 106, 109
117, 124, 130
生産技術力の強化 …………………………… 120
生産性 ………………………………………… 33
――とコストダウンの追求 ……………… 219
生販併行型経営 ……………………………… 77
製品提供型社会貢献活動 …………………… 214
製品の差別化 ………………………………… 222
全社的品質管理 …………………… 84, 86, 88
専門知識・技術層 …………………………… 4

即戦力人材の確保 …………………………… 19
即戦力人材の採用 …………………………… 74

【た行】

タイ …………………………………………… 82
タイ経済 ……………………………………… 216
タイ日系企業の社会貢献活動 ……………… 217
WTO 加盟 …………………………………… 130
多様性受容 …………………………………… 38

地域社会への貢献 …………………………… 203

チーム精神の協調 ……………………… 84, 86
チャイナ・プラスワン ………………… 38, 82
――戦略 …………………………………… 79
チャレンジ精神 ……………………………… 10
中高年層の再活用 …………………………… 198
中国における日系企業社会貢献活動調査 … 214
中国日系企業 ………………………………… 77
――の事業展開 …………………………… 65
中国日系中小企業 …………………………… 130
中小企業海外支援会議 ……………………… 17

通関等手続き ………………………………… 59

TQC …………………………………………… 88

東京商工会議所 ……………………………… 176
東レ …………………………………………… 88
独占禁止法 …………………………………… 126
トヨタウエイ 2001 …………………………… 187
トヨタ自動車 ………………………………… 186

【な行】

内的報酬 ……………………………………… 35
内部環境要因 ………………………………… 165

2010 年グローバルビジョン ………………… 188
日越投資協定 ………………………………… 129
日系企業サイド ……………………………… 98
日系中小企業 …………………………… 106, 116
日本型経営 …………………………………… 88
日本経済団体連合会 ………………………… 173
日本経団連 …………………………………… 173
日本サイド …………………………………… 94
日本人人材 …………………………………… 27
日本生産性本部 ……………………………… 191
日本的経営方式 ……………………………… 101
人間資源の 4 原則 …………………………… 149

年功昇進制 …………………………………… 84
年功賃金制 …………………………………… 84

能力人事制度の改定 ………………………… 74

【は行】

配置転換 ……………………………………… 84
ハイブリッド方式 …………………………… 100
働く野性 ……………………………………… 159
販売・サービスの強化 ……………………… 120
販売網の拡大 …………………………… 33, 220

販売力 ……………………………………… 79

ビジネス・パーソン ……………………… 45
ビジネス・パーソン像 …………………… 35
ヒトの現地化 ……………………………… 123
品質管理 ………………………………… 33, 59
　　──の徹底 …………………………… 221

不測事態対応型キャリア・パス ………… 156
部品調達 …………………………………… 54
ブランド力 ………………………………… 79
BRICS ……………………………… 3, 15, 29, 51, 61

米国日系企業の社会貢献活動 …………… 212
ベトナム …………………………………… 81

法令遵守領域 ……………………………… 193
ボランティア活動 ………………………… 43
本社サイド ………………………………… 100
本社のグローバル化 ……………………… 210
ホンダ ……………………………………… 216

【ま行】

見える会社像 ……………………………… 95
民間連携ボランティア制度 ……………… 18

メンタルヘルス管理 ……………………… 197
目標管理の導入 …………………………… 123
モチベーションアップ …………………… 36
モチベーション問題 ……………………… 155

【や行】

有望国・地域 ……………………………… 71

良き企業市民 ………………………… 141, 208
　　──となるための行動 …………… 210

【ら行】

リーダーとメンバーの関係 ……………… 37
リコー ……………………………………… 147
留学生の人材確保 ………………………… 30
留職 …………………………………… 4, 16

労使協議制 ………………………………… 182
労使職場懇談会 …………………………… 182
労働 CSR ……………………… 154, 171, 176, 192
労働の質領域 ……………………………… 193
65 歳への雇用延長 ……………………… 196
ローカルコア人材 ………………………… 92

〈著者紹介〉

服部　治（はっとり　おさむ）
金沢星稜大学名誉教授　松蔭大学特任教授　黒河学院客員教授
1938年　三重県伊賀市に生まれる。
1960年　中央大学法学部卒業。同年，社団法人近代の労使関係研究協会入職，企画部長，制度政策研究委員，理事を経て1991年同研究協会を退職。この間，立教大学社会学部講師（1982-91年），東海大学政治経済学部講師（1985-91年）として出講。東京会議所経営専門委員，職業能力職種転換教育委員会専門委員（中央職業能力開発協会・労働省），株式会社重松製作所社外監査役（1978〜2016）などで活躍。1984年に中国人民大学客員教授として招聘される。
1991年　金沢経済大学教授に就任。経済研究所長，経済学部長など歴任。
2002年　金沢星稜大学大学院地域経済システム科教授（校名・改称）
2008年　金沢星稜大学特任教授を定年退職。
2008年　松蔭大学特任教授に就任。
2011年　東アジア多文化交流ネットワーク副理事長に就任。
2016年　中国・黒河学院客員教授に就任。

〔主要著書〕
『能力主義制度』（1973）日本能率協会
『新体系・能力開発』（1984）マネジメント社
『即戦力化教育の展開』（1986）日本能率協会
『人事評価システム』（1988）マネジメント社
『現代経営学総論』〈編著〉（1992）白桃書房
『管理職制度の設計と運用』（1993）経営書院
『能力戦略システム』（1994）マネジメント社
『経営・人事労務管理要論』〈編著〉（1996）白桃書房
『経営人材形成史』〈編著〉（1997）中央経済社
『人的資源管理要論』〈編著〉（2000）晃洋書房
『情報社会の人と労働』〈編著〉（2001）学文社
『現代経営行動論』（2005）晃洋書房〔2005年度・日本労働ペンクラブ賞受賞〕
『福祉産業マネジメント』〈編著〉（2008）同文舘出版
『インターンシップ入門』〈編著〉（2015）玉川大学出版部

《検印省略》

平成28年9月20日　初版発行　　略称：海外人材形成

海外日系企業の人材形成とCSR

著　者　©服　部　　治
発行者　　中　島　治　久

発行所　同文舘出版株式会社
東京都千代田区神田神保町1-41　〒101-0051
電話　営業（03）3294-1801　編集（03）3294-1803
振替 00100-8-42935　http://www.dobunkan.co.jp

Printed in Japan 2016　　印刷：萩原印刷
　　　　　　　　　　　　製本：萩原印刷

ISBN 978-4-495-38721-1

JCOPY 〈出版者著作権管理機構　委託出版物〉
本書の無断複写は著作権法上での例外を除き禁じられています。複写される場合は，そのつど事前に，出版者著作権管理機構（電話 03-3513-6969，FAX 03-3513-6979，e-mail: info@jcopy.or.jp）の許諾を得てください。